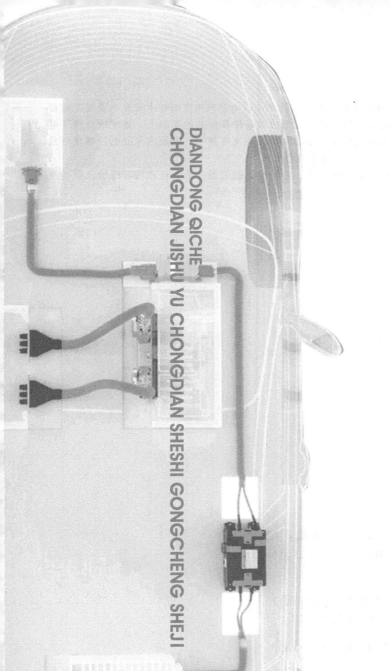

DIANDONG QICHE
CHONGDIAN JISHU YU CHONGDIAN SHESHI GONGCHENG SHEJI

电动汽车
电技术与充电设施工程设计

周志敏　纪爱华　编

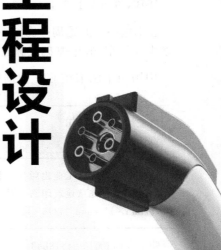

化学工业出版社
·北京·

本书结合国内电动汽车充电技术的发展及最新工程应用技术，以电动汽车充电技术及充电设施工程设计为核心内容，在概述了电动汽车分类、电能补给方式、充电技术条件及标准的基础上，系统地介绍了电动汽车充电技术、电动汽车交直流充电桩及通信网络、电动汽车无线充电技术、电动汽车充电设施规划设计等内容。本书内容新颖、通俗易懂、突出重点、注重实用性。

本书可供从事电动汽车充电设施设备研究、系统开发、工程设计的工程技术人员和高等院校及职业技术学院的师生阅读参考。

图书在版编目（CIP）数据

电动汽车充电技术与充电设施工程设计/周志敏，纪爱华编. —北京：化学工业出版社，2019.8（2023.2 重印）
ISBN 978-7-122-34400-7

Ⅰ.①电…　Ⅱ.①周…②纪…　Ⅲ.①电动汽车-充电-研究②电动汽车-充电-基础设施建设-研究　Ⅳ.①U469.72

中国版本图书馆 CIP 数据核字（2019）第 081113 号

责任编辑：辛　田　　　　　　　　　　　文字编辑：冯国庆
责任校对：王　静　　　　　　　　　　　装帧设计：王晓宇

出版发行：化学工业出版社（北京市东城区青年湖南街 13 号　邮政编码 100011）
印　　装：北京建宏印刷有限公司
787mm×1092mm　1/16　印张 11¼　字数 280 千字　2023 年 2 月北京第 1 版第 2 次印刷

购书咨询：010-64518888　　　　　　　售后服务：010-64518899
网　　址：http://www.cip.com.cn
凡购买本书，如有缺损质量问题，本社销售中心负责调换。

定　　价：68.00 元

前言

电动汽车的发展包括电动汽车以及能源供给系统的研究与开发，其中能源供给系统是指充电基础设施，即供电、充电和蓄电池管理系统及能源供给模式。电动汽车充电设施作为电动汽车运行的能量补给站，是发展电动汽车商业化所必备的重要配套基础设施，充电站的建设将直接影响电动汽车产业的发展。要推动电动汽车市场的发展，充电设施的建设速度必须与电动汽车推广相匹配。

电动汽车充电设施的建设是促进和支撑电动汽车发展的重要环节，电动汽车与其充电设施是"发展"与"保障"的关系，电动汽车的发展，将带动充电设施的跟进；充电设施的建设，将有力保障电动汽车的发展。电动汽车的发展是充电设施建设的核心动力，充电设施建设是电动汽车发展的有力保障。这种相辅相成的互为依赖的关系，有效指引了充电设施的发展方向——紧紧围绕电动汽车的发展，并适度超前建设，引导电动汽车发展。

本书结合我国电动汽车的发展趋势及充电技术的发展，以电动汽车充电技术及充电设施建设的工程设计为核心内容。编写过程中在尽量做到有针对性和实用性的基础上，力求做到通俗易懂和结合实际，使得从事电动汽车充电设施设备开发、工程设计及运营管理的人员从中获益，读者可以以此为"桥梁"，系统、全面地了解和掌握电动汽车充电设施的工程设计和最新应用技术。

本书在编写过程中无论从资料的收集和技术信息的交流都得到了国内外的专业学者与同行及电动汽车充电设施制造商的大力支持，在此表示衷心的感谢。

由于笔者水平有限，书中难免有不足之处，敬请读者批评指正。

编者

目录

第 1 章　概述 ·· 1

1.1　电动汽车发展历程及分类 ································· 1

1.1.1　国内外电动汽车发展历程 ························· 1

1.1.2　电动汽车分类 ······································· 4

1.2　电动汽车电能补给方式及充电设施 ··············· 7

1.2.1　电动汽车的电能补给方式 ························· 7

1.2.2　电动汽车充电设施功能及分类 ··················· 7

1.3　电动汽车充换电站构成及业务模式 ··············· 10

1.3.1　电动汽车充换电站构成及应用方案 ············· 10

1.3.2　电动汽车充电桩分类及充换电站业务模式 ······ 14

1.4　电动汽车充电设施技术条件及标准 ··············· 16

1.4.1　电动汽车充电设施技术条件及对充电技术的要求 ··· 16

1.4.2　电动汽车充电设施的标准及充电连接器标准 ····· 18

第 2 章　电动汽车充电技术 ································· 25

2.1　电动汽车充电技术及充电模式 ···················· 25

2.1.1　电动汽车充电设施及充电技术 ··················· 25

2.1.2　电动汽车充电模式 ································· 27

2.2　电动汽车充电机 ···································· 31

2.2.1　电动汽车充电机设备及充电模式 ················· 31

2.2.2　电动汽车车载充电机 ······························ 33

2.2.3　电动汽车非车载充电机 ··························· 36

2.3　充电机功率变换器及动力电池组的均衡控制 ······ 40

2.3.1　充电机功率变换器中的三相 PWM 整流电路 ······ 40

2.3.2　充电机功率变换器中的功率因数校正电路 ········ 42

2.3.3　充电机功率变换器的拓扑结构 ··················· 47

2.4 动力电池组充电的分段恒流及均衡控制 ············· 51

 2.4.1 动力电池组充电的分段恒流 ············· 51

 2.4.2 动力电池组充电的均衡控制 ············· 53

第 3 章 电动汽车交直流充电桩及通信网络 ············· 58

3.1 交流充电桩 ············· 58

 3.1.1 交流充电桩原理及功能 ············· 58

 3.1.2 交流充电桩接口 ············· 60

3.2 直流充电桩 ············· 67

 3.2.1 直流充电桩分类及结构 ············· 67

 3.2.2 直流充电桩接口 ············· 68

3.3 交直流充电桩通信网络 ············· 71

 3.3.1 电动汽车充电桩通信方式及网络建设要求 ············· 71

 3.3.2 电动汽车充电桩通信技术及网络 ············· 75

 3.3.3 电动汽车充电设施服务项目及通信网络管理 ············· 78

3.4 电动汽车充电桩通信解决方案 ············· 80

 3.4.1 充电桩基于 CAN 总线通信解决方案 ············· 80

 3.4.2 电动汽车充电桩 GPRS 无线接入解决方案 ············· 88

 3.4.3 基于 CM3160P/CM3160EP 的充电桩 GPRS 无线接入解决方案 ············· 90

 3.4.4 基于光载无线技术的电动汽车充电桩无线解决方案 ············· 92

 3.4.5 宏电智能充电桩解决方案 ············· 94

 3.4.6 远程监控电动汽车充电桩解决方案 ············· 97

 3.4.7 基于云平台的电动汽车智能充电管理系统通信解决方案 ············· 100

第 4 章 电动汽车无线充电技术 ············· 105

4.1 电动汽车无线充电技术及动态 ············· 105

 4.1.1 无线充电技术及在电动汽车上的应用 ············· 105

 4.1.2 电动汽车无线充电的技术动态 ············· 112

4.2 电动汽车无线充电方式及电磁兼容技术 ············· 115

 4.2.1 电动汽车无线充电方式及影响充电效率的因素 ············· 115

 4.2.2 电动汽车无线充电的电磁兼容技术 ············· 121

4.3 感应耦合充电标准及功率变换器拓扑 ············· 122

 4.3.1 感应耦合充电标准及对充电功率变换器的要求 ············· 122

4.3.2　感应耦合器充电功率变换器拓扑 ………………………………………… 124

第 5 章　电动汽车充电设施规划设计 ……………………………………………… 131

5.1　电动汽车充电设施规划原则及运行模式 ………………………………… 131

5.1.1　电动汽车充电设施规划原则 ………………………………………… 131

5.1.2　电动汽车运行特点及运行模式 ……………………………………… 135

5.2　电动汽车充电设施建设及商业模式 ……………………………………… 136

5.2.1　电动汽车充电设施建设 ……………………………………………… 136

5.2.2　电动汽车充电设施商业模式 ………………………………………… 137

5.2.3　充电站选址及充电桩设置 …………………………………………… 140

5.3　电动汽车充电设施对电网的需求及供配电系统 ………………………… 142

5.3.1　电动汽车充电设施主要用电负荷及对电网的需求 ………………… 142

5.3.2　电动汽车充电设施供配电系统 ……………………………………… 143

5.3.3　电动汽车充电站供配电系统设计 …………………………………… 146

5.3.4　充电机容量选择及充电桩供电 ……………………………………… 149

5.3.5　充电设施计量及监控解决方案 ……………………………………… 151

5.4　电动汽车充电站设计方案 ………………………………………………… 155

5.4.1　大中型电动汽车充电站设计方案 …………………………………… 155

5.4.2　箱式电动汽车快速充电站 …………………………………………… 156

5.4.3　基于 V2G 技术和储能技术的电动汽车充电站电气系统解决方案 … 158

5.5　电动汽车充电设施防雷解决方案 ………………………………………… 161

5.5.1　电动汽车充电设施防雷设计标准及供电系统防雷设计 …………… 161

5.5.2　电动汽车充电设施信息通信系统防雷设计 ………………………… 165

附录　电动汽车充电站名词术语 ……………………………………………………… 169

参考文献 ………………………………………………………………………………… 173

第 1 章

概　述

1.1　电动汽车发展历程及分类

1.1.1　国内外电动汽车发展历程

1.1.1.1　国外电动汽车发展历程

电动汽车的历史并不比内燃机汽车短，它也是最古老的汽车之一，甚至比奥托循环发动机（柴油机）和奔驰发动机（汽油机）还要早。苏格兰商人罗伯特-安德森在 1832～1839 年（准确时间不明）研发出电动汽车。

1835 年，荷兰教授 Sibrandus Stratingh 设计了一款小型电动汽车，他的助手克里斯托弗·贝克则负责制造。但更具实用价值、更成功的电动汽车由美国人托马斯·达文波特和苏格兰人罗伯特·戴维森在 1842 年研制，他们首次使用了不可充电电池。

Gaston Plante 于 1865 年在法国研发出性能更好的动力电池，其同乡卡米尔-福尔又在 1881 年对电池进行了改进，提高了电池容量，为电动汽车的发展铺平了道路。奥地利发明家 Franz Kravogl 在 1867 年的巴黎世界博览会上推出了一款双轮驱动电动汽车。法国和英国是第一批支持发展电动汽车发展的国家。1881 年 11 月，法国发明家 Gustave Trouve 在巴黎举行的国际电力博览会上展示了世界上第一辆电动三轮车，并表示电动汽车在 1884 年可以实现量产。

在 1891 年，William Morrison 制造了六座电动厢式客车。19 世纪 90 年代到 20 世纪初期，电动汽车技术得到了高速发展，相对于内燃机汽车的优势逐渐形成。

1897 年，美国费城电车公司研制的纽约电动出租车实现了电动汽车的商用化，20 世纪初，安东尼电气、贝克、底特律电气（安德森电动汽车公司）、爱迪生和其他公司相继推出电动汽车，电动汽车的销量全面超越汽油动力汽车。电动汽车也逐渐成为上流社会喜好的城市用车，其具有清洁、安静，并且易于操控等特点，非常适合女性驾驶。由于当时没有晶体管技术，因此电动汽车的性能也受到限制，这些早期的电动汽车行驶速度最快大约只有 32km/h。

在 19 世纪末 20 世纪初迎来经济繁荣的美国，人们的收入快速增长，汽车开始流行起来。在 1899～1900 年间，电动汽车销量远远超过其他动力的汽车。电动汽车相比同时代的其他动力汽车具有非常明显的优势，它们没有震动，没有难闻的废气，也没有汽油机巨大的噪声。汽油机汽车需要换挡，令其操控起来比较繁杂，而电动汽车不需要切换挡位。虽然蒸汽机汽车也不需要换挡，但却需要长达 45min 的漫长的预热时间，并且蒸汽机汽车加一次水的续驶里程，相比电动汽车单次充电的续驶里程更短。由于当时只有城市中才拥有良好路面，汽车只能在本地使用，因此电动汽车续驶里程短的问题并没有成为阻碍其发展的原因。

电动汽车最初因为缺乏充电配套设施而阻碍了发展，但是随着电网的高速发展，到了1912 年，很多美国家庭已经通电，从而能够在家中完成充电。

在 19 世纪末，电动汽车与内燃动力汽车相比，除了车速略低外，在其他方面的优点很多，比如启动方便，电动机工作时没有噪声，没有发动机的震动和难闻的汽油味。直流电动机低转速时的大扭矩输出特性使电动汽车需要复杂的传动系统且操作简便，因而电动汽车成为了机动交通工具的一个主要发展方向。

19 世纪末期到 20 世纪初期，是电动汽车的黄金时期，法国和英国都出现了电动汽车制造公司，1899 年 4 月 29 日，比利时人 Camille Jenatzy 驾驶着一辆名为 La Jamais Contente 的炮弹外形电动汽车以 105.88km/h 的速度刷新了由汽油动力发动机保持的世界汽车最快车速的速度记录，这是汽车速度第一次突破 100km/h 大关，La Jamais Contente 电动汽车保持着这个汽车速度记录进入到了 20 世纪。

不过，电动汽车的黄金时代并没有持续太久，20 世纪 20 年代后，内燃机技术达到了一个新水平，装备内燃机的汽车速度更快，加一次油可持续巡航里程是电动汽车的 3 倍左右，且使用成本低。相比之下，电动汽车的发展进入了瓶颈时期，在降低制造成本和改善使用便利性方面没有明显的进步，在这种背景下，电动汽车很快失去了存在的意义，在 1940 年左右电动汽车基本上就从欧洲和美国汽车市场中消失。

1973 年爆发的中东石油危机令全世界陷入石油短缺的境地中，人们又开始关注其他动力汽车，电动汽车再一次进入到人们的视线中。20 世纪 80～90 年代，日本和美国的汽车厂家生产了一系列电动汽车，比如克莱斯勒 TEVan 和丰田 RAV4EV，名气最大的是 1996 年通用汽车公司投产的 EV1 电动轿车，不过，它们最终都是昙花一现。

经过几十年的发展，虽然屡次出现机会，但是直到 21 世纪初期电动汽车没有再现 19 世纪末期至 20 世纪 20 年代初期的辉煌，其根源在于电动汽车的生产成本相对较高、保养成本高、续航里程短和充电便利性差，这些弱点严重阻碍了电动汽车的普及。

目前，能源危机与环境危机日益加重，可持续发展的理念逐渐深入人心，业界的目光聚焦于以电动汽车为典型代表的新能源汽车产业。为了推动这一伟大的历史进程，世界各国政府都出台了各种各样的鼓励和扶持政策，电动汽车工业迎来发展的大好契机。

随着电动汽车产业的快速发展，派生出了新兴产业——电动汽车充电站。充电站承担着为电动汽车动力电池提供电能的重要使命，高质量、多功能的充电设备可以有效保护电池，监控电池工作状态，并为电池提供非常高效的充电方案。如果将电池比喻为电动汽车"心脏"的话，那么充电站就是这颗"心脏"健康工作的有力保障。

1.1.1.2　我国电动汽车的发展历程

我国在电动汽车领域的研究探索始于 20 世纪 60～70 年代，系统研发起步于"九五"时期，比美国、日本、欧盟等国家和地区至少晚 20 年的时间。然而，在近 10 年内，通过国家"863 计划"持续、有序、系统的研发支持，我国电动汽车行业取得了快速发展，不仅攻克了一系列关键技术，而且自主研发的电动汽车整车产品已实现小批量进入市场，在部分领域已实现了与国外同步发展。国内电动汽车行业的发展大致经历了三个历史阶段。

① 第一阶段，20 世纪 60 年代到 2001 年的萌芽阶段。这一时期，我国并没有系统地支持电动汽车领域的技术研发，国内各企业集团也没有将电动汽车作为研发投入的重要方面。我国汽车制造企业几乎没有推出一款电动汽车整车产品。而在同时期，国外大汽车公司已开

发生产了 100 多种型号的电动汽车，其中，已有 10 多种纯电动汽车车型投入商业化生产。两相对比，我国的电动汽车发展至少落后发达国家 20 年。然而，可喜的是，自"八五"电动汽车被列入国家科技攻关计划以来，到"九五"时期，我国政府已经意识到发展电动汽车的重要性，正式将其列入国家重大科技产业工程项目，这为电动汽车的进一步研发奠定了基础。

② 第二阶段，2001 年 9 月～2007 年 11 月的研发培育阶段。该时期的划分是以两个标志性事件为起点的。首先，2001 年 9 月，科学技术部组织召开了"十五"国家高技术研究发展计划（863 计划）"电动汽车重大科技专项"可行性研究论证会，会议通过了专项可行性研究报告，标志着电动汽车专项正式启动，这是我国第一次系统支持电动汽车的研发。其次，2007 年 11 月，《新能源汽车生产准入管理规则》正式实施，该规则的实施为电动汽车在我国正式上市销售铺平了道路。这一时期，我国的电动汽车取得了一系列关键技术突破，三类电动汽车分别完成了功能样车、性能样车和产品样车试制；以幸福使者微型轿车为基础开发的纯电动轿车实现了小批量生产和出口；若干个品牌的纯电动客车、混合动力客车和混合动力轿车在北京、武汉等城市进行了小规模示范运行；部分自主研发的混合动力轿车已基本完成了商品化的前期准备工作。这一时期，我国电动汽车行业取得了重要的研发进展，缩短了与发达国家间的差距，为形成电动汽车产业打下了坚实的基础。

③ 第三阶段，《新能源汽车生产准入管理规则》正式实施以来的产业培育阶段。这一时期，随着"863 计划"取得成果的陆续产业化，我国汽车制造企业的电动汽车整车产品开发能力大幅提升，一批具有自主品牌的混合动力轿车产品获国家发改委汽车新产品公告批准，长安汽车、奇瑞汽车和比亚迪汽车的自主创新混合动力轿车上市销售。同时，通过先期在北京、天津、武汉、深圳等 7 个城市及国家电网公司开展了电动汽车小规模示范运行考核，在北京奥运会期间，我国成功地实现了 595 辆自主研发电动汽车的集中、高强度商业化示范运行，表明国内电动汽车行业已具备形成产业的能力。

目前，我国电动汽车行业已建立起较为合理的行业创新体系，取得了动力系统技术平台构建、关键零部件和新技术开发、整车产品上市、示范运行等多方面的突破，已基本形成了未来产业发展的雏形，在国家产业政策和财政补贴政策的支持下，即将迎来规模发展阶段。

1.1.1.3　电动汽车发展趋势

① 在目前国内市场价格的基础上，可粗略计算出各种提供电能技术的价格比。即电网供电：柴油机供电：铅酸动力电池供电：镍氢动力电池供电：锂动力电池供电：燃料电池供电=1：6：6：19.2：20.4：80。这从一个侧面反映了各种供电方式距离电动汽车市场的远近。当然，随着石油价格的上升、电池技术的进步，这些比例关系将发生很大的变化。

② 由于铅酸动力电池的供电成本大体与柴油机供电相等，因此它仍然是低端电动汽车市场的主要动力电池。磷酸锂动力电池技术进步较快，它最有可能成为铅酸动力电池的竞争对手，率先成为高端电动汽车市场的主要动力电池。

③ 由于混合动力汽车仅需配置纯电动汽车 1/10 的动力电池容量，整车有较为接近市场的性价比，因此它仍将是近期实现产业化的主要电动汽车种类。考虑到我国国情，目前仍应大力推广使用混合动力大客车，进一步降低制造成本，减少油耗和排放。

④ 在锂动力电池性价比进一步提升后，外接充电式混合动力汽车（PHEV）有望成为理想的"上班族"乘用车，它可大幅度减少油耗和降低排放，但是由于较高的价格，它可能首先在发达地区得到推广应用。

⑤ 燃料电池虽然是理想的清洁能源，但是目前它的性价比太低，要达到可以进入市场的性价比，可说是任重而道远，必须从基础材料和基本理论上有重大突破，才可能进入汽车

市场。

⑥ 电动轮已成为国外电力驱动技术的重要发展趋势，并已在军用越野车上得到实际应用，证实它在技术经济上的重要优势，我国虽也有不少单位研发，但始终未进入"863 计划"，技术进步缓慢，因此有必要奋起直追，尽快掌握这种先进的电驱动技术。

1.1.2　电动汽车分类

按照我国 2009 年 7 月 1 日正式实施的《新能源汽车生产企业及产品准入管理规则》，新能源汽车是指采用非常规的车用燃料作为动力来源（或使用常规的车用燃料，但采用新型车载动力装置），综合车辆的动力控制和驱动方面的先进技术，形成技术原理先进、具有新技术和新结构的汽车。

电动汽车是全部或部分由电能驱动电动机作为动力系统的汽车，按照目前技术的发展方向或车辆驱动原理，可划分为纯电动汽车、混合动力汽车、燃料电池电动汽车、氢发动机汽车。新能源汽车和电动汽车的分类关系如图 1-1 所示。

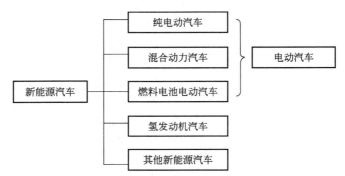

图 1-1　新能源汽车和电动汽车的分类关系

1.1.2.1　纯电动汽车

纯电动汽车是完全由可充电动力电池（如铅酸动力电池、镍镉动力电池、镍氢动力电池或锂动力电池）提供动力源的汽车，纯电动汽车由底盘、车身、动力电池组、电动机、控制器和辅助设施六部分组成。由于电动机具有良好的牵引特性，因此纯电动汽车的传动系统不需要离合器和变速器。车速控制由控制器通过调速系统改变电动机的转速即可实现。现在纯电动汽车技术发展已经相当成熟，国外发达国家和我国都有部分车型投入量产和商业化运营。纯电动汽车具有如下优点。

① 减少对石油资源的依赖，实现能源利用的多元化。由于电力可以从多种一次能源获得，如煤、核能、水力、风力、光、热等，解除人们对石油资源日见枯竭的担心。

② 减少环境污染。纯电动汽车本身不排放污染大气的有害气体，即使按所耗电量换算为发电厂的排放，除硫和微粒外，其他污染物也显著减少，由于发电厂大多建于远离人口密集的城市，对人类伤害较少，而且电厂是固定不动的，烟尘集中排放，清除各种有害排放物较容易，已有了相关技术。

③ 能源转换效率高。纯电动汽车的能源转换效率超过采用汽油机的汽车，特别是在城市运行，汽车走走停停，行驶速度不快，纯电动汽车更加适宜。同样的原油经过粗炼，送至电厂发电，发出的电充入动力电池，再由动力电池驱动纯电动汽车，其能量利用效率比经过精炼变为汽油再经汽油机驱动汽车高。

按我国现行电价和油价水平，纯电动汽车的运行费用低于传统汽车，具有较好的经济性。但是目前纯电动汽车还存在着续航里程较短、动力电池价格较高等缺点。

　　虽然纯电动汽车已有 100 多年的历史，但一直仅限于在某些特定范围内应用，市场较小。主要原因是由于电动汽车的动力电池普遍存在价格高、寿命短、外形尺寸大、重量重、充电时间长等严重缺点。目前电动汽车采用的动力电池类型主要有铅酸动力电池、镍氢动力电池和锂动力电池，根据其实际装车时的循环寿命和市场价格，可估算出纯电动汽车从各种动力电池上每取出 1kW·h 电能所必须付出的费用。

　　在估算纯电动汽车从各种动力电池上每取出 1kW·h 电能所必须付出的费用时，假设动力电池最高可充电的荷电状态（SOC）为 0.9，放电 SOC 为 0.2，即实际可用的动力电池容量仅占总容量的 70%；电网供电价为 0.5 元/(kW·h)，动力电池的平均充放电效率为 0.75。粗略计算可知，虽然从电网取电仅需 0.5 元/(kW·h)，但电能充入动力电池再从动力电池取出，铅酸动力电池每提供 1kW·h 电能的价格为 3.05 元左右，其中 2.38 元为动力电池折旧费，0.67 元为电网供电费，而镍氢动力电池为 9.6 元，锂动力电池为 10.2 元，即后 2 种先进的动力电池供电成本是铅酸动力电池的 3 倍多。

　　目前国内市场上用柴油机发电，价格大致为 3 元/(kW·h)，若用汽油机发电，供电价格估计为 4 元/(kW·h)，即从铅酸动力电池提供电能的价格大致和柴油机发电价格相等，仅从取得能量的成本来考虑，采用铅酸动力电池比汽油机有一定价格优势，但是由于铅酸动力电池太过笨重，充电时间又长，因此只被广泛用于车速低于 50km/h 的各种场地车、高尔夫球车、垃圾车、叉车以及电动自行车上。实践证实铅酸动力电池在这一低端产品市场上有较强的竞争力和实用性。

　　相对铅酸动力电池，镍氢动力电池在能量体积密度方面提高了 3 倍，在比功率方面提高了 10 倍。镍氢动力电池虽然具有较高的比能量和比功率、相对寿命较长等优点，但由于镍金属占其成本的 60%，导致镍氢动力电池价格居高不下。镍氢动力电池并非是电动汽车的理想动力电池，其可能只是一种过渡性的动力电池。目前，镍氢动力电池仍是近期和中期电动汽车使用的首选动力电池，随着锂动力电池的大规模生产和成本的降低，镍氢动力电池终将退出。

　　锂动力电池技术发展很快，近 10 年来，其比能量由 100W·h/kg 增加到 180W·h/kg，比功率可达 2000W/kg，循环寿命达 1000 次以上，工作温度范围达 −40～55℃。近年由于磷酸铁锂动力电池的研发有重大突破，又大大提高了锂动力电池的安全性，目前已有许多发达国家将锂动力电池作为电动汽车用动力电池的主攻方向。预计到 2020 年以后，锂动力电池的性价比有望达到可以和铅酸动力电池竞争的水平，而成为未来电动汽车的主要动力电池。

　　纯电动汽车的技术难度小于插电式混合动力汽车，目前国内即将上市的纯电动汽车的各项性能指标已经可以满足一般用户的需求，技术已经基本成熟。在低端市场，纯电动汽车的经济性优势十分明显。充电网络建设滞后影响了纯电动汽车使用的便利性，是目前制约纯电动汽车发展的最主要因素。随着充电网络建设的不断完善，纯电动汽车的发展速度会比较快，尤其在低端市场纯电动汽车的份额会显著提高。但由于充电因素的制约，在高端市场普及难度很大。

1.1.2.2　混合动力汽车

　　由于完全由动力电池驱动的纯电动汽车，其性价比长期以来都远远低于传统的内燃机汽车，难以与传统汽车相竞争，自 20 世纪 90 年代以来，世界上各大汽车公司都着手开发混合动力汽车。日本丰田公司在 1997 年率先向市场推出"先驱者"（Prius）混合动力汽车，并在日本、美国和欧洲各国市场上均获得较大成功，至今累计产销量已超过 60 万辆。随后日本本田、美国福特、通用，以及欧洲一些大公司，也纷纷向市场推出各种类型的混合动力汽车。

普通混合动力汽车是指那些采用常规燃料，同时配有动力电池、电动机来改善低速动力输出和燃油消耗的汽车。混合动力汽车按照混合度（即电动机功率与发动机功率之比或使用电的比例与使用燃油的比例）的不同，又可以分为微混、轻混、中混、强混等。普通混合动力汽车的优点如下。

① 采用混合动力后可按平均需用的功率来确定发动机的最大功率，此时发动机处于油耗低、污染少的最优工况下工作。在需要大功率时（发动机功率不足），由动力电池来补充；负荷少时，富余的功率可用于发电给动力电池充电，发动机可持续工作，动力电池又可以不断得到充电。

② 因为有了动力电池，所以可以十分方便地回收制动、下坡、怠速时的能量，并作为电能再次利用，从而减少能源的浪费。

③ 在繁华市区，可关停发动机，由动力电池单独驱动，实现"零排放"。

④ 可以十分方便地解决耗能大的空调、取暖、除霜等纯电动汽车遇到的难题。

缺点是长距离高速行驶基本不能省油，有两套动力，再加上两套动力的管理控制系统结构复杂，技术较难，价格较高。

普通混合动力汽车利用发动机的富余功率给动力电池充电，无需外接充电，虽然节能效果明显，但是没有从根本上摆脱交通运输对石油资源的耗用问题。因此，普通混合动力汽车是电动汽车发展过程中一段时期内的一种过渡性技术。

普通混合动力汽车在目前的新能源汽车中，技术最成熟并已被成功实现了商业化，由于不需要充电，因此普通混合动力汽车的使用便利性在新能源车中是最好的。目前普通混合动力汽车的综合成本要高于燃油汽车，在经济性方面的明显劣势会严重影响普通混合动力汽车的发展。

近几年发展起来的插电式混合动力汽车（Plug-in Hybrid Vehicle，PHV）是一种新型的混合动力汽车。通过外接充电电源为动力电池充电，充电后可用车载动力电池作为电动汽车行驶的驱动动力。另外，在动力电池的剩余电量用完后，并不是切换至发动机行驶模式，而是通过发动机带动发电机，利用由此产生的电力为动力电池充电，继续用电动机驱动行驶。插电式混合动力汽车更接近于纯电动汽车，而且它一定程度上解决了纯电动汽车续驶里程短和需要及时充电的问题，即使行驶到没有充电设施的地方，也可以作为一般的混合动力汽车来使用。

插电式混合动力汽车的技术已经比较成熟，但是目前国内只有几家领先企业掌握了插电式混合动力汽车的核心技术，其他大部分汽车生产企业还处于研发阶段。插电式混合动力汽车使用的便利性不如燃油汽车，但优于纯电动汽车，基本达到了消费者可接受的范围。由于国家政策的倾斜，目前插电式混合动力汽车的综合成本已经低于燃油车。在国家补贴政策的强力支持下，近期插电式混合动力汽车很可能成为增长速度最快的新能源汽车。

1.1.2.3　燃料电池汽车

燃料电池汽车是指以氢气、甲醇等为燃料，通过化学反应产生电能，依靠电动机驱动的汽车。燃料电池汽车的工作原理是，作为燃料的氢在汽车搭载的燃料电池中，与大气中的氧发生化学反应，从而产生电能供给电动机运行，进而驱动汽车行驶。燃料电池的化学反应过程不会产生有害产物，因此燃料电池汽车是无污染汽车，燃料电池的能量转换效率比内燃机要高2～3倍，因此从能源的利用和环境保护方面看，燃料电池技术是内燃机技术的最好替代，燃料电池汽车代表了电动汽车未来的发展方向。

现阶段，燃料电池的许多关键技术还处于研发试验阶段，此外，燃料电池的理想燃料——氢，在制备、供应、储运等方面还有着大量的技术与经济问题有待解决。因此，燃料电池汽车目前和今后一段时间尚不具备商业化的条件。

1.2 电动汽车电能补给方式及充电设施

1.2.1 电动汽车的电能补给方式

电动汽车的车载动力电池的电能补给可以由地面的充电桩完成，地面充电桩的主要功能是有效地完成电动汽车动力电池的电能补给。电动汽车的种类和运行特点决定了其能源补给方式。按照动力电池是否与车体分离，可分为整车充电方式和动力电池更换方式两种。

（1）整车充电方式　当车辆进行补充充电时，充电桩与充电车辆通过充电插头进行连接，动力电池无需从车辆上卸下。优点是充电操作过程简单，不涉及动力电池存储、动力电池更换等过程。但车辆充电时间占用了车辆的运营时间，车辆利用率较低，不利于保持动力电池组的均衡性以及延长动力电池组的使用寿命。

（2）动力电池更换方式　当车辆进行补充充电时，将需要充电的动力电池从车辆上卸下，再给车辆安装已充满电的动力电池，车辆即离开继续运营，对卸下的动力电池采用地面充电设施进行补充充电。采取动力电池地面充电方式有利于提高车辆使用效率，提高动力电池使用寿命，但对车辆及动力电池更换设备提出了更高的要求。

由此可见，不同的电能补给方式有其自身的特点和适用范围。因此，在实际应用中，需要根据车辆的种类、数量和运行效率，以及动力电池的数量、性能、系统配置成本与管理等众多因素进行选择，并可将多种方案有机结合，实现电动汽车的最优运营。

根据以上分析，将电动汽车按照电能补给方式进行分类如下。

① 适合采用整车充电方式的车辆。城市环卫车辆、市区快递送收车辆、工程车、政府公务用车、企业商用车、私家车。它们可充分利用夜间停运时段进行充电，满足下一次的行驶里程需要。

② 适合采用动力电池更换充电方式的车辆。出租车、社会运营车辆。它们需要及时、快速补充电能，尽量增加运营时间，获得更大的经济效益。

③ 适合采用整车充电方式和动力电池更换方式结合的车辆。公交车、特殊园区用车、社会运营车辆。既考虑这些车辆动力电池的使用性能和寿命，又保证车辆运营时间，提高利用率。它们在停运期间可采用整车充电方式，而在运营期间采用动力电池更换方式。此外，车辆动力电池的配备可根据车辆情况采取不同的方案。例如，对于数量大而且属于同一公司的车辆就可以由车辆所属公司建立动力电池存储间，而对于数量少且归属权相对分散的车辆就可以由动力电池配送中心配送动力电池，减少一次性投资和更换成本。

④ 适合采用车载充电机充电的车辆。私家车辆，由于其使用时间较短，停运时一般停放在停车场或者地下车库内，此时可利用停车场提供的交流电源为车辆充电，由于一般私家车动力电池容量较小，冲击功率也较小，充电机可配置在车上。可充分利用低谷电价阶段进行充电，以最大限度降低运行成本。

1.2.2 电动汽车充电设施功能及分类

1.2.2.1 电动汽车充电设施功能

电动汽车充电桩的功能类似于加油站里面的加油机，是一种"加电"设备。直流充电桩是一种高效率的充电器，利用专用充电接口，采用传导方式，可快速给电动汽车车载动力电池充电。电动汽车充电桩具有相应的通信、计费和安全防护功能。市民只需要购买 IC 卡并充值，就可以使用充电桩为电动汽车的车载动力电池充电。

充电桩可以固定在地面或墙壁上，安装于公共建筑（公共楼宇、商场、公共停车场等）

和居民小区停车场或充电站内，可以根据不同的电压等级为各种型号的电动汽车的车载动力电池充电。充电桩外观如图1-2所示。

图1-2　充电桩外观

充电桩的输入端与交流电网直接连接，输出端都装有与电动汽车充电插座连接的充电插头。充电桩一般提供常规充电和快速充电两种充电方式，人们可以使用特定的充电卡在充电桩提供的人机交互操作界面上刷卡使用，进行相应的充电方式、充电时间、费用数据打印等操作。充电桩在给电动汽车充电时，显示屏能显示充电量、费用、充电时间等数据。

为满足大规模的家用电动汽车用户及时、方便充电的需求，可在住宅小区或商业大厦的专用停车场安装一定数量的充电桩，占地面积很少，建设成本较低，更适合为家用电动汽车的车载动力电池充电。

1.2.2.2　电动汽车充电设施分类

根据电动汽车充电方式的不同，电动汽车充电设施可以分为充电桩、充电站、换电站、充换电站四种类型。

（1）电动汽车充电桩　根据电流种类不同，充电桩可分为交流充电桩、直流充电桩、交直流一体充电桩，分别采用相应的充电方式完成对车载动力电池充电的功能。

① 直流充电桩是俗称的"快充"装置，固定安装在地面与交流电网连接，是为电动汽车车载动力电池提供小功率直流电源的供电装置。直流充电桩具有充电机功能，可以实时监视并控制被充电动力电池状态，同时，直流充电桩可以对充电电量进行计量。

直流充电桩的输入电压采用三相四线［AC 380V±57V（频率50Hz）］，输出为可调直流电，可直接为电动汽车的车载动力电池充电。一般充电功率为$10\sim40$kW，充电时间$1\sim4$h，占地面积也不大（$1\sim2$㎡以下）。由于充电功率不大，一般的动力用电回路即可满足使用。由于直流充电桩采用三相四线制供电，可以提供足够的功率，输出的电压和电流调整范围大，因此可以满足快充的要求。

直流充电桩具有无人值守、智能刷卡消费和区域组网管理功能，方便运营部门管理。电动汽车在市内运行时，中间停顿的机会较多，此时也是对电动汽车临时补充充电的机会。直流充电桩投资少，占地小，电网较易满足，因而可以大量在停车场、办公楼、购物中心、宾馆、饭店、游览区、有车位街道、小区等设置。

② 交流充电桩是俗称的"慢充"装置，固定安装在地面与交流电网连接，为电动汽车车载充电机（即固定安装在电动汽车上的充电机）提供交流电源，同时具备计量计费功能。交流充电桩只提供电力输出，没有充电功能，需连接车载充电机为电动汽车的车载动力电池充电。交流充电桩具有占地面积较小、布点灵活等特点。

交流充电桩提供单或双路220V AC或380V AC输出，为电动汽车车载充电机提供交流电源。交流充电桩基本结构包括箱体、安全配电盘、磁电开关、电量计量、刷卡消费和智能管理系统等。

交流充电桩的输出功率一般为5kW（220V AC）或20kW（380V AC），但真正的充电功率是受车载充电机制约的，一般小型电动汽车的车载充电功率在$2\sim3$kW之间。鉴于费用较低和充电时间方便的原因，用户会优先选择在夜间为电动汽车充电。由于我国大部分家庭没有自己的专属车库，户外也不允许私拉电线，因而需要为每一辆电动汽车配备一个交流充电桩。

（2）电动汽车充电站　电动汽车充电站是指为电动汽车充电的站点，与现在的加油站相似。充电站至少应具备补充能源（主要为电能）和提供维修服务两大基本功能，并配备相应的专业技术人员来完成这项工作。在充电站的基础设施方面，需配备电力输入设备（接口与缆线）、快速充电机、电能输出设备线路（接口与缆线）、动力源性能检测与诊断仪器、专用灭火器材以及电动汽车零配件等。充电站主要由行车道、充电区、配电装置、充电设施、监控装置等组成。充电站内有多台充电机、多个充电桩，占地面积较大，采取快充、慢充等多种方式为电动汽车的车载动力电池补充电能，并能够对充电机、动力电池进行状态监控。

充电站按照功能可以划分为四个子模块：配电系统、充电设施、动力电池调度系统、充电站监控系统。充电站给电动汽车充电一般分为两种方式：普通充电、快速充电。普通充电多为交流充电，可以使用 220V 或 380V 的电压。快速充电多为直流充电。充电站主要设备包括配电设备、充电机、充电桩、有源滤波装置、电能监控系统。

（3）电动汽车换电站　换电站是指更换电动汽车的动力电池的站点。电动汽车的动力电池没电了就去换电站，把车上的动力电池取下，换上充满电的动力电池，同时支付相应的费用。电动汽车换电站可以省去车主大笔的购买动力电池的费用，并且可以解决充电时间过长的问题，但因动力电池较重，必须使用机械设备，而且这对车辆制造有限制，必须统一动力电池标准，对基础设施建设要求高。能较好地解决电动汽车快速充电问题的方案是换电站，利用给汽车更换动力电池的方法代替漫长的充电过程。一辆汽车需要配备两组动力电池，当一组动力电池用完后自动切换到另一组，此时可到换电站将用完的动力电池换下，装上充满电的动力电池。而换下的动力电池由换电站统一充电和维护，前提是充电站要有相当数量的备用动力电池。这个方法的优点是快速，用户换完动力电池就可以上路，比加油都快。

换电站为用户提供更换动力电池和动力电池维护服务。换电站的主要设备是动力电池拆卸、安装设备。换电站具有操作专业性强、更换动力电池时间短、占用场地面积比充电站小等特点。

（4）电动汽车充换电站　电动汽车充换电站具有充电站、换电站的功能。电动汽车充换电站是一种较为综合的电动汽车能量补给场所，可进行动力电池更换，配有大功率充电设备，可对不同型号的车辆动力电池进行普通和快速充电，为多种车辆提供不同要求的充电服务。电动汽车充换电站如图 1-3 所示。

图 1-3　电动汽车充换电站

1.3 电动汽车充换电站构成及业务模式

1.3.1 电动汽车充换电站构成及应用方案

1.3.1.1 电动汽车充换电站构成

电动汽车充换电站承担着为电动汽车车载动力电池补充电能的重要使命，高质量、多功能的充电设备可以有效保护动力电池，监控动力电池工作状态，并为动力电池提供高效的充电方案。

充换电站由多台充电机、充电桩组成，占地面积较大，采取快充、慢充和更换动力电池等多种方式为电动汽车提供电能，并能够对充电机、动力电池、动力电池更换设备进行状态监控。一个完整的充换电站需要配电室、中央监控室、充电区、更换动力电池区和动力电池维护间五个基本组成部分。

（1）配电室 充换电站的配电室内部配置有变配电设备、配电监控系统，以及相关的控制设备、补偿设备、计量设备。充换电站的配电室包括高压配电和低压配电两部分。

① 高压配电部分包括高压供电线路和高压供电设备，其功能是将高压电变换为低压电。根据电动汽车的动力电池容量、充电时电压和电流设置、车辆数量等数据的不同，充电设施总容量可能达到兆伏安等级以上，此时需要采用高压供电方式为充电设施供电。

② 低压配电部分包括低压配电线路和低压配电设备，其功能是将低压动力电源分配给充电机及其他辅助设备，完成对电动汽车的充电及其他辅助功能。

（2）中央监控室 中央监控室用于监控整个充换电站的运行情况，并完成数据库管理、报表打印等。内部建有充电机监控系统主机、烟雾传感器监视系统主机、配电监控系统通信接口、视频监视终端等。充换电站智能综合管理网络架构如图1-4所示，充换电站安防监控系统如图1-5所示。

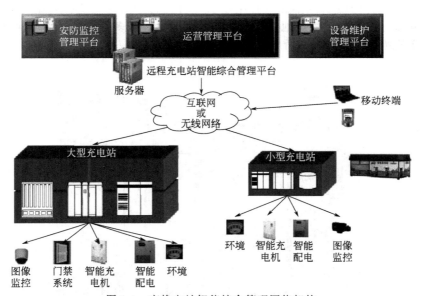

图 1-4 充换电站智能综合管理网络架构

（3）充电区 电动汽车在充电区完成电能的补给。充电区内部设有充电平台、充电机以及充电站监控系统网络接口，同时应配备整车充电机。为满足使用自带动力电池和不急于更

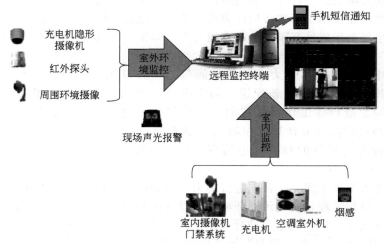

图 1-5　充换电站安防监控系统

换动力电池的客户充电需要，充换电站设有车辆充电停放地及相应充电桩。同样，在停车场也设置带电表计费的充电桩，使用后交付停车费及电费，这种费用要比换动力电池所需费用低。充换电站内充电机、充电桩、电动汽车通信网络如图 1-6 所示。

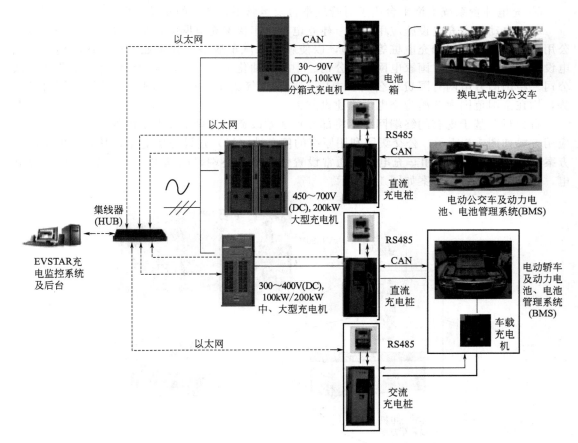

图 1-6　充换电站内充电机、充电桩、电动汽车通信网络

（4）更换动力电池区　更换动力电池区是车辆更换动力电池的场所，需要配备动力电池更换设备，同时应建设用于存放备用动力电池的动力电池存储间。因动力电池重量大，更换时须用半自动小型吊车或吊架装置，可由现有汽车修配厂等处常用的类似设备改装或专门设计批量生产。

（5）动力电池维护间　动力电池维护间包括动力电池筛选间、动力电池充电间以及备用动力电池库。动力电池重新配组、动力电池组均衡、动力电池组实际容量测试、动力电池故障的应急处理等工作都是在动力电池维护间进行的，其消防等级按化学危险品设计。动力电池维护间配有计算机控制的大型充电设备，可同时为几十至几百个不同型号的动力电池按各自最佳的标准化电流程序同时充电，手动或自动识别动力电池种类，按电荷量计费。

动力电池进入维护车间后，首先进行动力电池的筛选，确定动力电池的好坏。不能使用的动力电池进行恰当处理，避免污染环境，可以继续使用的动力电池进行维护和活化。维护完的动力电池送充电间，充满电后进行装箱，为编组准备动力电池。

1.3.1.2　电动汽车充电计费系统及充电站应用方案

（1）电动汽车充电计费系统　电动汽车充电计费系统由以下三部分组成。

① 充电计费系统管理平台对系统涉及的基础数据进行集中式管理，例如电动汽车信息、购电用户信息、资产信息等。

② 充电计费系统运营平台用于对电动汽车的充放电及购电用户的充值进行运营管理。

③ 充电计费系统查询平台用于对管理平台及运营平台产生的相关数据进行综合查询。

（2）电动汽车充电设施应用方案　建立电动汽车快速充电网络，加快停车场等公共场所公用充电设施建设（如充电桩等设施），以使新能源汽车战略落到实处。在加速电动汽车充电设施布局和建设中，国家电网有限公司、中国石油化工集团公司、中国海洋石油集团有限公司、中国南方电网有限责任公司、中国石油天然气集团公司等大型央企纷纷发挥自身优势，均在全国范围内开始为充电设施建设献力。

石化行业基于现有的终端网络，将部分加油站改造成为具备充电功能的综合服务站，其应用方案如图1-7所示。公交集团利用原有的停车站（场）建设充换电站，其充换电站应用方案如图1-8所示。出租车充电设施通常设置快充充电终端，电动出租车在1h内即能充满电，其充电设施应用方案如图1-9所示。

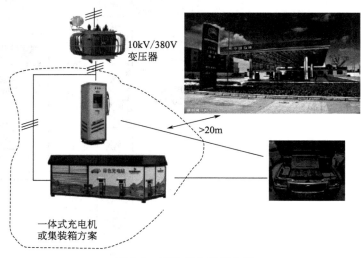

图1-7　石化行业应用方案

图 1-8　公交充换电站应用方案

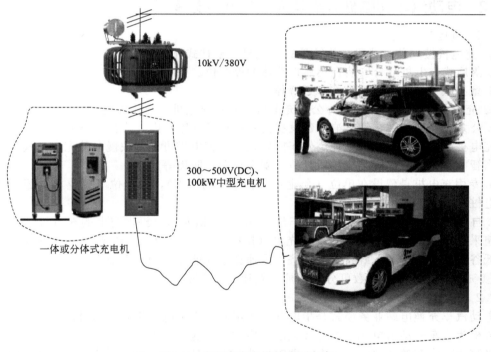

图 1-9　出租车充电设施应用方案

（3）电动汽车充电设施安装地点

① 充电桩。安装在户外的充电桩防护等级不应低于 IP54，安装在户内的充电桩防护等级不应低于 IP32。充电桩一般建设在以下场所。

a. 公共停车场。公共停车场是充电桩的最佳安装地点之一，其交通方便、出入方便，充电桩可与停车位分开或合并收费。

b. 大型购物中心。在大型购物中心设置充电桩必然会受到购物中心的欢迎，电动汽车的驾乘人员会利用充电时间顺便购买商品，这样，可与购物中心实现双赢。

c. 居住小区。这是最贴近用户的地方，虽然小区内可以设置许多慢速充电桩，但有急事需要外出是几乎每个人都可能遇到的事情，慢速充电站必须与快速充电站结合起来才能发挥作用。

d. 单位、写字楼等。一般单位与写字楼都有停车场地，单位购置充电桩不仅可为本单位的电动汽车服务，也可为本单位员工的电动汽车服务，当然还可允许社会车辆快速充电。

② 可移动箱式电动汽车快速充电设施（可停车的路边地）。城市停车越来越难，许多非主干道都被允许用来临时停车，由于可移动箱式电动汽车快速充电设施占用的地方非常小（小于 $20m^2$），可供可移动箱式电动汽车快速充电设施放置的位置非常多，并且根据需要进行可随时移动。

③ 箱式电动汽车快速充电设施（高速路服务区）。在高速路服务区设置箱式电动汽车快速充电设施，就可连接周边城市。数量不多，但意义很大，它将大大增加电动汽车的续驶里程。

④ 新能源（太阳能和风能）储能充电设施。特殊景区、重要国道、偏远公路和用电无保障地域，可采用新能源（太阳能和风能）储能充电设施。

⑤ 应急充电车。应急充电车可对因电能耗尽抛锚路边的电动汽车进行应急充电。

1.3.2 电动汽车充电桩分类及充换电站业务模式

1.3.2.1 充电桩分类

① 充电桩按安装方式可分为落地式充电桩、壁挂式充电桩。

a. 落地式充电桩适合安装在不靠近墙体的停车位。

b. 壁挂式充电桩适合安装在靠近墙体的停车位。

② 充电桩按安装地点可分为公共充电桩、专用充电桩及自用充电桩。

a. 公共充电桩是结合停车泊位建设在公共停车场（库）内，为社会车辆提供公共充电服务的充电桩。公共场所和大型住宅停车库内设置的充电桩可设置快慢两种充电模式，但充电桩应当智能化，以解决峰谷分时段计费、安全报警、防盗等问题。

b. 专用充电桩是建设在单位（企业）自有停车场（库），为单位（企业）内部人员使用的充电桩。

c. 自用充电桩是建设在个人自有车位（库），为私人用户提供充电的充电桩。自用充电桩普遍采用慢速充电方式，利用夜间充电（持续 7~8h）。夜间给电动汽车充电可以享受用电量低谷期的电价折扣，既省时又经济；慢速充电还能延长动力电池寿命。

③ 充电桩按充电接口数可分为一桩一充和一桩多充。

1.3.2.2 电动汽车充换电站业务模式

电动汽车充换电站业务模式是指电动汽车用户在汽车电能将要耗尽时，选择到固定地点的充电桩为汽车的动力电池进行直接充电的模式。在这种业务模式下，电动汽车用户可通过充电桩直接为汽车的动力电池充电，即时消费电力产品并通过现场付费的模式支付费用，完成交易。为此，建设相应的电动汽车充电计费系统，引入集中式的信息管理平台，是开展电动汽车充电桩建设工作的重要组成部分。

根据国外电动汽车充换电站的实际运行情况来看，根据技术与充电方式的不同，电动汽车充换电站的业务模式基本上可以分为"整车充电"与"动力电池更换"两种模式。

（1）整车充电模式   整车充电模式是很多国家研究试验的重点，这种模式把动力电池与车辆作为一个整体来考虑，其规模化发展的关键是能够研制生产出"容量大、成本低、充电快、寿命长"的动力电池产品，在便捷性上满足用户的需求，具体又包括常规充电和快速充电两种类型。

在电动汽车整车充电模式中，常规充电和快速充电的盈利方式是一样的，只是向用户所收取的充电费用不同而已。该模式运营需要行业方面的企业和个人参与，主要包括电动汽制造商、动力电池生产商、充换电站运营商、能源供给企业、电动汽车用户及政府部门。

在整车充电模式的运营过程中,首先是能源供给企业通过向充换电站运营商支付一定的建设费用来建设电动汽车充换电站,当用户对电动汽车充电时,能源供给企业、充换电站运营商向用户收取一定的充电费用来实现自身的盈利。

(2)动力电池更换模式 动力电池更换模式也称租赁动力电池模式,是一种把车辆与动力电池分开考虑的思路。用户只购买汽车,由专门的动力电池租赁公司负责动力电池的购买、租赁、充电、快速更换及管理。可以让用户像"汽车加油"一样方便地得到能源供给。这种运营模式是通过各个动力电池更换站集中对标准化的动力电池充电,电动汽车用户需要补充能源时,可以非常方便地到任意一个更换站更换充好电的动力电池。

能源供给企业购买动力电池后,通过向中间充换电站运营商支付一定的建设费用来进行更换站的建设。电动汽车用户在购买"裸车"后,去动力电池更换站办理相应的"租赁手续"及交一定的租金就能使电动汽车投入使用。租赁的手续及租金由相关部门协商而定,因换给消费者的是一块充满电的动力电池,加上一些其他成本,租赁动力电池的价格肯定要比消费者自己在家充电高,但是绝对远远低于燃油的费用。用户在动力电池的使用过程中不仅要交租金,每次更换动力电池时根据动力电池电量的消耗情况,用户还要向动力电池更换站交纳相应的电费。

为了使得更换更加快捷,需要更换动力电池的车辆进站之前应向站台提出动力电池更换请求,以便站台调度安排停车位置、通知动力电池更换库准备整车更换的动力电池,并运至更换动力电池区,准备卸载设备。当车辆进站后,根据调度指令将车开到更换动力电池区准确位置,准备更换动力电池。在更换动力电池前,必须仔细翻阅车载监控装置故障记录,检查车辆动力电池在运营过程中是否有故障。如果有故障记录,则记录故障信息(包括故障位置和类型),然后清除故障记录。进行动力电池更换时,首先断开整车的高低压供电开关,然后才能卸载动力电池。卸载时将有故障动力电池箱和无故障动力电池箱分开摆放。将有故障动力电池箱和故障信息一并送维护车间,无故障动力电池箱送充电区充电。卸载完毕后,将已经准备好的动力电池装车。接通整车的高低压供电开关,再进行一次故障诊断,确保更换完动力电池之后整车运行正常,将车驶出更换动力电池区。

电动汽车充换电站的运营究竟选取哪种模式,应围绕"快速、健康、高效地推动电动汽车产业的发展和普及"这一核心目标,结合技术发展趋势和现实条件进行综合考量。最主要包括以下三个方面。

① 消费者使用的总体经济性、方便性,这关系到运营模式的竞争力。

② 能源供给企业的盈利模式,这决定着电动汽车充换电站的可持续发展能力。

③ 对城市电网运行的影响,这是城市整个电网能否安全、高效运行的关键因素。

(3)我国电动汽车充换电站运营模式的发展方向

① 整车充电模式中的慢速充电方式可以充分利用低谷电力充电,电费相对降低,但是充电时间过长使车辆使用十分不便。快速充电方式的充电时间短,易于车辆的使用,但是充电费用较高,且会大大缩短动力电池的使用寿命。对于整车充电模式,消费者初次购买电动汽车时,其配套的动力电池及后续更换动力电池的费用很高(占车辆总费用30%~50%)。整车充电中的快充模式若大量使用,将使得电网谐波污染问题突出,治理成本提高。

② 更换动力电池模式属于能源新物流模式。更换动力电池模式有利于动力电池生产企业规模化、标准化生产,有利于能源供给企业的规模化采购与集约化管理,能够显著降低总运营成本。能源供给企业作为一个相对独立的中间运营商,有利于政府施加更具有针对性的扶持和优惠政策,如电价政策、购买动力电池补贴政策等,容易建立起清晰的财务盈利模式,比单纯提供充电服务可获得更高的经济回报,具有更大的发展空间。更换动力电池模式

采取的动力电池集中充电，便于统一调度、管理和监控，能够最大限度发挥削峰填谷作用，提高电力系统负荷率，最大限度减少谐波污染等对电网的不利影响，有利于电网的安全稳定运行和电力资源的优化利用。

综上所述，更换动力电池模式具有更突出的优势和更广阔的发展前景。考虑到差异化需求和特殊情况下电能补给的需要，以更换动力电池为主、整车充电为辅的运营模式将成为我国电动汽车充电站未来发展的主流模式。

1.4 电动汽车充电设施技术条件及标准

1.4.1 电动汽车充电设施技术条件及对充电技术的要求

1.4.1.1 电动汽车充电桩技术条件及功能

（1）电动汽车充电桩技术条件

① 在充电桩没有与动力电池建立连接时，充电桩经过自检后自动初始化为常规控制充电方式（可选择手动、IC 卡或充电桩监控系统操作方式）。充电桩采用手动操作时，应具有明确的操作指导信息。

② 在充电桩与动力电池建立连接后，通过通信获得动力电池的充电信息，自动初始化为动力电池自动控制充电方式。

③ 电动汽车充电桩对供电电压的要求如下。

a. 直流充电桩的输入额定线电压为 $380V \pm 38V$、$50Hz \pm 1Hz$ 的三相交流电。

b. 对于容量小于（等于）5kW 的交流充电桩，输入额定电压为 $220V \pm 22V$、$50Hz \pm 1Hz$ 的单相交流电。

c. 对于容量大于 5kW 的交流充电桩，输入额定线电压为 $380V \pm 38V$、$50Hz \pm 1Hz$ 的三相交流电。

d. 交流输入隔离型 AC/DC 充电桩的输出电压为额定电压的 50%～100%，并且输出电流为额定电流时，功率因数应大于 0.85，效率应大于等于 90%。

④ 电动汽车充电桩接口和通信要求如下。

a. 充电桩接口。充电桩与电动汽车之间的连接应包括以下几部分：高压充电线路、充电控制导引线、充电控制电源线、充电监控通信连接线、接地保护线。同时，充电桩应预留与充电站监控系统连接的通信接口。

b. 充电桩通信要求。推荐采用 CAN 总线以及 CAN2.0 协议作为充电桩的通信总线和通信协议，通信内容包括：动力电池单体、模块和总成的相关技术参数，充电过程中动力电池的状态参数，充电桩工作状态参数，车辆基本信息等。

（2）电动汽车充电桩功能　电动汽车充电桩可实现对不同厂家生产的多辆不同类型电动汽车充电，在智能充电网络系统中，作为电能从电网传输到电动汽车的"中转站"，电动汽车充电桩应具备以下功能。

① 指示功能。包括指示动力源能量、正在充电、充电结束等充电状态及输出过电压及欠电压、温度异常、主断路器断开等异常情况。

② 记录功能。记录输入的电力、一次充电量和日累计量、温度（充电时动力源温度、充电机温度、环境温度）、输出过电压及欠电压以及温度异常（包括动力源与充电机）。

③ 自动计费功能。充电桩可以采用 IC 卡充电操作，可自动计费并显示、打印计费结果或直接用 IC 卡结算。

④ 监测功能。监测动力源的温度等参数。

⑤ 故障保护和报警功能。对输入电源过压、缺相、过流、过热、短路、开路、极性接反、超温等故障均有自动保护并发出声光报警信号；具有断电时保护数据及电流、电压、时间等参数不超出所设定范围以及软件故障的提示等安全措施。

1.4.1.2　电动汽车发展对充电技术的要求

尽管电动汽车充电设施的建设受到不同影响，其建设方式和建设要求需根据实际情况而确定，但随着电动汽车的逐步推广和产业化以及电动汽车技术的日益发展，电动汽车对充电桩的技术要求表现出了一致的趋势，要求充电桩尽可能向以下目标靠近。

（1）高安全性　影响电动汽车安全性的主要因素首先是动力电池的充电过程。动力电池技术状态的不一致性是各类动力电池所共有的基本特性之一，主要表现在动力电池的容量误差、内阻误差和电压误差。少数动力电池的一致性误差并不明显，但是由数十个甚至数百个动力电池单体所组成的电动汽车动力电池组，其容量误差、内阻误差和电压误差等因素就会凸显出来。

电动汽车充电的过程不可能对动力电池单体依次充电，而是对整个动力电池组进行充电。在充电的过程中，由于内阻误差的存在，导致在整个动力电池组中的动力电池单体两端的电压形成误差，内阻误差越大，形成的电压误差越明显。虽然整个动力电池组两端的充电电压不会超过额定的电压，但是个别的动力电池单体两端的电压有可能超过其额定电压，从而容易导致动力电池组充电不均衡，单体动力电池充电量不一的状况。如果动力电池的电压误差过大，就有可能超过动力电池充电的安全能力，引起动力电池过热，导致安全事故。因此，用于电动汽车的充电设施，必须具备防止动力电池系统单体电压和温度超过允许值的技术措施，以提高电动汽车充电过程的安全性。

（2）充电快速化　相比发展前景良好的镍氢和锂动力电池而言，传统铅酸类动力电池具有技术成熟、成本低、容量大、跟随负荷输出特性好等优点，但同样存在着比能量低、一次充电续驶里程短的问题。因此，在目前动力电池不能直接提供更多续驶里程的情况下，如果能够实现动力电池充电快速化，从某种意义上也就解决了电动汽车续驶里程短这个致命弱点。

（3）充电通用化　在很长一段时间内，电动汽车用的动力电池仍将是多种类型动力电池共存的局面，各类电动汽车的动力电池容量配备不同，而且电压也会参差不齐，种类繁多。在多种类型动力电池、多种电压等级共存的市场背景下，用于公共场所的充电设施必须具有适应多种类型动力电池和适应各种电压等级的能力，即充电设施需要具有充电广泛性。充电设施应具备多种类型动力电池的充电控制算法，可与各类电动汽车上的不同动力电池系统实现充电特性匹配，能够针对不同的动力电池进行充电。

目前电动汽车充电设施与动力电池的充电控制算法主要由两个系统的对接协议来完成，为了给不同的电动汽车充电，用于电动汽车的充电设施，必须能够适应电动汽车的多种需求。因此，在电动汽车商业化的早期，就应该制定相关政策措施，规范公共场所用充电设施与电动汽车的充电接口、充电规范和接口协议等。

（4）充电智能化　制约电动汽车发展及普及的最关键问题之一是动力电池的性能和应用水平，优化动力电池智能化充电方法的目标是要实现动力电池无损充电，监控动力电池的放电状态，避免过放电现象，从而达到延长动力电池的使用寿命和节能的目的。充电智能化的应用技术发展主要体现在以下方面。

① 优化的智能充电技术和充电桩。

② 动力电池电量的计算、指导和智能化管理。

③ 动力电池故障的自动诊断和维护技术等。

（5）电能转换高效化　电动汽车的能耗指标至关重要。衡量商业化运行的电动汽车能耗指标，不仅要考察电动汽车驱动等系统的能耗指标，更要关注电动汽车从电网获取电能的利用率。电动汽车的能耗指标与其运行能源费用紧密相关，降低电动汽车的运行能耗是推动电动汽产业发展的关键因素之一。因此，提高充电设施的电能转换效率，采用高效充电设施对于降低电动汽车的能耗具有重要意义。提高充电设施转换效率的主要技术措施是选择高效变流电路拓扑，提高充电设施的效率因数，尽可能降低输出电流的交流分量并采用高效的充电控制算法。对于充电桩从电能转换效率和建造成本上考虑，应优先选择具有电能转换效率高、建造成本低等诸多优点的充电设施。

（6）充电集成化　本着子系统小型化和多功能化的要求，以及动力电池可靠性和稳定性要求的提高，充电设施将和电动汽车能量管理系统集成为一个整体，集成传输晶体管、电流检测和反向放电保护等功能，无需外部组件即可实现体积更小、集成化更高的充电解决方案，从而为电动汽车其余部件节约出布置空间，大大降低系统成本，并可优化充电效果，延长动力电池寿命。

（7）对动力电池寿命影响小　电动汽车的动力电池占电动汽车成本的主要部分，多数电动汽车的动力电池占整车成本的一半以上，有的甚至超过整车成本的 65%。因此，动力电池的使用寿命极大地影响电动汽车的运行成本，这也是制约电动汽车发展的关键因素之一。如果电动汽车动力电池性能早衰，电动汽车的续驶里程就会大大缩短，影响正常使用。如果动力电池寿命提前终止，对于电动汽车来说就需要更换动力电池。一旦更换动力电池，对于电动汽车运营来说就会造成极大的负担。动力电池寿命除了与动力电池制造技术、制造工艺和动力电池成组的一致性等因素有较大关系外，还与充电设施的性能直接相关。选用对动力电池没有伤害的充电控制策略和性能稳定的充电设施，是保障动力电池使用寿命达到设计指标，防止动力电池过早损坏的合理途径，也是降低运营成本的重要技术措施之一。

（8）操作简单化　电动汽车充电设施必须操作简单方便，可使所有用户都能独立操作完成。由于电动汽车应用对象是广大群众，虽然有技术要求和技术指导文件，但不能保证每个用户的学习和领会能力都在同一水平，也不可能因此而增加更多的人员来对电动汽车进行充电服务。如果充电设施操作烦琐而又复杂，势必会需求更多的高素质技术人员，增加管理成本。尤其对于公共充电设施，必须具有智能化的操作特性，降低对操作人员的要求。

1.4.2　电动汽车充电设施的标准及充电连接器标准

1.4.2.1　电动汽车充电设施的标准

目前，电动汽车充电设施建设的规模小、数量少，所以电动汽车充电设施相关技术大部分还处在实际应用的初级阶段。国际上电动汽车充电设施的标准主要是 IEC 发布的 IEC61851：2001，该标准包括 3 个部分，分别为一般要求（partl）、电动汽车与交流/直流电源的连接要求（part2-1）、电动汽车与交流/直流充电站（part2-2）。

我国根据国内电动汽车的发展状况，于 2001 年制定了 3 个标准，这 3 个国家标准分别等同（或等效）采用了 IEC61851：2001 的 3 个部分。近年来，电动汽车以及电力技术的快速发展，这些标准已不能完全满足当前的发展需求，而且这些标准中缺乏通信协议、监控系统等方面的内容。目前国家电网公司为了规范内部电动汽车的应用，已经颁布了 6 项与电动汽车充电设施相关的企业标准。

目前，供电、充电和动力电池系统应用集成技术和相关标准及规范研究的缺乏，仍然是电动汽车推广应用的主要薄弱环节，给电动汽车下一步的发展和充电设施的统一规划带来了很大的困难。能够保证大规模充电设施正常运营的充电设施监控系统尚无成熟产品，充电设施监控系统与充电桩间的通信协议、通信接口尚无统一的标准可以遵循，各充电设施之间也无信息联系。

1.4.2.2　电动汽车充电接口

在电动汽车充电时，连接电动汽车和电动汽车供电设备的组件称为充电连接装置，如图 1-10 所示。在充电连接装置中，除电缆外，还可能包括供电接口、车辆接口、缆上控制盒和帽盖等部件。

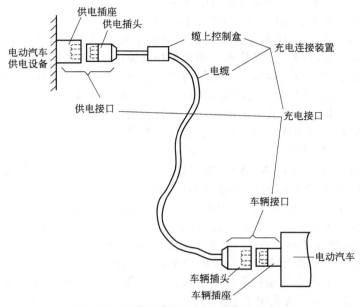

图 1-10　电动汽车充电用连接装置示意图

① 供电接口将电缆连接到电源或电动汽车供电设备的器件，由供电插头和供电插座组成，对应于 GB/T 11918.1—2014 中的插头和插座。

② 供电插头是供电接口中和充电线缆连接且可以移动的部分，对应于 GB/T 11918.1—2014 中的插头。

③ 车辆接口将电缆连接到电动汽车的器件，由车辆插头和车辆插座组成，对应于 GB/T 11918.1—2014 中的器具耦合器。车辆接口中和充电线缆连接且可以移动的部分，对应于 GB/T 11918.1—2014 中的连接器。

④ 车辆输入插座固定安装在电动汽车上，并通过电缆和车载充电机或车载动力电池相互连接，对应于 GB/T 11918.1—2014 中的器具输入插座。

目前，我国已颁布多项电动汽车充电接口及通信协议国家标准，国标对充电接口和通信协议进行了全面、系统的规范，为充电设施质量保证体系提供了技术保障，确保了电动汽车与充电设施的互联互通，避免了市场的无序发展和充电"孤岛"，有利于降低因不兼容而造成的社会资源浪费，对促进电动汽车产业政策落地，增强购买使用电动汽车消费信心将起到积极的促进作用。

充电接口由充电插座与充电插头两部分构成，充电插头在充电过程中，与充电插座结构进行耦合，从而实现电能的传输。在电动汽车的产业化过程中，充电接口的标准化非常重要。充电接口应该满足以下几方面要求。

① 能够实现较大电流的传输和传导，避免由于电流过大引起插座发热和故障。

② 插头能够与插座充分耦合，接触电阻小，以免接触不良引起火花烧蚀或虚接。

③ 能够实现必要的通信功能，方便电动汽车 CAN 通信或者电池管理系统与充电机对接。

④ 具备防误插功能。因为电动汽车使用的充电设备或者电池的型号和性能不同，所以所需要的电源就不一样，同时，因为各插头的性能不同，插头的电极不能插错，这就要求不同的电源插头要有一定的识别功能。

⑤ 具备合理的外形，方便执行插拔作业。

在 GB/T 20324 电动汽车传导充电用连接装置中对电动汽车充电接口标识、温度、结构要求、插拔力、机械强度、车辆碾压都进行了较为详尽的规定。充电接口的种类主要如下。

① 单相交流充电接口。单相交流充电接口主要是用于家庭用户充电设施及一些标准的公共充电设施，这类充电插头比较简单，用于单相交流电使用。通常插头有三个端子，分别是交流火线、交流零线以及接地线。与传统的电源插座相似，只是形体和额定电流较大。

② 三相交流充电接口与直流充电接口要比单相交流充电接口复杂得多，这类充电接口通常用于较大的充电站，为较大型的电动汽车进行充电服务，而且充电电流相对较大，外形也较大，其功能复杂。因为这类插头较大，设计的形状类似于枪，因此通常称为充电枪。

1.4.2.3　电动汽车传导式充电接口全球标准

目前，IEC 和 ISO 都在加速制定充电基础设施方面的国际标准，但是由于各国的电力基础不一样，所以各国所应用的标准也有不同。目前，充电接口的国际标准由 IEC62196-1—2014、IEC62196-2—2016 和 IEC62196-3—2014 三部分组成，后面由美国、德国、意大利三个国家整合定义为 type1、type2、type3 方案。其中 type1 支持的国家主要是美国和日本，type2 支持的国家为德国，type3 主要支持的国家为意大利和法国。我国的总体交流接口与 type2 较为接近，采用七芯结构，可单相充电和三相充电。锁止方案上，我国的标准和美国方案比较一致，都首选机械锁配合电子锁，对此我国于 2006 年制定完成了一项国家标准 GB/T 20234，该标准等效采用了 IEC62196-1。

SAEJ 1772 于 2010 年 1 月发布，是最早实施的充电接口标准，被美国及日本广泛使用。其 5 芯的交流充电接口，在 IEC62196-2 中被定义为 type1 接口。

CHAdeMO 协会于 2010 年 3 月 15 日成立，成员单位大多数来自日本，主旨为推进快速充电规格在日本的统一，因此主要被日本车厂所采用。

GB/T 20234.1～3—2011 于 2011 年 12 月颁布，2012 年 3 月实施，共由三部分组成，形式接近于 IEC62196-1～3。虽然目前是国标推荐标准，但解决了我国不同地区、不同电网公司充电接口不统一的问题。

围绕充电接口标准，日本、我国、欧洲竞争激烈，我国和日本合作将掌握超九成的市场份额，朝着实现全球标准迈出重要一步。目前，快速充电系统的规格除了"CHAdeMO"外，还有我国的"GB/T"及欧美的"Combo"。安装数量上，"GB/T"占绝大多数。

新版的"GB/T"快速充电标准有望在 2020 年推出使用，与我国和日本协商推新标准的时间刚好吻合。我国和日本合作很有可能就该充电标准继续研发，当然也不排除使用该标准的可能。最后我们期盼我国和日本充电标准早日实现统一，也希望全球纯电动车的标准能够早日统一。

1.4.2.4　充电接口

（1）CHAdeMO 快充接口　CHAdeMO 是 CHArgedeMove 的缩写，是日本日产及三菱汽车等支持的直流快充插座。CHAdeMO 从日语翻译过来意思为"充电时间短如茶歇"。这种直流快充插座可以提供最大 50kW 的充电容量。CHAdeMO 快充接口如图 1-11 所示。在 2014 年 4 月，CHAdeMO 接

图 1-11　CHAdeMO 快充接口

口正式被国际电工委员会（International Electrotechnical Commission，IEC）批准为电动车快速充电器的国际规格。

支持该充电标准的电动汽车车型包括日产聆风、三菱 Outlander 插电混动车、雪铁龙 C-ZERO、标致 iON、雪铁龙 Berlingo、标致 Partner、三菱 i-MiEV、三菱 MINICAB-MiEV、三菱 MINICAB-MiEV 卡车、本田飞度电动版、马自达 DEMIOEV、斯巴鲁 Stella 插电混动车、日产 eEV200 等。日产聆风和三菱 i-MiEV 电动汽车都有两个不同的充电用插座，其中一个适用于基础 J1772 连接器，另外一个适用于日本本土的 CHAdeMO 标准连接器。

CHAdeMO 采用的快速充电方式如图 1-12 所示，电流受控于汽车的 CAN 总线信号，即在监视动力电池状态的同时，实时计算充电所需电流值，通过通信线向快速充电桩发送通知，快速充电桩及时接收来自汽车的电流命令，并按规定值提供电流。

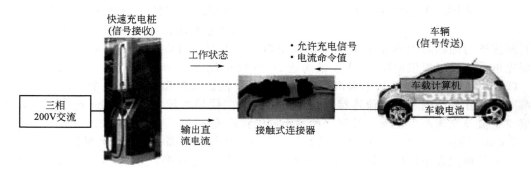

图 1-12　CHAdeMO 采用的快速充电方式

通过动力电池管理系统，一边监视动力电池状况，一边实时控制电流，完全实现了快速、安全充电所需各项功能，确保充电不受动力电池通用性限制。在日本，按照 CHAdeMO 标准建设的快速充电站已有 1154 座投入使用。在美国，采用 CHAdeMO 标准建设的充电站也已得到推广，来自美国能源部的最新数据显示，美国现有 1344 个 CHAdeMO 交流快速充电站。

CHAdeMO 快充插座的优点是除了数据控制线外，还采用 CAN 总线作为通信接口。由于其抗噪性优越且检错能力高，因此通信稳定性、可靠性高，其良好的充电安全记录受到了业内的肯定。

CHAdeMO 快充插座的缺点是最初设计的充电输出功率为 100kW，连接器十分笨重，在充电时的输出功率仅为 50kW。

（2）Combo 充电接口　Combo 充电方式是美国汽车工程师协会（SAE）在 2012 年 10 月发布的，全称为 Combo Coupler，最高可以使用 500V 电压、200A 电流进行充电。该充电方式是将交流以及直流充电方式结合到一起，并且还有一种直流快充模式。这种充电方式最大的优势是将各种充电方式整合，只需根据情况选择不同的接口即可。另外这样做的另一个好处便是可以降低制造成本。

Combo 插座可以允许电动汽车慢充和快充，是目前在欧美应用最广的插座类型，包括奥迪、宝马、克莱斯勒、戴姆勒、福特、通用、保时捷以及大众都配置 SAE（美国汽车工程师协会）所制定的充电界面。而且此类插座还可以和 Mennekes 类型兼容。Combo 充电接口如图 1-13 所示。

在 2012 年 10 月 2 日，SAE 相关委员会成员投票通过的 J1772 修订草案成为全球唯一正式的直流充电标准。该标准的推出是为了改变鱼龙混杂的充电设施的现状，提升消费者对于电动汽车的购买积极性。基于 J1772 修订版制定的关于直流快速充电标准的核心为 Combo

图 1-13 Combo 充电接口

连接器。

该标准之前的版本（2010 年制定）明确了用于交流电充电的基础 J1772 连接器的规格，充电水平较低（交流 Level1 针对 120V，Level2 针对 240V）。这种基础连接器目前已经得到广泛的应用，与日产聆风、雪佛兰沃蓝达以及三菱 i-MiEV 电动汽车兼容。而 2012 年制定的新版 J1772 标准中的 Combo 连接器除了具备原来的所有功能外，还多了两个引脚，可用于直流快充，但无法与当前生产的旧款电动汽车兼容。SAE 的这套标准来自很多家大汽车制造商，因此它们的目标是希望这套快充装置的充电时间能够与加油时间不相上下，即在采用直流充电时，可以在 10min 内完成充电，这就需要充电设施可以提供电压 500V、最高达 200A 的电流。

Combo 插座的优点是，未来汽车制造商可以在他们新车型上采用一个插座，不仅适用于第一代尺寸较小的基础交流连接器，还适用于第二代尺寸较大的 Combo 连接器，后者可以提供直流及交流两种电流，分别以两种不同的速度充电。

Combo 插座的缺点是，快充模式下需要充电设施提供最高 500V 电压和 200A 电流。

（3）特斯拉充电接口 特斯拉汽车有一套自己的充电标准，号称能在 30min 充满可行驶 300km 以上的电量，因此它的充电插座最高容量可达 120kW，最高电流可达 80A。特斯拉充电接口如图 1-14 所示。目前，特斯拉在美国已拥有 908 座超级充电站，而为了进入我国，特斯拉也已在我国建立了 7 座超级充电站，上海 3 座、北京 2 座、杭州 1 座、深圳 1 座。

图 1-14 特斯拉充电接口

特斯拉为了更好地融入各个地区，计划放弃对充电标准的控制，采用各国的国标，其在我国已经如此执行。特斯拉如此做的有利效果是可以利用由我国政府投资建设的庞大充电网络，以提升特斯拉产品的销量。但对已经购买了特斯拉的车主，在标准改变后如何充电是面临的问题。如果没有相应的解决方案，特斯拉车主面临的矛盾，一是只能在标准更改前建好的充电设施上充电，充电便利性不会随时间推移而改进；二是找特斯拉退车。

特斯拉插座的优点是技术先进，充电效率高。

特斯拉插座的缺点是与各国国标相悖，不妥协难以提升销量；妥协后充电效率将打折扣，处于两难境地。

（4）CCS 标准充电接口 为了改变混乱的充电接口标准现状，美系和德系的八大厂商福特、通用、克莱斯勒、奥迪、宝马、奔驰、大众和保时捷于 2012 年发布了"联合充电设施"（Combined Charging System），即 CCS 标准。

"联合充电设施"可将现行所有的充电接口统一起来，这样，用一种接口就能够完成单相交流充电、快速三相交流充电、家用直流充电和超速直流充电。家庭和户外充电桩都可以使用此类可提供最大 32A 交流电流的充电插座（慢充方式）。CCS 标准充电接口如图 1-15 所示。

（5）CEE 标准充电接口　CEE 标准充电接口是应用最广泛的充电接口，家庭和户外充电桩的慢充方式都可以选用此类最大可提供 32A（12kW）的单相交流充电接口。CEE 标准充电接口如图 1-16 所示。

图 1-15　CCS 标准充电接口

图 1-16　CEE 标准充电接口

SAE 已选定联合充电设施作为其标准，除 SAE 外，欧洲汽车制造商协会（ACEA）也已宣布选择了联合充电设施作为直流/交流充电界面，从 2017 年开始用于所有在欧洲销售的插电式电动汽车。自德国和我国统一了电动汽车充电标准后，我国也加入了欧美系这一阵营，为我国的电动汽车发展带来前所未有的机遇。

SAE 标准充电插座的优点是，宝马、戴姆勒以及大众这三家德国汽车制造商将加大对我国的电动汽车投入。CCS 标准或更有利于我国。

SAE 标准充电插座的缺点是，支持 CCS 标准的电动汽车，或者销量较小，或者刚刚开始发售。

（6）GB/T 20234 充电接口　我国在 2006 年就发布了《电动汽车传导充电用插头、插座、车辆耦合器和车辆插孔通用要求》（GB/T 20234—2006）。这个国家标准详细规定了充电电流为 16A、32A、250A 交流和 400A 直流的连接分类方式，主要借鉴了国际电工委员会（IEC）2003 年提出的标准，但是这个标准并未规定充电接口的连接针数、物理尺寸和接口定义。我国发布的充电口国标（GB/T）只能在国内使用，具有很强的地域限制。

2011 年，我国又推出了 GB/T 20234—2011 推荐性标准，替换了部分 GB/T 20234—2006 中的内容，其中规定：交流额定电压不超过 690V，频率 50Hz，额定电流不超过 250A；直流额定电压不超过 1000V，额定电流不超过 400A。GB/T 20234 充电接口如图 1-17 所示。

GB/T 20234 插座的优点是，相比 2006 版的国标，对更多充电接口参数进行了详细标定。

GB/T 20234 插座的缺点是，标准仍不够完善，其只是推荐性标准，并未强制执行。

目前，"GB/T"可以承受 950V 电压和 250A 电流，总功率为 237.5kW。如果最新国标接口属实，那么在传

图 1-17　GB/T 20234 充电接口

输性能方面的能力将近为现在 4 倍。功率将是新的 400kW CHAdeMO 规格和 350kW CCS-Combo 规格的 2 倍多，整体性能处在世界第一的位置。我们期待新型的接口早日推出，并且希望我国纯电动汽车充电功率迅速跟上，等到那时候 10min 充满车辆电池将不是梦想，纯电动车的使用便利性将大大提高。

　　各国车企都已逐渐意识到"标准"才是左右电动汽车发展前景的关键因素，近年来全球充电标准逐渐从"多样化"走向了"集中化"。但要真正实现充电标准统一，除了接口标准之外，还需要电流、通信标准，前者关乎接头是否吻合，后者则影响插头插入插座时能否通电。电动汽车充电标准统一化仍然任重而道远，车企和各国政府都需要进一步"放开姿态"，电动汽车才可能有未来。

第2章

电动汽车充电技术

2.1 电动汽车充电技术及充电模式

2.1.1 电动汽车充电设施及充电技术

2.1.1.1 电动汽车充电设施及充电机类型

充电设施为电动汽车运行提供能量补给，是电动汽车的重要基础支撑系统，也是电动汽车商业化、产业化过程中的重要环节。随着电动汽车产业的快速发展，充电技术成为制约行业发展关键因素之一，智能、快速的充电方式成为电动汽车充电技术发展的趋势。

（1）电动汽车充电设施　自19世纪第1辆电动汽车面世至今，均采用可充电动力电池作为其动力源。对于一辆电动汽车来讲，动力电池充电设备是不可缺少的，它的功能是将电网的电能转化为电动汽车车载动力电池的电能。电动汽车充电设备主要包括充电站及其附属设施，如充电机、充电站监护系统、充电桩、配电室、信息传输设备以及安全防护设施等。电动汽车充电设施的分类有不同的方法，总体上可分为车载充电设施和非车载充电设施。

① 车载充电设施指安装在电动汽车上的，采用地面交流电网或车载电源对动力电池组进行充电的装置，包括车载充电机、车载充电发电机组和运行能量回收充电设施。车载充电设施通常使用结构简单、控制方便的接触式充电机，也可以是感应充电机。它完全按照车载动力电池的种类进行设计，针对性较强。

② 非车载充电设施，即地面充电设施，主要包括专用充电机、专用充电站、通用充电机、公共场所用充电站等。它可以满足各种动力电池的各种充电方式。通常非车载充电器的功率、体积和重量均比较大，以便能够适应各种充电方式。

（2）充电机类型　根据不同的分类标准，电动汽车充电机可以分为多种类型。

① 车载充电机是指安装在电动汽车上的采用地面交流电网或车载电源对动力电池组进行充电的充电机，它将一根带插头的交流动力电缆线直接插到电动汽车的插座中给电动汽车车载动力电池充电，因此也可以称为交流充电机。由于电动汽车车载质量和体积的限制，车载充电机要求尽可能体积小、质量轻（一般小于5kg）。车载充电机一般设计为小充电率，它的充电时间长（一般是5～8h）。车载充电机对于要充电的动力电池是有针对性的，动力电池的充电方式也是预先定义好的。由于充电机和动力电池管理系统（BMS，负责监控动

力电池的电压、温度和荷电状态）都装在车上，它们相互之间容易利用电动汽车的内部线路网络进行通信。

②　非车载充电机是指固定在地面上的对交流电进行整流变换，其直流输出端对动力电池组进行充电的充电机，因此也可以称为直流充电机。根据充电场所和充电需求的不同，非车载充电机主要应用于家庭、充电站以及各种公共场所。为了可以满足各种动力电池的各种充电方式，通常非车载充电机的功率、体积和质量都比较大，一般设计为大充电率。由于非车载充电机和动力电池管理系统在物理位置上是分开的，它们之间必须通过有线或者无线进行通信。

非车载充电机还需具备计量计费功能，一般情况下，充电机应至少能为以下三种类型动力电池中的一种充电：锂动力电池、铅酸动力电池、镍氢动力电池。根据动力电池管理系统提供的关于动力电池的类型、电压、温度和荷电状态的信息，非车载充电机选择一种合适的充电方式为动力电池充电，以避免动力电池的过充和过热。

非车载充电机由一个能将输入的交流电转换为直流电的整流器和一个能调节直流电功率的功率转换器组成，通过把线缆的插头插入电动汽车上配套的插座中，输入的直流电能直接对动力电池进行充电。充电器接口设置了一个锁止杠杆以利于插入和取出插头，同时杠杆还能提供一个确定已经锁紧的信号，如果没有此信号，充电器就不会给动力电池充电以确保安全。根据非车载充电机和车上动力电池管理系统相互之间的通信，功率转换器能在线调节直流充电功率，而且非车载充电机能显示充电电压、充电电流和充电电能，甚至所需充电费用等。

2.1.1.2　电动汽车充电方式

（1）传导式充电方式　传导式充电方式又称接触充电方式。接触充电方式通常采用传统的接触器控制，使用者把充电的电源接头（插头）连接到汽车上（插座），即利用金属接触来导电，具有技术成熟、工艺简单和成本低廉的优点。接触充电方式的缺点是，导体裸露在外面不安全，而且会因多次插拔操作，引起机械磨损，导致接触松动，不能有效传输电能。接触充电的最大问题在于它的安全性和通用性，为了使它满足严格的安全充电标准，必须在电路上采用许多措施使充电设备能够在各种环境下安全充电。

（2）无线充电方式　电动汽车无线充电方式的研究目前主要集中在感应式充电方式，不需要接触即可实现充电。感应充电方式是采用感应耦合方式充电，即电源和汽车接收装置（动力电池）之间不采用直接电接触的方式，而是采用高频变压器通过感应耦合无接触式地传输能量。采用感应耦合方式充电，可以有效解决接触充电的缺陷。感应充电的最大优点是安全，这是因为充电器与车辆之间并无直接的点接触，即使车辆在恶劣的气候下，如雨雪天，进行充电也无触电的危险。

感应充电是利用高频交流磁场的变压器原理，其高频变压器的一边绕组装在离车的充电器上，另一边绕组嵌在电动汽车上，由电网输入的交流电经过整流后，通过高频逆变环节，将 $50\sim60Hz$ 的市电转换为 $80\sim300Hz$ 的高频电，经电缆传输通过感应耦合器后，传送到电动汽车输入端，再经过整流滤波环节，将高频交流电变换为能够为动力电池充电的直流电。

新型的电动汽车感应充电技术发展很快，目前，日产和三菱都有相关产品推出。其原理是采用了可在供电线圈和受电线圈之间提供电力的电磁感应方式，即将一个受电线圈装置安装在汽车的底盘上，将另一个供电线圈装置安装在地面，当电动汽车驶到供电线圈装置上时，受电线圈即可接收到供电线圈的电流，从而对动力电池进行充电。目前，这套装置的额定输出功率为 $10kW$，一般的小型电动汽车可在 $7\sim8h$ 内完成充电，这种方式的成本较高，还处于实验室研发阶段，其功能还有待时间验证。

2.1.2　电动汽车充电模式

根据电动汽车动力电池组的技术和使用特性，电动汽车的充电模式存在一定的差别。目前，电动汽车动力电池组充电模式有常规充电、快速充电和机械充电三种方式。

2.1.2.1　常规充电模式

动力电池的常规充电模式是采用小电流恒压或恒流充电，一般充电时间为 5～8h，甚至长达 10～20h。尽管充电时间较长，但因所用功率和电流的额定值并不高，因此充电机的成本比较低，可充分利用电力低谷时段进行充电，降低充电成本，并可提高充电效率和延长动力电池的使用寿命。常规充电通常采用传统的恒流、恒压充电模式对电动汽车动力电池组进行充电。常规充电分为小电流充电和中电流充电两种模式。

（1）小电流充电模式　小电流充电模式一般以较小的电流根据动力电池的充电曲线进行充电，充电时间通常为 8～10h。采用恒流、恒压的传统充电模式对动力电池进行充电，使整个充电过程更接近动力电池的固有特性，有效避免了动力电池被过充和欠充的问题。这种方式以比较低的充电电流为动力电池充电，相关技术成熟可靠，相应的充电机的成本也比较低。

小电流充电模式主要应用于家庭充电场合，电流大小约为 15A，典型的充电时间为 8～10h（充到 95％以上）。这种充电模式对电网没有特殊要求，直接从低压照明电路取电，充电功率小，一般为 1～3kW。

车载充电机可采用国标三口插座，基本不存在接口标准的问题，由 220V/16A 规格的标准电源插座供电。由于在家中充电通常是晚上或用电低谷期，有利于电能的有效利用，因此电力部门一般会采取打折等措施以吸引电动汽车用户在用电低谷期充电。

电动汽车家用充电设备（车载充电机）和小型充电站多采用小电流充电模式。车载充电机是纯电动汽车的一种最基本的充电设备，充电机作为标准配置固定在车上或放在后备厢里。由于只需将车载充电机的插头插到家中的电源插座上即可进行充电，操作简单，实现方便，因此充电过程一般可由用户自己独立完成。对动力电池和电动汽车来说，小电流充电模式是最安全可靠的充电模式，但是难以满足电动汽车用户紧急或者长距离行驶需求。

（2）中电流充电模式　中电流充电模式主要应用于购物中心、饭店门口、停车场等公共场所的小型充电站。小型充电站是电动汽车的一种最重要的充电模式，充电机设置在街边、超市、办公楼、停车场等处。充电电流为 30～60A，充电功率一般为 5～20kW，采用三相四线制 380V 供电或者单相 220V 供电。计费方式是投币或者刷卡，用户只需将车停靠在小型充电站指定的位置上，接上电线即可开始充电。该方式的充电时间是，补电 1～2h，充满 5～8h（充到 95％以上），在小型（短时）充电站使用中电流充电 1h，电动汽车的行驶里程可增加 40km。

常规充电模式的主要缺点是充电时间过长，有紧急运行需求时难以满足。通常适用于续驶里程设计尽可能长的电动汽车，需满足车辆一天运营需要，仅利用晚间停运时间充电，在家里、停车场和公共充电站都可以进行。现阶段技术条件下，动力电池的续驶里程大约为 200km，像私家车、市内环卫、企业商务车等车辆日均行驶里程都在动力电池的续驶里程范围之内，均可采用常规充电的方式。

（3）动力电池适应的充电模式　电动汽车动力电池的类型不同，其适应的充电模式也不同。动力电池适用的常规充电模式如下。

① 恒流充电模式。恒流充电模式是最常用的充电模式，控制简单，设备简单。但仅能适应于部分动力电池（如镍氢动力电池），不能将动力电池完全充满电，充电效率低。

② 分级恒流充电模式。分级恒流充电模式是在普通恒流充电模式的基础上发展而来的，

在初期用较大的电流进行充电，充电一定时间或充电电压达到一定值后改用较小电流，再充电一定时间或充电电压达到另一个更高值后改用更小的电流。这种充电模式的效率较高，所需充电时间较短，充电效果也比较好，并且对延长动力电池组使用寿命有利，但对充电机有较高的要求。分级恒流充电模式适用于镍氢动力电池和锂动力电池的前期充电。

动力电池在充电时，首先以小电流先预充一段时间，主要是对动力电池状况及 BMS 状况进行判断。在前期荷电量较低的情况下，动力电池充电接受能力好，可适应较大电流充电，随着荷电量的增加，充电接受能力逐渐下降，此时充电电流下降，在充电后期，副反应速率增大，基本变为涓流充电。

③ 低压恒压浮充模式。低压恒压浮充模式不同于通常的将均充和浮充分开进行的方式，

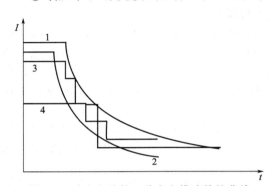

图 2-1　动力电池的 4 种充电模式特性曲线
1—动力电池最大可接受充电电流曲线；2—连续递减式充电电流曲线；3—多级恒流式充电电流曲线；4—小电流慢速充电电流曲线

因充电电源一直按照稳压限流的方式工作，动力电池在浮充状态下渐渐补足失去的能量，直到充电至终止电压。这种充电模式具有原理简单、实现方便的特点，但有可能会导致动力电池欠充，而且长时间欠充会损害动力电池组。这种方式适用于锂动力电池。

④ 梯度恒压充电模式。梯度恒压充电模式综合了恒流充电模式和恒压充电模式的优点，在充电时根据电流衰减情况逐步提供充电电压，电流呈阶梯方式下降。这样，在充电初期（1～3h）动力电池电压呈直线上升；充电中期（3～7h），充电电流接近指数衰减；充电后期（8～12h）充电电流小于设定值时终止充电或者转入涓流充电阶段。

动力电池的 4 种充电模式特性曲线如图 2-1 所示。

2.1.2.2　快速充电模式

常规动力电池的充电方法，一般时间较长，给实际使用带来许多不便。快速充电模式的出现为纯电动汽车的商业化提供了技术支持。快速充电又称应急充电，是以较大电流在短时间内（20min～2h）为电动汽车提供充电服务，一般充电电流为 150～400A。

快速充电不同于常规充电所采用的恒流、恒压充电模式。快速充电模式是以 150～400A 的大电流对动力电池进行恒流充电，力求在短时间内充入较大的电量，充电时间应该与燃油汽车的加油时间接近。快速充电设施主要设置在大型的充电站内。

快速充电模式主要针对电动汽车长距离行驶或需要进行快速补充电能的情况进行充电，充电时间一般为 10～30min，充电容量可以达到动力电池容量的 80%，充电机功率很大，一般为 50～100kW，采用三相四线制 380V 供电。快速充电模式以 1～3C 的大充电电流，因充电电流较大，对技术、安全性要求也较高。快速充电的特点是高电压、大电流，充电功率很大，能达到上百千瓦，充电时间短。

快速充电方式主要在充电站中进行，由于功率和电流的额定值都很高，因此快速充电模式对电网有较高的要求，一般应靠近 10kV 变电站附近，还需采取较为复杂的谐波抑制措施。快速充电设施与慢速充电设施相比其成本较高，只适合大型充电站选用。快速充电模式对动力电池的寿命有一定的影响，在短时间内接受大量的电量会导致动力电池过热。

目前，快速充电模式的充电插口的针脚定义、电压、电流值、控制协议等均没有国家标准，也没有国际标准，已投入使用的充电桩和电动汽车动力电池充电插口均由各生产厂家自定，世界各国都在积极争夺标准的制定权，各大电动汽车厂家也纷纷抢先投放产品，抢占市

场，提高占有率，试图使多数充电站不得不采用其充电设施，从而成为事实的标准。

快速充电是利用电动汽车动力电池在充电初期、中期可以接受较大充电电流的特性，并结合停充和脉冲放电的去极化技术来实现的。如果充电电流采用图 2-1 中的 1 号曲线，动力电池充电时间在理论上应该是最短的，但是实际操作中，由于动力电池组的新旧程度、环境温度、动力电池容量的差异，不可能刚好按照 1 号曲线的充电电流充电。为了保证动力电池的安全使用以及使用寿命，往往在充电时根据经验采用 2 号曲线，在连续递减电流中留有一定余量，使充电电流略小于最大可接受电流。图 2-1 中的 2 号曲线一般可以根据多组动力电池试验得到，但是在用户实际操作时，存在曲线特性参数设定比较困难的特点，因此，这种充电模式很少采用。

由于快速充电模式可在短时间内（为 $10\sim15min$）使动力电池储电量达到 $80\%\sim90\%$，与加油时间相仿，因此，建设相应充电站时可不配备大面积停车场。但是，相对常规充电模式，快速充电也存在一定的缺点：充电机充电效率较低，且相应的成本较高；由于采用快速充电，充电电流大，这就对充电技术方法以及充电的安全性提出了更高的要求，同时计量收费设计也需特别考虑。

快速充电适用于电动汽车续驶里程适中（日平均里程大于动力电池的续驶里程即 $200km$），在车辆运行的间隙进行快速补充电，来满足运营需要。比如公交车、出租车等车辆，它们的日平均行驶里程在 $300km$ 左右，车载动力电池的续驶里程只有约 $200km$，则需要采用快速充电方式给动力电池补充 $100km$ 左右行驶里程所需的电量。由于相应的大电流需求可能会对公用电网产生有害的影响，因而快速充电模式只适用于专用的充电站。

2.1.2.3　机械充电模式

机械充电模式就是动力电池组快速更换，通过直接更换电动汽车的车载动力电池组来达到为其充电的目的。动力电池组快速更换的时间与燃油汽车加油时间相近，需要 $5\sim10min$。动力电池组快速更换可以在充电站完成，也可在专用动力电池更换站完成，电动汽车动力电池组不需现场充电，但需要电动汽车的车载动力电池实现标准化，即动力电池组的外形、容量等参数完全统一，同时，还要求电动汽车的构造设计能满足更换动力电池组的方便性、快捷性。

由于动力电池组重量较大，更换动力电池组的专业化要求较强，需配备专业人员借助专业机械来快速完成动力电池组的更换、充电和维护。换电站的主要设备是动力电池拆卸、安装设备。

电动汽车用户把车停在一个服务站指定的区域，然后用更换动力电池组的机械设备将已经耗尽的动力电池组取下，更换上已经充满电的动力电池组。对于更换下的动力电池组，可以在服务站充电，也可以集中收集起来以后再充电。动力电池组归服务站（换电站）或动力电池厂商所有，电动汽车用户不必购买动力电池组，只需通过租赁动力电池组的方式就可完成对电动汽车的充电。快换方式具有如下优点。

① 电动汽车用户可租用充满电的动力电池组，更换已经耗尽的动力电池组，有利于提高车辆使用效率，也提高了用户使用的方便性和快捷性。

② 对更换下来的动力电池组可以利用低谷时段进行充电，降低充电成本，提高车辆运行经济性。

③ 从另一个侧面来看，也解决了充电时间乃至蓄存电荷量、动力电池组维护、续驶里程长及价格等难题。

④ 可以及时发现动力电池组中单体动力电池的问题，进行维修工作，对于动力电池组的维护工作将具有积极意义。动力电池组放电深度的降低也将有利于提高动力电池组的寿命。

动力电池组快速更换方式虽然可行，但还存在不少问题有待解决。

① 成本高。这种动力电池组更换系统的成本很高，需要昂贵的机械装置和大量的动力电池组。

② 占用空间大。由于需要存放大量的未充电和已充电的动力电池组，需要很多的存放空间。修建一个动力电池组更换站所需空间远大于修建一个正常充电站或快速充电站所需的空间，因此这种动力电池组更换系统的初始成本很高。

③ 不便管理。由于有未充电的动力电池组和已充电的动力电池组之分，需要对动力电池组进行分别归类存放，这样就加大了管理难度。

④ 动力电池与电动汽车的标准化，车辆动力电池组设计标准化和易更换。

⑤ 电动汽车的设计改进，充电站的建设和管理，以及动力电池的流通管理等。

电动汽车动力电池组快速更换模式只适用于专用的充电站，目前车载动力电池的电气和尺寸参数还没统一标准，市场应用还需等待时日。

2.1.2.4 电动汽车几种充电模式的适用性及优缺点比较

综上所述，三种充电模式各有优缺点，其适用性见表2-1。电动汽车整车充电和更换动力电池组比较见表2-2。目前，我国电动汽车电能补给的方式有家庭交流慢充、公共交流慢充、公共直流快充、充电站交流慢充、充电站直流快充、充电站动力电池更换。这几种电能补给方式在推广及使用上各有优缺点，见表2-3。

表 2-1 三种充电模式适用性

方式	适用性
常规模式	设计的电动汽车的续驶里程尽可能大，须满足车辆运营一天的需要，仅利用晚间停运时间充电，由于慢充的电流小，在家里的停车场就可以充电
快充模式	电动汽车的续驶里程适中，在车辆运行的间隙可进行快速补充电，满足车辆安全运行的需要。大电流快充使充电时间大为缩短，由于电流大，只适用于标准的充电站
机械充电模式	车辆的动力电池组为标准化设计，易更换，车辆运营中可根据动力电池组状态在充电站进行快速更换。要求充电站可以对动力电池组和车辆快速分离，此方式适用于标准充电站

表 2-2 电动汽车整车充电和更换动力电池组比较

充电模式		实现方式	充换电时间/h	充电功率/kW	对动力电池寿命的影响	基础设施投入	实现难易程度
整车充电	小电流充电	位于停车场、家庭的充电接口	5~8	1~3	有利	小	容易
	中电流充电	位于购物中心、饭店门口、停车场的短时充电接口	1~3	5~20	中等	小	容易
	大电流充电	快速充电站	0.3~0.5	50~100	有损害	中	困难
更换动力电池组		换电站	<0.1	3~20	有利	大	非常困难

表 2-3 电动汽车各种充电模式的优缺点比较

序号	充电模式	优点	缺点	适用范围
1	家庭交流慢充	(1)建设成本低 (2)运营成本较低 (3)充电方便 (4)电费便宜 (5)无服务费	(1)充电时间长 (2)需要固定车位 (3)安装手续烦琐	有固定车位的消费者，日常充电

序号	充电模式	优点	缺点	适用范围
2	公共交流慢充	(1)建设成本较低 (2)运营成本较低 (3)无服务费 (4)电费较便宜	(1)排队时间长 (2)故障率高 (3)故障处理慢	无固定车位的消费者、公共用户、集团用户
3	公共直流快充	(1)运营成本较低 (2)无服务费 (3)电费较便宜	(1)建设费用较高 (2)排队时间长 (3)故障率高 (4)故障处理慢	无固定车位的消费者、公共用户、集团用户
4	充电站交流慢充	(1)建设成本较低 (2)运营成本较低 (3)电费较便宜 (4)排队时间较短 (5)故障处理快	(1)有服务费 (2)充电速度慢 (3)经济效益较低	无固定车位的消费者、公共用户、集团用户
5	充电站直流快充	(1)排队时间短 (2)充电速度快 (3)故障处理快 (4)经济效益高 (5)网络布局合理	(1)建设费用较高 (2)运营成本较高 (3)有服务费 (4)电费较高	无固定车位的消费者、应急充电者、公共用户、集团用户
6	充电站动力电池更换	(1)排队时间短 (2)换电速度快	(1)建设费用很高 (2)运营成本很高 (3)有服务费 (4)电费较高	公共用户、集团用户

公共充电设施在运营中，因运营模式及资金问题，故障维修较慢、排队时间长、数量较少等问题难以解决，即使不收充电服务费，消费者的使用积极性也会不高。经营性交流充电站由于充电速度慢导致经济效益不佳，投资者将缺乏投资动力，消费者也会因便利性问题不愿使用。从车辆电能补给的技术趋势看，动力电池更换站很可能因技术趋势和用户范围窄等因素逐渐消失。

对于普通消费者将主要采用家庭交流慢充解决电动汽车的电能补给，这在私人车位相对充足的城市将十分普遍；对于没有固定车位的普通消费者、应急充电者和集团用户，将主要在充电站解决电动汽车的电能补给。

经过上述分析，电动汽车充电还是采用常规充电为主、快速补充充电为辅的充电模式。未来将出现家庭交流充电（解决有固定车位消费者的需求）为主，经营性直流快充（解决无固定车位消费者、应急充电消费者的需求）为辅，集团用户直流快充（解决如公交车、出租车等集团用户的需求）为补充的电能补给格局。对于电动公交车而言，充电站设在公交车总站内。因此，投资建设并运营提供有偿充电服务的充电站符合未来电能补给的趋势。

2.2　电动汽车充电机

2.2.1　电动汽车充电机设备及充电模式

2.2.1.1　电动汽车充电设备性能要求及分类

电动汽车充电设备一般称为充电机，在电动汽车应用中发挥着重要的作用。对于一辆电动汽车来讲，充电机是不可缺少的设备之一，车载动力电池的电能用完之后，用充电机给车载动力电池补充电能，其功能是将电网的电能转化为电动汽车车载动力电池的电能。

（1）性能要求　对充电机的基本性能要求包括以下几项。

① 经济效益。成本经济、价格低廉的充电机有助于降低整个电动汽车的成本，提高运行效益，有利于促进电动汽车的商业化。

② 操作方便。当在供电电网、充电机和动力电池组之间进行插头及插座的插拔操作时，要本着操作简单、易于安全使用的原则。

③ 高效无污染。效率高是对现代充电机最重要的要求之一，它对整个电动汽车的能量效率有巨大的影响。同时还要有效抑制充电机在使用过程中对供电电网和其他用电设备的谐波污染，因此，设计充电机时要保证较高的输入功率因数。

④ 可靠安全。电动汽车充电时，如何保证人身和动力电池组的安全是至关重要的，充电机必须保证在整个充电过程中安全可靠，特别是在以下几种情况下。

a. 操作者将电动汽车动力电池组通过充电机与供电电网连接。

b. 充电过程中，人身与电动汽车车体接触。

c. 在充电过程中，充电机发生故障。

d. 充电结束后，操作者进行断开操作。

e. 外部环境条件恶劣，如遇雨雪天气等。

（2）电动汽车充电机分类　电动汽车充电机根据不同的分类标准可以分成多种类型，充电机若按安装位置不同可分为以下几类。

① 车载充电机。车载充电机又称交流充电机，安装于电动汽车上，通过插座和电缆与交流插座连接，采用三相或单相交流电源。车载充电机的优点是不管车载动力电池在任何时候、任何地方需要充电，只要有充电机额定电压的交流插座，就可以对电动汽车的车载动力电池进行充电。车载充电机的缺点是受电动汽车的空间所限，功率较小，输出的充电电流小，对动力电池的充电时间较长。

② 非车载充电机。非车载充电机又称直流充电机，即采用直流充电模式，直流充电模式是以充电机输出的可控直流电源直接对动力电池组进行充电。非车载充电机安装于固定的地点，充电机的交流输入电源已事先连接完成。充电机的直流输出端在充电操作时再与电动汽车的车载动力电池连接。非车载充电机的功率较大，可以提供几百千瓦的充电功率，可以对电动汽车车载动力电池进行快速充电。

充电机若按输入电源不同可分为以下几类。

① 单相充电机。充电机的交流输入电源为单相电源，功率较小，一般用于车载充电机。

② 三相充电机。充电机的交流输入电源为三相电源，功率较大，一般用于非车载充电机。

充电机若按连接方式不同可分为以下几类。

① 传导式充电机。传导式充电机的输出直接连接到电动汽车的车载动力电池上，两者之间存在实际的物理连接，电动汽车上不装备电子电路。

② 感应式充电机。感应式充电机利用电磁感应耦合方式向电动汽车的车载动力电池传输电能，两者之间没有物理连接。充电机分为地面部分和车载部分。

充电机若按使用功能不同可分为以下几类。

① 普通充电机。普通充电机只提供对动力电池的充电功能，没有自动控制、对电网谐波的抑制及无功补偿等功能。对动力电池的充电由人工手动控制。

② 多功能充电机。多功能充电机除了具有对电动汽车车载动力电池的充电功能外，还能够提供诸如对电动汽车动力电池进行容量测试、对电网谐波的抑制、无功补偿及负载平衡等功能。

充电机若按所采用的功率变换元件及控制原理的不同可分为以下几类。

① 磁放大型充电机。磁放大型充电机由饱和电抗器和整流变压器构成，利用饱和电抗器的调整绕组进行调压，接线简单，调试方便，但容量较小。

② 相控型充电机。相控型充电机由接在隔离变压器二次绕组上的晶闸管整流器进行调压，接线较复杂，容量较大。

③ 高频开关模块型充电机。高频开关模块型充电机采用高频脉宽调制技术，取消了庞大的隔离变压器。实现了高频化、小型化和模块化，具有输出稳流、稳压精度高，纹波系数小等优点。

2.2.1.2　电动汽车充电模式及对充电机的基本功能要求

（1）电动汽车充电模式　在 GB/T 18487.1 电动车辆传导充电设施一般要求中，对充电模式提出的要求可分为以下四种充电模式。

① 充电模式 1。将电动汽车连接到交流电网（电源）时，在电源侧使用了符合 GB 2099.1 和 GB 1002 要求的插头和插座，在电源侧使用了相线、中性线和接地保护的导体。应采用单相交流供电，且不允许超过 8A 和 250V。

② 充电模式 2。将电动车辆连接到交流电网时，在电源侧使用了符合 GB 2099.1 和 GB 1002 要求的插头和插座，在电源侧使用了相线、中性线和接地保护的导体，且在电动车辆和插头或控制盒之间有控制导向器，并且在充电连接时使用了缆上控制与保护装置（IC-CPD）。应采用单相交流供电，电源侧使用符合 GB 2099.1 和 GB 1002 要求的 16A 插头和插座时输出电流不能超过 13A；电源侧使用符合 GB 2099.1 和 GB 1002 要求的 10A 插头和插座时输出电流不能超过 8A。应具备剩余电流保护和过流保护功能。

③ 充电模式 3。电动车辆和交流电网相连时，使用特定的电动车辆供电设备，将电动汽车与交流电网直接相连，并且在专用供电设备上安装了控制导引装置。模式 3 应具备剩余电流保护功能，连接方式 A、B、C 适用于模式 3。采用单相供电时，电流不大于 32A。采用三相供电且电流大于 32A 时，应采用连接方式 C。

④ 充电模式 4。用非车载充电机将电动汽车连接到交流电网或直流电网时，使用了带控制导引功能的直流供电设备，且控制导向器固定安装在电源一侧。模式 4 可直接连接至交流电网或直流电网，仅连接方式 C 适用于模式 4。

（2）充电机基本功能要求　充电机通常由功率单元、控制单元、电气接口和通信接口等部分构成，对充电机的基本功能要求如下。

① 充电机应能对锂动力电池、镍氢动力电池、铅酸动力电池中的一种或多种进行充电。

② 在充电过程中，充电机依据电池管理系统提供的数据动态调整充电参数、执行相应动作，完成充电过程。

③ 充电机应具有与电动汽车或电池管理系统通信的功能，通信目的是判断动力电池类型；判断充电机是否与电动汽车动力电池组正确连接；获得电动汽车车载动力电池的系统参数、充电前和充电过程中动力电池的状态参数；充电机还应具有与充电站监控系统的通信功能。

④ 充电机应具有人机交互功能，通过人机交互功能可以使充电人员获得充电机的一些信息。充电机应显示的信息有：动力电池类型、充电电压、充电电流、电能量计量信息；在出现故障时应有相应的提示信息；以及动力电池温度、充电时间等。

2.2.2　电动汽车车载充电机

2.2.2.1　车载充电机构成

车载充电机对于要充电的动力电池是有针对性的，动力电池的充电方式也是预先定义好的。由于充电机和电池管理系统（BMS）都装在车上，它们相互之间容易利用电动汽车的内部总线网络进行通信。

车载充电机既要考虑动力电池充电的实际需求，又要考虑车载动力电池的恶劣环境，所以车载充电机的方案必须满足耐高压、高可靠、高效率的要求。车载充电机采用电压、电流反馈的方法来达到恒流、恒压充电的目的，同时要对充电过程的各种参数进行控制和监测。目前，国内车载充电机功率主要有 3.3kW、6.6kW，其他还有 2kW、10kW、20kW、40kW 等。车载充电机主要由功率电路和控制电路组成。

① 由变压器和功率管组成的 DC/DC 变换器是功率电路的重要组成部分，功率电路的主要作用是将 220V 交流电转化为 300～450V 的直流电，电源又分为 PFC 和 LLC 两部分，实际上可以把 PFC 看作是 AC/DC，而把 LLC 看作是 DC/DC。

② 控制电路的核心是控制器，用来实现与 BMS 的 CAN 通信，并控制功率电路按照三段式充电曲线给动力电池组充电。充电机控制电路具有对电源部分进行控制、监测、计量、计算、修正、保护以及与外界网络通信等功能，是车载充电机的"中枢大脑"。当车载充电机接上交流电后，并不是立刻将电能输出给动力电池，而是通过电池管理系统首先对动力电池的状态进行采集分析和判断，进而调整充电机的充电参数。

车载充电机的两级式电源架构框图如图 2-2 所示，第一级是 PFC（功率因数校正）升压转换器，第二级是 PSFB（移相全桥）或 LLC 转换器。因为 PFC 的输出电压总是恒定的，当系统输出电压变化范围不大时，可选择效率更高的 LLC 转换器。

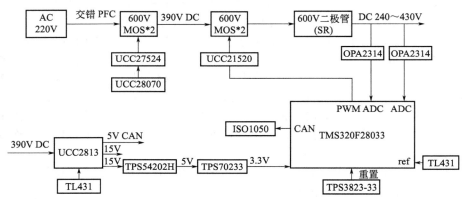

图 2-2　车载充电机的两级式电源架构框图

对于 PFC 级有许多解决方案，例如，UCC28070 是交错的 PFC 控制器，其集成两个交错 180° 的脉冲宽度调制器（PWM）。使用交错的方法减小输入和输出电流纹波，从而减小电容器尺寸。它还可通过交错技术和可编程频率抖动技术降低传导 EMI 滤波器的成本。此外，该器件还可用于设计双升压无桥 PFC，其效率比正常 PFC 高出 1% 以上。UCC28180 是一款易于使用的 8 脚 CCM（连续导通模式）PFC 控制器，该控制器使用与单周期控制技术类似的控制方法，其具有良好的瞬态响应，并且在满负载条件下可获得低于 5% 的 THD 指标。用户还可以使用 TMS320F28033 设计图腾柱无桥 PFC，以实现高效率和良好的 EMI 性能。

对于第二级，若输出电压范围比较宽，可选用 UCC28950。与 UCC3895 相比，该芯片有很多优点，例如，同步整流 MOSFET 输出、SR 输出的自适应延迟、空载时的受控突发模式、斜率补偿等。随着 MOSFET 的导通阻抗变得越来越小，导通损耗占总损耗的比重就越来越小，LLC 相对 PSFB 将变得更适用。对于 LLC，可以使用 UCC25600＋UCC27714 来设计变换器，因为电动汽车充电器需要与其他系统通信，因此可选择 C2000 芯片来设计半桥 LLCDC/DC 变换器。

2.2.2.2　电动汽车车载充电机功能及技术指标

（1）电动汽车车载充电机功能

① 具有为电动汽车动力电池安全、自动充电的能力，充电机依据动力电池管理系统（BMS）提供的数据，能动态调节充电电流或电压参数，执行相应的动作，完成充电过程。

② 具备高速 CAN 网络与 BMS 通信的功能，判断动力电池连接状态是否正确，获得动力电池系统参数及充电前和充电过程中整组与单体动力电池的实时数据。

③ 可通过高速 CAN 网络与车辆监控系统通信，上传充电机的工作状态、工作参数和故障告警信息，接受启动充电或停止充电控制命令。

④ 完备的安全防护措施。

a. 具有交流输入过电压保护功能、交流输入欠电压告警功能、交流输入过电流保护功能。

b. 具有直流输出过电流保护功能、直流输出短路保护功能。

c. 具有输出软启动功能，以防止电流冲击。

d. 在充电过程中，充电机能保证动力电池的温度、充电电压和电流不超过允许值。

e. 具有单体动力电池电压限制功能，自动根据 BMS 的动力电池信息动态调整充电电流。

f. 自动判断充电连接器、充电电缆是否正确连接。当充电机与动力电池正确连接后，充电机才能允许启动充电过程；当充电机检测到与动力电池连接不正常时，立即停止充电。

g. 充电联锁功能，保证充电机与电动汽车动力电池连接分开以前车辆不能启动。

h. 高压互锁功能，当有危害人身安全的高电压时，充电模块锁定，无输出。

i. 具有阻燃功能。

（2）电动汽车车载充电机技术指标

① 环境条件。工作温度为 $-30 \sim 70℃$（50℃以上限制输出功率为额定功率的50%）；相对湿度为 5%～95%；海拔为不高于 2000m。

② 交流输入。交流工作电压为（220±44）V（单相三线）；交流工作频率为 50Hz±1Hz；满载功率因数不小于 0.99；谐波电流总畸变率不大于 5%。

③ 直流输出。稳流精度不超过 ±0.5%；稳压精度不超过 ±0.5%；纹波系数不小于0.5%；满载效率不小于 94%；电压范围为 140～350V；电流范围为 1～8A；最大功率为2.5kW（输出可恒功率控制）。

④ 结构防护。全封闭结构，外壳防护等级 IP54；充电机金属外壳和零件采用双层防锈处理，非金属外壳具有防氧化保护膜或进行防氧化处理；充电机内部印制电路板、接插件进行防潮湿、防霉变、防烟雾处理。

⑤ 平均无故障时间。平均无故障时间（MTBF）不小于 50000h。

2.2.2.3　车载充电机发展趋势

随着 EV 车辆续驶里程提升（350～500km），动力电池电量普遍＞60kW·h，传统的3.3kW 和 6.6kW 车载充电机功率已不能满足当下纯电动汽车的慢充（6～8h）需求，未来，车载充电机功率扩容势在必行。然而，整车配备大功率充电机虽可减少充电时间，但由于受限于车辆配重、空间以及成本，同时大功率的交流充电也受电网基础设施的影响，如小区配电的容量，该解决方案面临挑战。在设计上一方面需优化充电时间，以使车辆更具竞争力；另一方面还需兼顾车辆系统部件成本，尤其是在国家和地方政策补贴逐渐减少后，以便在保证价格优势的同时可获取更高的利益。

电动汽车充电设施的设计趋势是大功率、高效率，以便一次充电保证尽可能多的续驶里程。电动汽车虽可依靠建设直流快充设施来提供快速充电方案，但直流快充基础设施的建设是需要增加投入的，而随着 V2G、V2L、V2V 等充电技术增值服务的发展，提升充电功率，利用大功率的充电机对电动汽车车载动力电池进行充电，也是电动汽车私人专用和公共设施充电解决方案的重要方式。对于车载充电机产品扩功率、降成本的发展趋势，主要形成两种技术形态。

（1）功能扩展（单向充电技术向双向充电技术发展）　对于车载动力电池电量不大的电动汽车（如 PHEV，小型化 EV 等），单向低功率车载充电机产品仍将大范围应用。可通过系统集成化设计优化降低成本，推出高效且性价比高的车载充电器，比如将充电机与 DC/DC 功能集成（可减少电气连接、复用水冷基板及部分控制电路）。车载充电机在结构形式或充电模式上的改变，由于受充电功率及成本的限制，一般只支持单向充电，但是随着动力电池能量的提升、用户需求的变化等原因，对双向的充电也越来越多。

（2）功率扩展（单相充电技术向三相充电技术发展）　现阶段，许多电动汽车不支持高于 6.6kW 的交流充电功率，但交流连接器支持高达 19kW（美国）、14kW（欧洲）的单相功率水平和高达 52kW（美国）、43kW（欧洲、中国）的三相功率水平，标准化充电功率与 EV 交流充电功能之间还未完全匹配，因此，在现有充电标准内增加 AC 充电功率存在相当大的潜力。

2.2.3　电动汽车非车载充电机

2.2.3.1　非车载充电机电路结构

非车载充电机是指固定在地面上的对交流电进行整流变换，其直流输出端对动力电池组进行充电的装置，因此也可以称为直流充电机。固定式充电机一般为固定在充电站内的大型充电机，主要以大功率和快速充电为主。根据充电场所和充电需求的不同，非车载充电机主要应用于家庭、充电站以及各种公共场所。为了可以满足各种动力电池的各种充电方式，通常非车载充电机的功率、体积和重量都比较大，一般设计为大充电率。

由于非车载充电机和动力电池管理系统在物理位置上是分开的，它们之间必须通过电线或者无线电进行通信。根据动力电池管理系统提供的关于动力电池的类型、电压、温度和荷电状态的信息，非车载充电机选择一种合适的充电方式为动力电池充电，以避免动力电池的过充和过热。

输入为额定线电压 380V、50Hz 的三相交流电，输出额定电压 700V、额定电流 600A 的非车载充电机，采用 60 个模块并联，每个模块 10A/700V，模块尺寸（高×宽×深）为 133mm×425mm×270mm，15 层 4 列，分 4 个柜体安放，4 个柜体可分开运输，使用时紧凑左右排列。机架前门、后门均为双开门，方便检修。电源进线和汇流排输出位置均在底部输入。电源输入断路器及监控单元触摸屏安装在主机中间控制柜前部。非车载充电机的控制结构框图如图 2-3 所示。

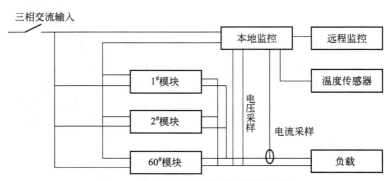

图 2-3　非车载充电机的控制结构框图

（1）充电机功能模块　充电机的拓扑结构有多种，大功率充电机多以三相交流电为输入电源，采用高频隔离型桥式 DC/DC 变换技术，根据预先设定的充电过程参数对电动汽车动力电池组进行充电。电动汽车充电机功能模块框图如图 2-4 所示。

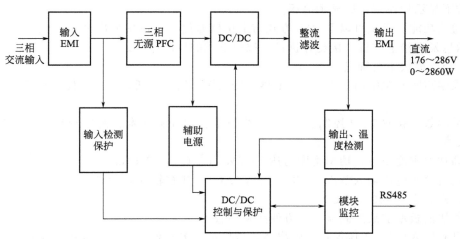

图 2-4　电动汽车充电机功能模块框图

充电模块由三相无源 PFC 和 DC/DC 两个功率部分组成，在两个功率部分之外还有辅助电源以及输入/输出检测保护电路。前级三相无源 PFC 电路由输入 EMI 和无源 PFC 组成，用以实现交流输入的整流滤波和输入电流的校正，使输入电路的功率因数大于 0.92，以满足 DL/T 781—2001 中三相谐波标准和 GB/T 17794.2.2—2003 中相关 EMI、EMC 标准。

后级的 DC/DC 电路由 DC/DC 变换器及其控制电路、整流滤波、输出 EMI 等部分组成，用以实现将前级整流电压转换成满足要求的稳定的直流电压输出。辅助电源在输入无源 PFC 之后、DC/DC 变换器之前，利用三相无源 PFC 的直流输出，产生控制电路所需的各路控制电源。输入检测电路实现输入过欠压、缺相等检测，DC/DC 的检测保护电路包括输出电压和电流的检测、散热器温度检测等，所有这些信号都用于 DC/DC 的控制和保护。

（2）充电模块的功能

① 模块具有输入过/欠压保护功能。当输入电压低于 313V±10V（AC）或者高于 485V±10V（AC），模块保护，无直流输出，保护指示灯（黄色）亮。电压恢复到 335V± 10V（AC）至 460V±15V（AC）之间后，模块自动恢复工作。

② 模块具有输出过压保护、欠压报警功能。当输出电压高于 293V±6V（DC）时，模块保护，无直流输出，保护指示灯（黄色）亮。模块不能自动恢复，必须将模块断电后重新上电。当输出电压低于 198V±1V（DC）时，模块报警，有直流输出，保护指示灯（黄色）亮。电压恢复后，模块输出欠压报警消失。

③ 模块具有短路保护功能。当模块输出短路时，输出电流不大于 40% 额定电流。短路因素排除后，模块自动恢复正常输出。

④ 模块具有缺相保护功能。当输入缺相时，模块限功率，可半载输出，在输出电压为 260V 时输出 5A 电流。

⑤ 模块的进风口被堵住或环境温度过高导致模块内部的温度超过设定值时，模块会过温保护，模块面板的保护指示灯（黄色）亮，模块无电压输出。当异常条件清除、模块内部的温度恢复正常后，模块将自动恢复为正常工作。

⑥ 在异常状态下模块整流侧出现过流，原边过流保护动作。原边过流保护不能自动恢复，必须将模块断电后重新上电。

⑦ 风扇温度控制。模块采用温度和电流联合控制风扇的运转方式，风扇转速分为停转、半转和全转三挡，通过对输出电流和模块温度综合考虑进行风扇调速控制。

⑧ 模块告警信息以故障码的形式在 LED 上实时闪烁显示，此时 LED 显示内容改为故障码，按下显示切换按钮后显示电压。

⑨ 通信功能。模块可以 RS485 方式与上位机通信，将模块输出电压和电流、模块保护和报警信息发送给上位机，接受并执行上位机下发的控制命令。

（3）充电模块主要特点

① 采用高频开关电源技术，N＋1 热备份工作，组屏灵活，扩容方便，更可靠，更节省空间。

② 采用数字化双 DSP 控制、CAN 总线技术、软开关技术、钳位专利技术、分散散热等专利技术。

③ 高功率密度设计，功率密度高达 $13.5W/in^3$（$1in＝2.54cm$）。

④ 具备超宽电压输入范围［$260\sim530V(AC)$］和宽输入频率范围（$45\sim65Hz$），以及宽工作温度范围（$-40\sim65℃$）。

⑤ 模块面板增加故障码显示，方便故障检查。

⑥ 具有输入侧过/欠压保护、输出侧过压保护、欠压告警、过流及短路保护、过温保护等功能。

⑦ 充电模块采用业界领先的有源功率因数校正（APFC）技术，输入功率因数高达 0.99，总谐波含量≤3％，无需在充电站内单独配置消谐滤波装置。

⑧ 充电模块符合 CE 安全规范和电磁兼容 Class A 标准要求，符合欧盟 RoHS 指令，安全、绿色、环保。

2.2.3.2　非车载充电机技术要求

非车载充电机作为电动汽车的能量补给装置，其充电性能关系到动力电池组的使用寿命、充电时间。实现对电动汽车动力电池快速、高效、安全、合理的电量补给是电动汽车非车载充电机设计的基本原则，另外，还要考虑非车载充电机的对各种动力电池的适用性。

充电站中充电机的布置方案如图 2-5 所示。该充电机由一个能将输入的交流电转换为直

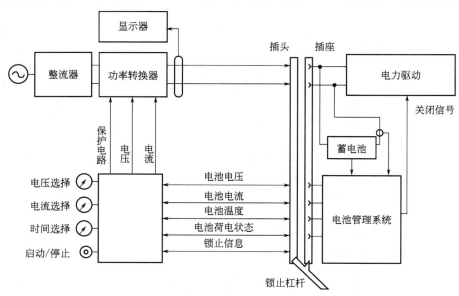

图 2-5　充电站中充电机的布置方案

流电的整流器和一个能调节直流电功率的功率转换器组成，通过把充电机的输出插头插入与电动汽车上配套的插座中，直流电能就输入至动力电池并对其充电。充电机的输出插头设置了一个锁止杠杆，以利于插入和取出插头，同时杠杆还能提供一个确定已经锁紧的信号以确保安全。根据充电机和车上电池管理系统相互之间的通信，功率转换器能在线调节直流充电功率，而且充电机能显示充电电压、充电电流、充电量和充电费用。地面充电站中的充电机不同于车载充电机，有其特殊技术要求。

① 充电机能服务于由不同厂商制造的技术指标不同的电动汽车、不同类型的动力电池（不同的动力电池标称容量、不同的标称电压）。不同动力电池类型的充电控制算法是不同的，相同动力电池类型的不同动力电池容量和标称电压的电动汽车对充电设备的技术要求也不同。

② 公共场所用电动汽车充电设施必须实现无人值守自动充电，作为服务面广、量大的未来电动汽车的公共场所用充电设施，不可能、也不允许采用现有由专业充电技术人员进行充电操作的常规充电工作模式。采用由驾驶员利用设置在公共场所的无人值守智能化充电设施，在网络管理下，实现无人值守自动充电。

③ 充电设施必须能适应动力电池组技术状态离散性大的技术特点，动力电池组的显著特点之一就是技术性能离散性大。同一种动力电池类型的不同厂牌、同一厂牌的不同批次、同一批次的不同产品的技术性能离散性都很大，无法实现典型的充电控制算法适应所有动力电池组。对于串联单体数量很多的电动汽车动力电池组，动力电池技术状态离散性大的问题就更为突出。如果不有效解决动力电池组技术性能离散性对充电的影响，就难以保证充放电中不伤害动力电池。

④ 不同电动汽车制造厂商或不同动力电池制造商对充电控制算法有不同的要求，公共场所用充电设施必须可满足用户对特殊充电控制算法的要求。

⑤ 随着动力电池技术的发展，更高性能的新型动力电池将不断取代原来的动力电池应用于电动汽车，作为公共场所用电动汽车充电设施，必须能适应未来应用新型动力电池的电动汽车对充电的需要。因为当今技术发展日新月异，作为投资和规模都是非常巨大的电动汽车能源补给系统，在短时间之内频繁进行技术改造和设备更新是不现实的。

⑥ 有适应公共场所用电动汽车充电设施特点的特殊组网方式，公共场所用电动汽车充电设施管理网络是对分布在相对广大地域内的、数量庞大的充电机群进行技术管理和商务管理。传统的组网方式，无论是从经济指标、系统安全或对环境的基本要求，都无法应用在该领域，必须研究新的、能适应其特点的管理网络组网方式。

⑦ 在宽的电压和功率范围内，保持高的运行效率。

2.2.3.3 非车载充电机充电模块原理框图

非车载充电机充电模块原理框图如图 2-6 所示，其主回路的工作过程与车载充电机类似，都是将输入的交流电整流调压后输出，前后采取各种优化措施，确保电能输出的质量和输出的稳定性及准确性。非车载充电机基本都是在充电站内应用的，对体积功率密度要求不高，主要靠自然冷却或者风冷的方式，就能确保系统正常工作。另外，对比两大类型的充电机，非车载充电机增加了遥感、遥信方面的功能，这是基于充电站能够实现远程监控的需求。

非车载充电机与车载充电机充电过程显著的不同之处在于，需要充电握手阶段。车载充电机是车辆的一部分，它与整车控制器及动力电池之间的连接都是已经调试过的，只要确认外部接通了一个不具有智能能力的普通电源就可以，充电过程控制和充电安全问题由车载充电机控制器协同整车控制器一起完全解决，不需要与车辆外部的设备有配合。而非车载充电机则不同，充电机是一个独立的系统。

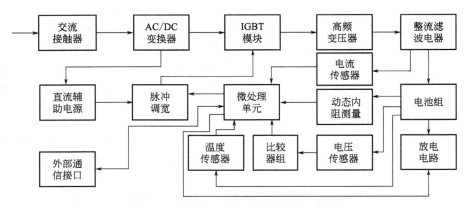

图 2-6　非车载充电机充电模块原理框图

非车载充电机的充电过程需要协调好两个系统之间的高压、低压和程序控制的全部方面。在 2015 年充电接口标准《电动汽车传导充电用连接装置》（GB/T 20234—2015）正式实施以前的充电桩，很多都是只能兼容一部分车辆充电，其余车型别说通信交互，连最基本的硬件连接器也配合不上。接口标准化以后，这种情况得到了彻底改善。因此，车载充电机的充电确认过程比较简单，只要确保连接器稳定接通即可，而非车载充电机则需要确认更多因素。

2.3　充电机功率变换器及动力电池组的均衡控制

2.3.1　充电机功率变换器中的三相 PWM 整流电路

2.3.1.1　三相 PWM 整流电路结构

三相 PWM 整流电路结构如图 2-7 所示，其开关器件采用 IGBT。单相全桥 PWM 整流电路如图 2-8 所示，在 PWM 整流电路的交流输入端 A、B 之间产生一个正弦波调制 PWM 波 U_{AB}，U_{AB} 中除了含有与电源同频率的基波分量外，还含有与开关频率有关的高次谐波。由于电感 L_S 的滤波作用，这些高次谐波电压只会使交流电流 I_S 产生很小的脉动。如果忽略这种脉动，I_S 为频率与电源频率相同的正弦波。在交流电源电压 U_S 一定时，I_S 的幅值和相位由 U_{AB} 中基波分量的幅值及其与 U_{AB} 的相位差决定。改变 U_{AB} 中基波分量的幅值和相位，就可以使 I_S 与 U_S 同相位。

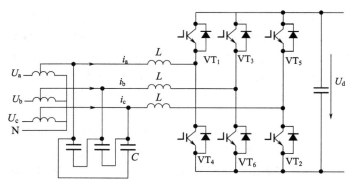

图 2-7　三相 PWM 整流电路结构

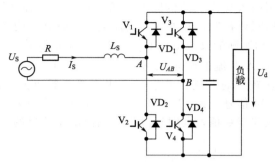

图 2-8　单相全桥 PWM 整流电路

单相 PWM 整流电路的相量图如图 2-9 所示，其中 U_S 表示电网电压，U_{AB} 表示 PWM 整流电路输入的交流电压，U_L 为连接电抗器 L_S 的电压，U_R 为电网内阻 R_S 的电压。图 2-9 中 U_{AB} 滞后 U_S 的相角为 φ，I_S 与 U_S 的相位完全相同，电路工作在整流状态，且功率因数为 1。

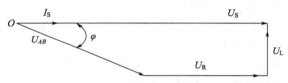

图 2-9　单相 PWM 整流电路的向量图

三相 PWM 整流电路的工作原理与单相 PWM 整流电路相类似，通过对图 2-7 所示电路进行 SPWM 控制，便可在交流输入端得到正弦 PWM 电压 U_{AB}（U_{BC}、U_{CA} 为其他另两相，图 2-8 只示出单相电路），并通过控制 U_{AB}（U_{BC}、U_{CA}）的基波分量的幅值和相位，就可以使各相电流为正弦波，并且与电网电压同相位，输入功率因数接近 1。

要使三相 PWM 整流电路正常工作，其直流侧电压必须大于交流输入线电压的峰值。整流电路输出电压即为动力电池的充电电压，对于线电压为 380V 的三相输入整流电路，其线电压峰值远远大于动力电池的充电电压，不满足三相 PWM 整流电路正常工作的条件。可采用自耦变压器 T_C 将三相输入电压降低以后再输入 PWM 整流电路，这样，当输入电压在允许的范围变化时，在整个充电电压范围内均能满足 PWM 整流电路的电压变换条件。

2.3.1.2　三相 PWM 整流电路控制方法及主要技术特性

（1）PWM 波形　把如图 2-10（a）所示的正弦半波 N 等分，看成 N 个幅值相等、宽度按正弦规律变化的脉冲序列，将这种脉冲宽度按正弦规律变化而和正弦波等效的 PWM 波形称为 SPWM（Sinusoidal PWM）波形，如图 2-10（b）所示。要改变等效输出正弦波的幅值时，只要按照同一比例系数改变上述各脉冲的宽度即可。

（2）PWM 整流电路控制方法　PWM 整流电路控制方法有直接电流控制和间接电流控制两种，直接电流控制引入交流输入电流反馈进行闭环控制，

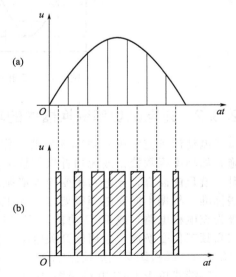

图 2-10　正弦半波及 PWM 波形

其电流指令运算电路比不引入交流反馈的间接电流控制简单。在如图 2-11 所示的直接电流控制系统结构图中，采用双环控制，其外环为直流电压控制环，内环为交流电流控制环。直流输出电压给定信号 U_d 和实际的直流电压 U_f 比较后的误差信号送入 PI 调节器，PI 调节器的输出即为整流器交流输入电流的给定信号 i_a^*（i_b^*、i_c^*），其再与实际的交流输入电流 i_a（i_b、i_c）进行比较，比较后的电流误差信号经比例调节器放大后送入比较器，再与三角载波信号经比较形成 PWM 信号。该 PWM 信号经驱动电路后去驱动主电路开关器件，便可使实际的交流输入电流跟踪指令值，同时达到控制输出电压的目的。

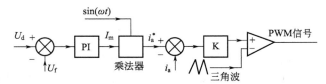

图 2-11　直接电流控制系统结构图

（3）三相 PWM 整流电路主要技术特性　三相 PWM 整流电路由于采用了先进的 PWM 控制技术，使其比采用相控整流电路具有更优的输入特性，这主要表现如下。

① 具有完美的正弦波输入电流，极大地减少了整流器对电网的谐波污染，三相 PWM 整流电路的输入电流波形如图 2-12 所示。

② 输入功率因数近似为 1，使得三相 PWM 整流电路与电网之间几乎没有无功传递，可以降低电源系统的变压器的容量，大幅减少无功损耗，从而可以节约能源，降低系统成本。

③ 输入电压范围宽，更适合于电网电压剧烈波动的地区，有利于减少动力电池的充放电次数。

④ 整流输出直流电压纹波小，可延长动力电池使用寿命。

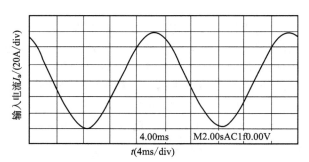

图 2-12　三相 PWM 整流电路的输入电流波形

2.3.2　充电机功率变换器中的功率因数校正电路

电动汽车充电机的功率变换器工作在高频，会对电网造成谐波污染，必须采取有效措施，如功率因数校正或无功补偿等技术，限制电动汽车充电机功率变换器进入电网的总谐波量。就目前而言，充电功率变换器必须满足 IEEE519—1992 标准或类似的标准。要满足这些标准，根据不同充电等级要求，充电机功率变换器可以选择两级结构（前级为 PFC，后级为充电桩电路）或 PFC 功能与充电功能一体化的单级电路。为了进一步提高变换效率，在高频工作变换器中采用软开关电路，可减少开关管的损耗。

2.3.2.1　单极功率因数校正电路

三端式单级 PFC 电路如图 2-13（a）所示，图 2-13（b）所示为其相应的基本电路。从

图 2-13(b) 可以看到，典型的单级 PFC 功率变换器是由 Boost 功率变换器与基本的功率变换器合成的。两部分共用一个开关管，其中 D_1 是充电电路，D_2 是放电电路（同时防止开关管关断时电流倒流）。由于控制电路只是完成输出电压整定的任务，因此要求变换电路本身具有自然的 PFC 功能，而 Boost 功率变换器恰恰具有这种内在的功率因数校正能力。

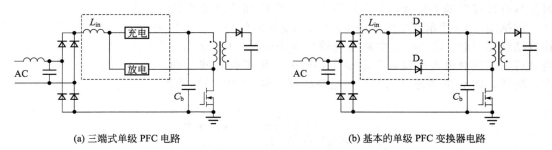

(a) 三端式单级 PFC 电路　　　　　　　　　(b) 基本的单级 PFC 变换器电路

图 2-13　单级 PFC 电路

从图 2-13(a) 可以看到，典型的 PFC 功率变换器是直接与交流电路相连的，因此，瞬时输入功率是随时变化的，要得到稳定的功率输出，储能电容 C_b 是必需的功率平衡手段。但由于整流后的输入电压同负载大小无关，因此负载越轻，积累在 C_b 上的不平衡能量就越多。这导致 C_b 上的电压应力很大，对器件耐压的要求很高。

基于典型单级 PFC 电路的上述特点，在开发新结构的单级 PFC 电路时，应尽可能满足以下几个方面的要求。

① 功率变换器电路要有较好的谐波处理能力，可以满足各种标准的要求。

② 功率变换器要有较好的稳定输出电压能力。

③ 功率变换器的电路拓扑应具有降低电压应力、减少电路损耗的能力。

④ 开关管的控制方式应达到较好的校正、输出效果。

许多新型的单级 PFC 功率变换器拓扑结构，基本都是在典型单级 PFC 的基础上，围绕着减少器件的电压应力，降低电路损耗而进行改进的。

（1）基本电路的改进　在对基本电路的实际改进中，通常是在图 2-13(b) 的 D_1、D_2 两条二极管电路中加入电感等元件，以减少电路的电压应力。如图 2-14(a) 所示是一个改进电路实例。它是在图 2-13(b) 的 D_1、D_2 两条电路中加入负反馈电感 W_1、W_2，在电路开通或关断的时候，两个电感提供负反馈电压，减轻了储能电容 C_b 的电压应力，延缓了输入电流的变化。这种方法还有利于输入电感工作在 CCM（Continuous Current Mode）模式，保持较低的谐波含量。

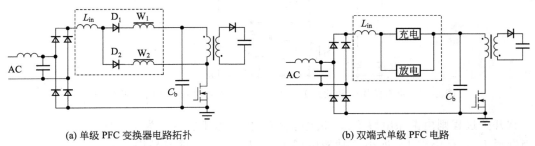

(a) 单级 PFC 变换器电路拓扑　　　　　　　　(b) 双端式单级 PFC 电路

图 2-14　改进的单级 PFC 变换电路

在实际设计中，通常采用如图 2-14(b) 所示的双端式单级 PFC 电路。它与三端式单级 PFC 电路类似，但充、放电电路的连接方法与三端式有差别。实际上，双端式单级 PFC 电路往往与三端式 PFC 有相对应的关系，两类电路的工作原理以及所要实现的目标是基本一致的。

（2）与其他功率变换器电路的结合　PFC 技术发展至今已经逐渐融入到许多优秀的功率变换器电路中。这些新的拓扑结构可以很好地抑制电源输入谐波，整定输入电流波形，同时又具有极好的输出特性，充分发挥了 PFC 电路和功率变换电路的特点。

依据图 2-13 所示的单级全桥 PFC 功率变换器的原理，可以将 Boost 电路与其他功率变换器结合在一起。将 Boost 电路与全桥功率变换器合成单级 PFC 电路，如图 2-15 所示，该电路可以实现对输入电流波形的整定，同时又可工作在较大功率场合，发挥全桥电路的特点。同样，PFC 电路还可以与其他电路结合，也能收到很好的效果。

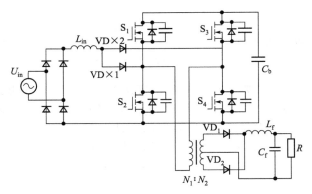

图 2-15　单级全桥 PFC 变换器电路

（3）有源钳位和软开关技术　与普通 DC/DC 功率变换器相比，单级 PFC 功率变换器具有电压应力大、损耗大等缺点。因此，在设计中将有源钳位和软开关等技术应用到单级式 PFC 功率变换器中，使主、辅开关在软开关条件下开关，以减少损耗，或降低电路的电压应力，从而使单级 PFC 功率变换器电路能够得到实际应用。

带有有源钳位和软开关的 Boost 单极隔离式 PFC 功率变换器电路如图 2-16 所示。在图 2-16 中，有源钳位电路由 S_2、C_c 构成。主开关 S_1 关断后，C_r 充电，当 C_r 上电压 U_{C_r} 被充电到 C_c 的电压 U_c 时，辅助开关 S_2 导通，则 S_1 的电压被钳位在 U_c，降低了 S_1 的电压应力。

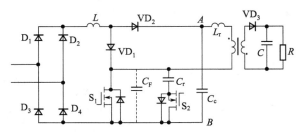

图 2-16　带有有源钳位和软开关的 Boost 单级隔离式 PFC 功率变换器电路

软开关过程则由谐振电感 L_r、寄生电容 C_r 的谐振来实现。为了实现零电压开关，必须适当选择 L_r，且要求 L_r 远小于励磁电感 L_m。L_r 越大，越容易满足主开关的 ZVS（Zero Voltage Switching）条件，但 L_r 的增大会增加开关管 S_1、S_2 的电压应力，带来更多的占空比丢失；而 L_r 越小，输出二极管 VD_3 的电流下降率 $\mathrm{d}i_{D3}/\mathrm{d}t$ 就会越大，带来严重的反向恢复问题。

2.3.2.2　单级隔离式 PFC 功率变换器的分类及特点

　　单级隔离式 PFC 功率变换器大体分为串联式和并联式两种，串联式和并联式单级隔离式 PFC 功率变换器的特性如下。

　　（1）串联式　基本 Boost 单级隔离式 PFC 变换器电路如图 2-17 所示，它与普通的 DC/DC 功率变换器相比，有电压应力较高、损失较多等缺点。因此，采用软开关技术可减少开关损耗及开关应力，此新型单级 PFC 功率变换器具有效率高，而电路拓扑又十分简单等特点。

　　① 带有再生钳位的 Boost 反激型单级隔离式 PFC 变换器电路如图 2-18 所示，其是在基本的单级隔离式 PFC 功率变换器的基础上只增加了再生钳位电容 C_c 和二极管 D_d 两个元器件来构成钳位电路。C_c 用来钳位开关上电压，D_d 用来阻止 L_k、L_p、C_e、L 和 C_c 在开关 S 关断时谐振。钳位电路虽然简单，但它有效地减小了开关应力（钳位在 $U_c + nU_0$ 上，U_c 为电容器 C_c 的端电压），通过 C_c 与漏感 L_k 的谐振再生了储存在变压器漏感中的能量，免去了缓冲电路。而且，功率变换器的功率因数可高于 0.99，而普通的单级 PFC 功率变换器在相同条件下仅为 0.98 左右。THD 比加缓冲电路时降低 9% 左右。但这种功率变换器的开关在闭合时应力较大，不是零电压下关断。

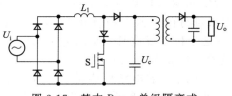

图 2-17　基本 Boost 单级隔离式
PFC 变换器电路

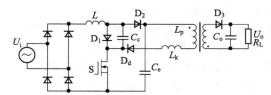

图 2-18　带有再生钳位的 Boost 反激型
单级隔离式 PFC 变换器电路

　　② 带有源钳位和软开关的 Boost 反激型单级隔离式 PFC 变换器电路如图 2-19 所示，S_1 为主开关，S_2 为有源钳位辅助开关，电路可看为 Boost 单元与反激单元的串联组合。两个单元共用一个主开关 S_1。C_r 代表开关 S_1 和 S_2 的总寄生电容，L_k 代表变压器的漏感，C_r、L_k 形成串联谐振电路，实现 S_1 的软开关，C_c 和 S_2 构成有源钳位电路，限制开关上的谐振电压。

　　图 2-19 所示的采用有源钳位和软开关技术的电路与再生钳位电路类似，但图 2-19 所示的电路又增加了一个辅助开关，实现了零电压开关，限制了开关的电压应力，再生了储存在变压器漏感中的能量，为主开关和辅助开关提供了软开关条件，减少了开关损耗，提高了功率变换器的效率。主开关与辅助开关用同一个控制/驱动电路，进一步提高了电路的实用性。

　　③ 单级充电激励式 PFC 变换器电路如图 2-20 所示，这种变换器没有用 Boost 或其他功率变换器作为 PFC 单元，仅用两个电容来实现 PFC。充电激励式 PFC 单元由谐振电感 L_r、充电电容 C_a 及 C_s、输出整流管 D_x 和钳位二极管 D_s 组成。单级充电激励式 PFC 变换器的工作原理如下。

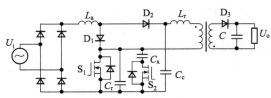

图 2-19　带有源钳位和软开关的 Boost
反激型单级隔离式 PFC 变换器电路

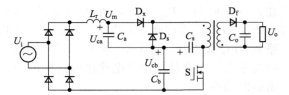

图 2-20　单级充电激励式 PFC 变换器电路

开关 S 闭合，电容 C_b 上的能量传递给变压器的初级绕组，D_x 由于加反压而截止，L_r、C_a 和 C_s 形成串联谐振从电源吸收能量。在这期间，开关不仅承受 PFC 级的电流，而且还承受 DC/DC 级的电流。当 U_m 达到母线电压 U_B 时，D_x 开始导通，L_r 上储存的能量传送给 C_b，由于 U_m 被钳位到母线电压，所以谐振电容电压不变，也就没有电流流过谐振电容，这时开关仅承受来自 DC/DC 级的电流。

开关 S 断开，C_a 及 C_s 放电，在 C_a 全部放电时，D_s 导通，C_a 和 C_s 储存的能量送给磁化电感，D_f 开始导通，磁场能量传送给负载，磁化电流降为零后，D_f 截止，反向电压 U_{cs} 加到 D_x 上，D_f 截止，然后又开始下一个开关周期。

开关 S 在 U_m 被钳位到母线电压时，来自 PFC 单元的电流为零，开关电流仅来自 DC/DC 单元。因此，电流应力很小，与 DC/DC 功率变换器的基本相同。换句话说，也就是 PFC 单元不增加动作和开关损耗，功率变换器有较高的功率变换效率，这是这种功率变换器的主要优点。同时，这种功率变换器可在满载的 0.5% 到满载情况下最高储能电容电压应力仍低于一般单级隔离式 PFC 功率变换器中的储能电容电压，而且在负载的 0.5% 情况下还能调节输出电压，这一特性可应用在某些特殊场合。

④ 全桥式单级 PFC 变换器电路如图 2-21 所示，它在一般的全桥式 PFC 变换器中加入了一个开关的辅助电路来实现 ZVS，且 ZVS 可在大的负载范围内实现，同时有小的电压、电流应力，开关损耗几乎为零，EMI 噪声很低。次级部分的整流二极管在 ZCS（零电流开关）和 ZVS 下动作，初级有源器件在 ZVS 下动作（这个特点很重要，是因为在高电压、高频率开关电源的开关损失中，主要的损失是由二极管反向恢复损失产生的，而不是有源器件）。图 2-21 所示的变换器可应用在较高功率场合，它也存在着电路拓扑复杂、需要器件较多、增加成本等缺点，而且辅助开关的峰值电流应力比主开关的要高，但是有效电流应力低。

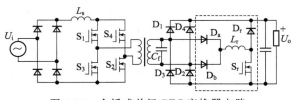

图 2-21　全桥式单级 PFC 变换器电路

（2）并联式　针对传统两级式 PFC 电路的缺点，单级 PFC 功率变换器把 PFC 级与 DC/DC 功率转换级整合在一起，达到了减少器件数量、简化控制电路、提高功率密度的目的，并力图使整个功率变换器电路具有较高的效率、较好的输出稳定性。但在单级电路中，由于单个开关管须同时实现 PFC 功能和输出电压整定功能，因此，其效率、输出等性能都逊色于两极式 PFC 功率变换器。针对这一问题，又产生了新的并联式 PFC 电路。与两级式电路及普通单级电路相比，这种电路的效率较高，输出特性也比较好。

基本的并联式 PFC 变换器框图如图 2-22(a) 所示，在一个周期中，PFC 级无需处理所有的传输功率，这是并联式 PFC 的基本特征。

图 2-22(a) 所示的并联 PFC 变换器框图，其输入输出的功率关系如图 2-23(a) 所示。在 $t_0 \sim t_1$ 时刻，$P_{in} > P_o$，功率 P_1 经主电路传输到输出侧，无需经过 PFC 级，多输入的功率 $P_{in} - P_o$ 积累在储能电容中。在 $t_1 \sim t_2$ 时刻，$P_{in} < P_o$，输出功率的一部分由电源主电路和 PFC 级提供，差额部分 $P_o - P_{in}$ 由储能电容经 PFC 级提供。P_1 占平均输入功率的 68% 左右，为直接经由主电路传输到输出侧的功率；P_2 占 32% 左右，为储能电容提供给输出侧的功率。

图 2-22(a) 所示的并联 PFC 变换器框图，其主电路、辅助 PFC 电路各需要一个变压器，结构比较复杂、体积、重量较大，成本也比较高，因此常用于较大功率的场合。在中、

小功率场合，常用图 2-22(b) 所示的单级并联 PFC 变换器框图。在该电路中，主电路、辅助电路被整合在一起，输入功率 P_{in} 和 32% 的功率差额都由同一功率级进行处理。

　　单级反激式并联 PFC 电路如图 2-24 所示，输入电感 L_{in}、变压器激磁电感 L_m、附加线圈 N_2 完成图 2-23(b) 中受控电压源的功能。实验证明：图 2-24 所示电路的输入电流平均值与负载电流反馈有关，随负载电流变化，这种自身具有的负载电流反馈的性质，可以使电路在轻载时不需要减少占空比就可以降低输入功率；另外，图 2-24 所示电路不会增加开关管的电流应力，并可以减少储能电容的电压应力以及其他有源器件的电压应力。

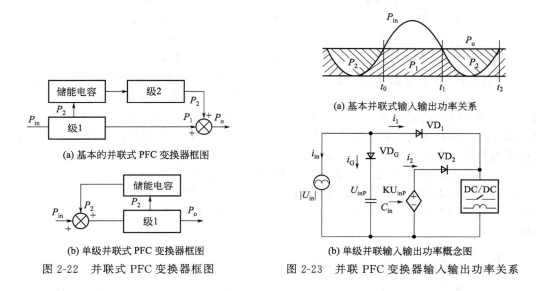

(a) 基本的并联式 PFC 变换器框图

(b) 单级并联式 PFC 变换器框图

图 2-22　并联式 PFC 变换器框图

(a) 基本并联式输入输出功率关系

(b) 单级并联输入输出功率概念图

图 2-23　并联 PFC 变换器输入输出功率关系

　　并联式单级 Boost 型 PFC 变换器电路如图 2-25 所示，与串联式单级 PFC 变换器电路相比，它具有较高的变换效率，但是电路复杂。由于单级式 PFC 功率变换器电路有着先天的缺点，减少其电压应力、降低损耗就具有重要的意义，因此对电路拓扑的改进，就是针对这一目标来进行的。当然，对一个变换器而言控制电路的设计是十分重要的，最近，许多与数字控制技术相结合的单级 PFC 功率变换器已成为研究的热点。一个优秀的 PFC 功率变换器必然是好的拓扑和好的控制技术的结合。新的单级 PFC 拓扑及控制策略将不断地被提出。所有这些研究必将推动单级式 PFC 功率变换器的应用。

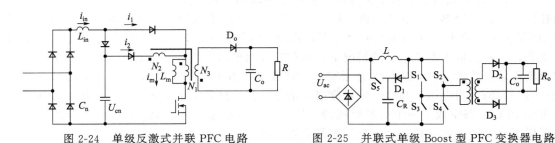

图 2-24　单级反激式并联 PFC 电路

图 2-25　并联式单级 Boost 型 PFC 变换器电路

2.3.3　充电机功率变换器的拓扑结构

　　电动汽车的正常充电模式的充电功率等级通常为 6.6kW，典型的充电时间为 5～8h。正常充电模式和应急充电模式中充电功率变换器相类似，正常充电模式也可采用单级 AC/DC

功率变换器（但带 PFC 的单级变换器中开关管的峰值电流很高）。在两级功率变换器中，PFC 级可采用传统的 Boost 升压型电路，开关管采用软开关或硬开关均可。但为了提高效率，应选择软开关 Boost 功率变换器。

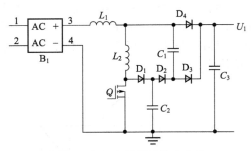

图 2-26　PFC 无损吸收主电路

传统的 AC/DC 全波整流电路采用的是整流＋电容滤波电路，这种电路是一种非线性器件和储能元件的组合，输入交流电压的波形是正弦的，但输入电流的波形发生了严重的畸变，呈脉冲状。由此产生的谐波电流对电网有危害作用，使电源输入功率因数下降。在设计中整流电路部分采用有源功率因数校正电路（APFC），可避免了上述缺点，其电路如图 2-26 所示。

与典型 PFC 主电路不同的是此电路选用了无损吸收缓冲网络，该网络降低了开关管的开关损耗，提高了电路的稳定性，也延长了开关管的使用寿命。在图 2-26 所示电路中，采用一组无源元件，使开关管实现了零电流开通和零电压关断，提高了电源的工作效率，且相对于其他谐振软开关电路，降低了生产成本。

（1）单相三电平 PFC 电路　正如传统的两电平逆变桥臂可以很容易地拆分得到 Buck 和 Boost 电路，采用类似的方法，也可以将图 2-27 所示的二极管钳位型三电平逆变器桥臂电路拓扑，经过适当地改进，拆分为如图 2-28 所示的具有实用价值的三电平 Buck 电路和 Boost 电路。

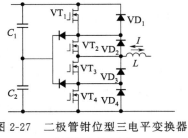

图 2-27　二极管钳位型三电平变换器
单桥臂电路拓扑

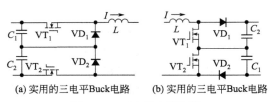

(a) 实用的三电平Buck电路　　(b) 实用的三电平Buck电路

图 2-28　三电平电路拓扑

Boost 电路因其具有输入电流连续、拓扑结构简单、效率高等特点，常是单相 PFC 电路拓扑的首选，但因 Boost 电路的升压特性，在 220V 交流输入的情况下，输出电压通常控制在 400V 左右。在升压比例不变的情况下，若输入电压进一步升高，相应的输出电压也会随之上升；或者在输入电压不变的情况下，希望有高的输出电压。这都意味着 Boost 电路中的功率器件需要承受 400V 以上的电压应力，这样，一方面增加了器件的开关损耗和通态损耗；另一方面，当电压升高到一定程度时，给器件的选择带来了困难，这在高压、高频运行的单相 PFC 电路中成了一个很难解决的矛盾。因此，单相三电平 Boost 电路为解决这一矛盾提供了一个很好的途径。三电平控制具有以下特点。

① 采用三电平拓扑能有效地解决电力电子器件耐压不高的问题，由于每一个开关器件承受的关断电压仅为直流侧电压的一半，因此它适用于高电压大功率。

② 在三电平拓扑中，单个桥能输出三种电平（$+U_{d/2}$、$-U_{d/2}$、0），线（相）电压有更多的阶梯来模拟正弦波，使得输出波形失真度减少，因此谐波大为减少。

③ 多级电压阶梯波减少了 dU/dt，使其对负载的绝缘冲击减小。

　④ 三电平 PWM 方法把第一组谐波分布带移至 2 倍开关频率的频带区，利用负载的电感能较好地抑制高次谐波的影响。

　⑤ 三电平拓扑能产生 $3\times3\times3=27$ 种空间电压矢量，较二电平大大增加，矢量的增多带来谐波消除算法的自由度，可得到很好的输出波形。

　将单相三电平 Boost 电路用作 PFC 的主电路，其控制的基本思想是将工作范围分为两个区域，根据输入电压 U_i 的幅值和 $1/2$ 输出电压（$U_o/2$）幅值的比较，采用不同的工作模式，实现 PFC 的功能。

　（2）单相三电平无源无损软开关 PFC 电路　尽管采用三电平 PFC 的拓扑结构，在相同输出电压条件下，开关管的电压应力降低一半，从而相应的通态损耗和开关损耗有所减小，但当开关频率较高时，这些损耗依然可观，因此，使用软开关技术来进一步提高效率，仍然是必要和有意义的，软开关技术从广义上可分为有源软开关技术和无源软开关技术两大类。

　有源缓冲电路、RCD 缓冲电路、谐振功率变换器、无源无损缓冲电路是常用的软开关技术，其中，有源缓冲电路通过增添辅助开关以减少开关损耗，但这也增加了主电路和控制电路的复杂程度，从而增大了性价比，也降低了可靠性；RCD 缓冲电路虽然结构最简单，价格最便宜，但由于电阻消耗了能量，效率较低，在各种软开关技术中性能最差；而谐振功率变换器虽然实现了 ZVS 或 ZCS，减少了开关损耗，但谐振能量必须足够大，才能创造 ZVS 或 ZCS 条件，而且谐振电路中循环电流较大，还必须在特定的软开关控制器的控制信号下工作，增加了通态损耗和成本，降低了可靠性。

　与上述三种方法不同，无源无损缓冲电路既不使用有源器件，也不使用耗能元件，因而兼具以上三种方法的优点。其结构与 RCD 缓冲电路一样简单，效率与有源缓冲电路、谐振功率变换器一样高，电磁干扰小、造价低、性能好、可靠性高，因而获得了广泛的应用。

　目前，无源无损缓冲技术虽已比较成熟，但在国内外仍不时有新的拓扑和研究成果发表。无源无损缓冲电路虽然无法像有源软开关方案那样，在超前或滞后主开关的控制时序下吸收能量或供给能量，以创造出真正的 ZVS 或 ZCS 条件，但它通过将开关期间的电压与电流波形错开，使两者的重叠面积最小，可以显著降低开关损耗。虽然对开关器件内寄生结电容的放电损耗，无法被无源无损缓冲电路所消除，但此种损耗较其他开关损耗低得多，对于提高整体效率作用较小。考虑到无源无损缓冲电路没有引入辅助有源器件，和其他软开关方案相比，它没有增加额外的辅助有源器件损耗，因此，在同样的开关损耗功率降低情况下，无源无损缓冲电路可以获得更高的效率高。所以，无源无损缓冲电路被广泛地应用于 PWM 功率变换器中。

　无需附加额外检测和控制的三电平无源无损软开关 PFC 电路，如图 2-29 所示。附加的无源无损软开关单元是现有单端电路无源无损软开关最简单的拓扑之一，由 1 个谐振电感 L_{r_1}、1 个谐振电容 C_{r_1}、1 个储能电容 C_{s_1} 和 3 个二极管 VD_{11}、VD_{12}、VD_{13} 组成。

　电感 L_{r_2} 和电容 C_{r_2}、C_{s_2} 之间的谐振实现了开关管的零电流开通和续流二极管的零电压关断，以及开关管的零电压关断和续流二极管的零电压开通。同时，每个周期 $C_{s_{1(2)}}$ 收集这些谐振能量，并最终将其转移到负载，实现了吸收电路的无损运行。

　图 2-29 所示电路不仅实现了三电平 PFC 的基本功能，大大降低了开关管的电压应力，而且实现了开关管和续流二极管的软开关运行，提高了系统效率，从而说明无源无损缓冲电路已成为实现软开关的重要技术之一，也是具有实用价值的电路拓扑。

　电动汽车快速充电模式主要是针对电动汽车长距离行驶情况的一种充电模式，充电机为高功率特性，通常功率都大于 100kW，主要布置在电动汽车充电站内。对于 100kW 功率等级的充电机，充电时间约为 15min。为提高功率因数，减少谐波对电网的污染，功率变换器输入端需要采用有源整流电路，如图 2-30 所示。有源整流电路的控制方式可以采用矢量控制、六阶梯波控制、数字控制技术等。

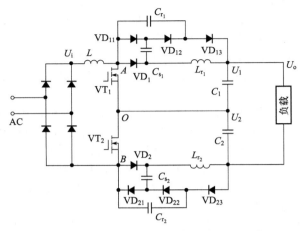

图 2-29 三电平无源无损软开关 PFC 电路

为了提高变换器的变换效率，可以采用如图 2-31 所示的 ZVT 三相 Boost 整流输入电路，可使变换器的工作频率得以提高，主开关仍为 PWM 控制方式，采用辅助电路实现了主开关器件的 ZVT。

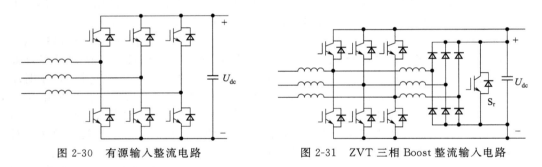

图 2-30 有源输入整流电路   图 2-31 ZVT 三相 Boost 整流输入电路

在有源整流端采用直流侧电感来提高整流器的功率因数，可以选用串联或并联方式的有源滤波方案。有源滤波器可以采用传统硬开关 PWM 逆变器电路，或采用软开关逆变器，可工作在更高开关频率，提高控制带宽，对更高阶的谐波进行补偿。配备专门的 PFC 或谐波补偿器的充电器主电路，如图 2-32 所示。

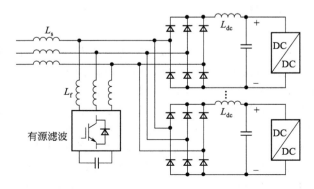

图 2-32 配备专门的 PFC 或谐波补偿器的充电器主电路

2.4 动力电池组充电的分段恒流及均衡控制

2.4.1 动力电池组充电的分段恒流

2.4.1.1 动力电池组的充电要求

动力电池组的充电模式若采用"限流、限压"两阶段充电模式，在充电开始阶段，一般采用最佳充电倍率（锂动力电池为 0.3CA）进行限流充电。在这一阶段，由于动力电池的电动势较低，即使动力电池充电电压不高，动力电池的充电电流也会很大，必须对充电电流加以限制。所以，这一阶段的充电称为"限流"充电，充电电流保持在限流值。随着充电的延续，动力电池电动势不断上升，动力电池的充电压也不断上升。当动力电池电压上升到允许的最高充电电压时，保持恒压充电。在这一阶段，由于动力电池电动势还在不断上升，而充电电压又保持不变，所以动力电池的充电电流呈双曲线趋势不断下降，一直下降到零。但在实际充电过程中，当充电电流减小到 0.015CA 时就可停止充电。这一阶段的充电称为"恒压"充电，这一阶段的充电电压：$U = E + IR = $ 恒压值。

锂动力电池充电过程的充电电压、电流的变化曲线如图 2-33 所示，这是锂动力电池组对充电模式的基本要求。此外，充电机还必须具有自动调节充电参数、自动控制和自动保护功能。

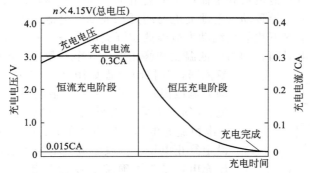

图 2-33 锂动力电池充电过程的充电电压、电流的变化曲线

n—动力电池组中串联的单体电池个数

（1）自动调节充电参数 在充电过程中，充电机必须能根据动力电池组的状态、动力电池管理系统（BMS）输出的信息和整车监控输出的信息，自动调节充电参数和自动控制充电。

例如，在充电时，尤其在恒压充电阶段，如果动力电池组中有某一个单体动力电池的充电电压超过允许的充电电压（根据不同锂动力电池的特性一般设定为 3.9～4.3V）时，充电机应会根据动力电池管理系统（BMS）输出的信号，自动减小充电电压和电流，使该动力电池的充电电压不超过允许的充电电压，防止该动力电池过压充电。

又如，在锂动力电池充电开始时，经电池管理系统（BMS）监测到有某一个单体动力电池的电压过低，充电机应能自动改小初始充电电流，待动力电池的电压正常后，再转入正常充电。

（2）自动控制和自动保护功能 在动力电池充电过程中，动力电池组和电动汽车发生任何不正常情况时，如动力电池组短路、断路、高温、起火和有动力电池损坏时，充电机应能迅速切断电源，停止充电。

（3）与整车 CAN 总线通信 在充电过程中，充电机的信息可与整车 CAN 总线通信。

2.4.1.2　动力电池组充电的分段恒流控制

在动力电池充电时，增大充电电流，动力电池极板上单位时间内恢复的活性物质增多，充电时间就可缩短，但过大的充电电流会损害动力电池。动力电池可接受的充电电流是有限的，且会随充电时间呈指数规律下降。在动力电池充电过程中，充电电流曲线在该指数函数曲线以上时会导致动力电池电解液发生析气反应（过充电）；反之则不能有效缩短充电时间。理想化的动力电池快速充电过程是充电电流始终保持在动力电池充电可接受电流的极限值，即充电电流曲线与该动力电池的充电可接受电流曲线相重合。

（1）分段恒流充电控制方案　要实现动力电池分段恒流充电的自动控制，阶段恒流充电终止判断参数可选择充电时间、动力电池温度和动力电池电压等。大量的调查分析和动力电池充电试验结果表明，单参数控制方法难以实现理想的分段恒流充电控制。

① 充电时间参数控制方法简单，但动力电池型号不同、充电起始状态不同，所需的充电时间也不一样，如果单以充电时间来控制阶段恒流充电的结束，容易导致动力电池过充电或延长充电时间。

② 温度参数控制方法的优点是可实现动力电池温度过高保护，但是由于环境和传感器响应时间延迟的影响，如果仅以动力电池温度参数作为阶段恒流充电终止判断标准，也容易造成动力电池的过充电。

③ 电压参数控制被认为是较好的阶段恒流充电终止控制方法，但其不足也是显而易见的，如不能识别因动力电池极板异常而产生的充电电压异常升高，以及动力电池充电过程中出现的异常温升等，从而导致动力电池充电时间延长或动力电池的损坏。

为了保证在各种情况下均能检测动力电池的实际充电状态，并实现较为理想的阶梯形充电电流曲线，采用充电时间、动力电池温度和终止电压 3 个参数作为各阶段恒流充电终止判断依据，其控制流程如图 2-34 所示。在图 2-34 中：T 为动力电池温度；T_0 为停充温度；I_0 为最小恒流充电电流；$t(n)$ 为第 n 次恒流充电的设定充电时间；$I(n)$ 为第 n 次恒流充电的设定电流值；$U(n)$ 为第 n 次恒流充电的设定终止电压，分段恒流充电结束后再进行一段时间的定压充电，是为了确保动力电池能完全充足。3 个控制参数的具体控制策略如下。

① 时间参数控制。根据动力电池容量和充电电流，预先设定某段恒流充电的时间，当充电时间达到设定值时，通过定时器发出信号，结束该阶段的恒流充电并自动将充电电流减小，进入下一段恒流充电。

② 温度参数控制。设定某段恒流充电至可接受电流极限时的动力电池温度最高值，根据温度传感器检测的动力电池温度来控制充电机。当外界环境温度较低、设置的动力电池最高温度较高时，采取控制温升法，当动力电池的温升达到设定值时，温控器使充电设施停止充电，直到温度下降至适当值时，自动进入下一阶段恒流充电。

③ 电压参数控制。动力电池的绝对电压可以反映动力电池的充电情况，设定某段恒流充电达到或接近充电可接受电流极限值的电压，当电压达到设定值时，充电机便自动结束本阶段恒流充电，进入下一阶段。

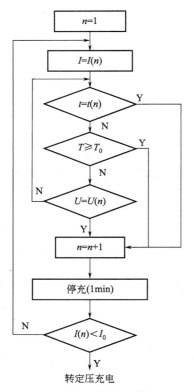

图 2-34　分段恒流充电控制流程

（2）分段恒流充电智能化控制方案　分段恒流充电智

能化控制电路如图 2-35 所示，该电路采用 CPU 控制，可对动力电池和充电环境温度进行检测，对动力电池充电进行计时，并可采样动力电池充电过程中的电压和电流，对分段恒流充电过程进行控制。分段恒流充电智能化控制方案如下。

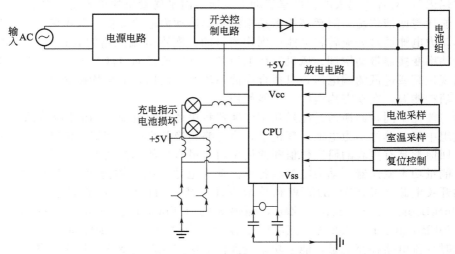

图 2-35　分段恒流充电智能化控制电路

　　① 采用容量梯度法确定阶段恒流充电终止的判断标准。采用容量梯度参数 dU/dC 作为阶段恒流充电终止判断标准，按该型动力电池恒流充电特性曲线确定充电终止容量梯度参数。在动力电池的充电过程中，控制器以设定的频率对充电动力电池的端电压进行采样，计算 $I(n)$ 下的容量梯度值，并与设定的充电终止容量梯度标准进行比较，根据比较结果判断是否终止当前阶段的恒流充电。

　　② 减小各段恒流值的下降梯度。通过试验确定该型动力电池初次恒流值 $I(1)$，并减小阶段恒流充电的电流下降幅度。如果降低充电电流后，达到充电终止容量梯度值的时间很短（设定一个最小充电时间），则适当增大电流下降的幅度。

　　③ 将动力电池温度设为充电安全保障控制参数。设置动力电池最高温度限定值，在动力电池的充电过程中，如果动力电池温度达到了限定值，则立即停止充电。当动力电池温度降至正常温度时，适当减小充电电流继续充电，直到该段恒流充电结束。

2.4.2　动力电池组充电的均衡控制

　　目前，动力电池的限压限流方法，无论在充电速度还是效果上都不够科学，充电初期，极化效应并不激烈，动力电池的电流接受能力最强，充电电流还应该加大，恒流后期动力电池温升、内压增大，电流已经超出动力电池接受能力，电流应该减小，同时，极化作用、趋肤效应降低了材料反应的活性，可利用反向电流脉冲削弱这些不利影响。

　　要实现单体动力电池的电压均衡控制，均衡器是电池管理系统的核心部件，离开均衡器，电池管理系统即使得到了动力电池组测量数据，也无法对动力电池进行管理。随着电动汽车技术的不断发展，对动力电池组均衡控制已有了许多研究。

2.4.2.1　动力电池组的均衡控制方法

　　（1）断流与分流均衡　均衡器按能量回路处理的方式分为断流和分流，断流是指在监控单体动力电池电压变化的基础上，在满足一定条件时停止对单体动力电池的充电或将负载回路断开，通过机械触点或电力电子部件组成开关矩阵，动态改变动力电池组内单体动力电池之间的连接结构。由于电动汽车用的动力电池组功率很大，瞬时电流可达数百安培而且双极性变化，在考虑可行性、性价比、实用性、可靠性等诸多因素时，断流的实施难度极大，不适合在电动汽车上使用。

分流并不断开动力电池的工作回路，而是给每个动力电池各增加一个旁路装置，就像动力电池"伴侣"，两者合起来的特性趋于动力电池组内平均素质的单体动力电池特性。

（2）能耗与回馈均衡　能耗型均衡是指给各单体动力电池提供并联电流支路，将电压过高的单体动力电池通过分流转移电能达到均衡目的。实现电流支路的装置可以是可控电阻，或经能量功率变换器带动空调、风机等耗电设备，其实质是通过能量消耗的办法限制单体动力电池出现过高或过低的端电压，只适合在静态均衡中使用，能耗均衡的高温升降低了系统可靠性，消耗能源，在动态均衡中不可能使用。

回馈与能耗不同，回馈通过能量功率变换器将单体动力电池之间的偏差能量馈送回动力电池组或组中某些单体动力电池。理论上，当忽略转换效率时，回馈不消耗能量，可实现动态均衡。回馈型具有更高的研究价值和使用价值，最有可能达到实用化设计。

（3）能量功率变换器　动力电池组各单体动力电池的电压均衡通过能量变换装置实现，依据高频开关电源（SMPS）的原理和技术设计，基本的电源电路包括非隔离式的 Buck、Boost、BuckBoost、Cuk、Sepic、Zeta，隔离式的有 Forward、Flyback、PushPull、Half-Bridge、FullBridge、Iso-Cuk 等。充电时小容量动力电池充入较少能量，分流电路吸收电能；放电时分流电路补充能量，能量功率变换器应该实现双向变换。原则上各种电源电路经改进设计都可以实现双向，最简单的方案是用两个电源，输入与输出交叉并联，两个电路分别控制。由于受成本、体积与重量、长期工作的可靠性等因素的影响，双向单功率变换器比单向双功率变换器更有优势，是发展方向。

（4）静态与动态均衡　按均衡器的功能特点可分为充电均衡、放电均衡和动态均衡。

① 充电均衡是在动力电池充电过程的中后期，单体动力电池电压达到或超过截止电压时，均衡电路开始工作，减小单体电流，以期限制单体电压不高于充电截止电压。

② 放电均衡是指在动力电池组输出功率时，通过补充电能限制单体动力电池电压不低于预设的放电终止电压，其充电截止电压和放电终止电压的设置与温度有关联。

③ 与充电和放电均衡不同，动态均衡无论在充电态、放电态，还是浮置状态，都可以通过能量转换的方法实现动力电池组中单体动力电池电压的平衡，实时保持相近的荷电程度。

充电均衡的唯一功能是防止过充电，而在放电使用中带来的负面影响是使这种均衡得不偿失：不加充电均衡时，容量小的动力电池被一定程度过充，动力电池组内任何单体动力电池过放电以前，动力电池组输出"A·h"计电量略高于单体动力电池最小容量。

使用充电均衡时，小容量动力电池没有过充，能放出的电量小于不用均衡器时轻度过充所能释放的电能，使得该单体动力电池放电时间更短，过放的可能性就更大了。另外，当电动机控制器以组电压降低到一定程度为依据减小或停止输出功率时，由于大容量动力电池因充电均衡被充入更多电能而表现出较高的平台电压，掩盖了小容量动力电池的电压跌落，将出现动力电池组电压足够高，而小容量单体动力电池已经过放。

放电均衡与充电均衡情形相似，大容量浅充足放，小容量过充足放，加速单体性能差异性变化的结果是相同的，都不能形成真正实用的产品，只有动态均衡集中了两种均衡的优点，尽管单体动力电池之间初始容量有差异，工作中才能保证相对的充放电强度和深度的一致性，渐进达到共同的寿命终点。

（5）单向和双向均衡　根据均衡器处理能量的可能流向分为单向和双向均衡，双向型均衡器使用双向功率变换器，输入/输出方向动态调整。比较而言，双向型均衡器更具优势，基于均衡效率考虑，对于单向型均衡器，使用自动力电池组高压到单体动力电池低压的功率变换器适用于放电均衡，如图 2-36(a) 所示，使用自单体动力电池低压到动力电池组高压的逆变器适合充电均衡，如图 2-36(b) 所示。

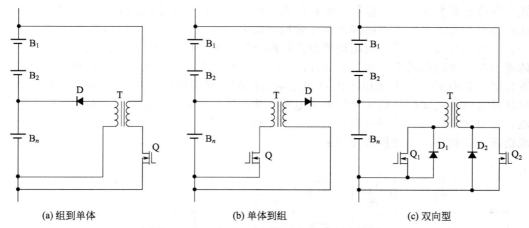

(a) 组到单体　　　　　　　　(b) 单体到组　　　　　　　　(c) 双向型

图 2-36　Buck 或 Boost 单向与双向型变换器

最先进的均衡方案是从单体动力电池到单体动力电池，从高压单体动力电池直接把能量变换到低压单体动力电池，具有最佳的均衡效率，实现难度也较大。按单体动力电池容量大小排序 $C_1 > C_2 > \cdots > C_n$，n 是串联单体数量，平均容量为 $C_a = (C_1 + C_2 + \cdots + C_n)/n$，设第 k 个单体动力电池容量最接近平均值，即 $C_k = C_a$，则均衡系统的目标是从 $C_1, C_2 \cdots C_{k-1}$ 取出能量 $C_{out} = (C_1 + C_2 + \cdots + C_{k-1}) - (k-1)C_a$，转移到 $C_{k+1}, C_{k+2} \cdots C_n$。考虑到能量变换效率，$k$ 值需要适当后移。

（6）集中与分散均衡　当把上述单向和双向功率变换器接向组电压的所有绕组合并为一个绕组后，就得到图 2-37 所示的集中式功率变换器，优点是功率变换器成本和技术复杂度大幅降低，主要缺点有：低压绕组到各单体动力电池之间的导线长度和形状不同，变比有差异，均衡误差大；另外，功率变换器与动力电池组之间的 $n+1$ 条功率导线的布线工艺不容易设计，车辆行驶过程中对导线的拉伸和剪切给安全带来隐患。

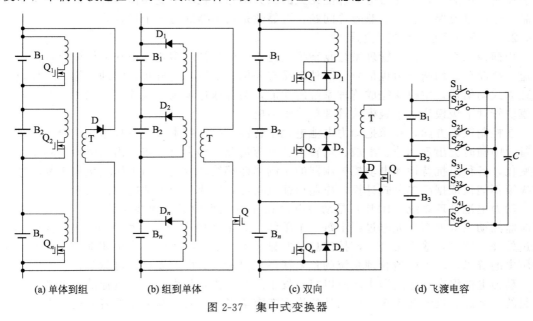

(a) 单体到组　　　　(b) 组到单体　　　　(c) 双向　　　　(d) 飞渡电容

图 2-37　集中式变换器

基于成本和均衡效率考虑，集中式可应用于助力车等中小功率以及动力电池组无振动或移动的场合。使用单个电容器循环均衡每个单体动力电池的方法称为飞渡电容法，也属于集中式。其特点是均衡功能直接通过电容器充放电进行，但开关上瞬间开启电流很大，易出现电弧或电磁干扰，开关触点压降直接影响均衡效果。

（7）独立与级联均衡　利用均衡器让每两个邻近的单体动力电池实现均衡，进而达到各单体动力电池之间的均衡。图 2-38 列出了 3 种电路形式，双向 Buck Boost 功率变换器利用电感传能，双向 Cuk 和开关电容网络利用电容传能，动力电池组中高压单体动力电池与低压单体动力电池之间间隔数个单体动力电池，从高压单体动力电池导出能量给低压单体动力电池，需要多个级联的功率变换器同时工作，到达目的单体动力电池的能量转换效率极低，极端情况与能耗型功率变换器接近。

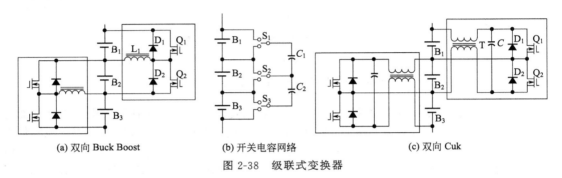

(a) 双向 Buck Boost　　　　　(b) 开关电容网络　　　　　(c) 双向 Cuk

图 2-38　级联式变换器

2.4.2.2　均衡效率与安全

动态均衡尤其在使用放电过程中，功率变换器的热耗取自动力电池组能量，由于单体动力电池电压较低，功率变换器效率是一个设计难点，须采纳和借鉴当代电源电路的最新设计技术，如同步整流、软开关等。

在均衡器的设计中，参数超限报警、热保护等常规检测功能是必不可少的，电动汽车在行驶中的颠簸和振动，都对均衡器的配线工艺、禁锢结构提出了苛刻的要求，导线外皮磨损破裂短路，可能导致与动力电池性能无关的火灾隐患。就功率变换器而言，还需要考虑浪涌抑制、过压过流保护、电磁兼容等问题，可靠性是均衡器的另一个设计难点。

2.4.2.3　均衡控制与动力电池管理

均衡控制方案不同，管理系统复杂程度也不一样，被动型均衡由充电机调整输出电压和电流，最简单，均衡能力也最差。国外产品有采用主辅模块的分布式管理结构，辅模块相当于独立式均衡器，主模块完成管理系统的功能，两者通过现场总线连接。采用分级管理，上级模块管理下级模块，下级模块管理单体动力电池。

在控制策略方面，要求把动力电池电化学特性、电源技术、控制技术相结合，电动汽车在行驶中随时会出现加速、滑坡、堵转、刹车等情况，动力电池组输出的电流和功率呈双极性变化，各种阻抗特性和电动机控制器的调制特性都给动力电池组电压变化带来复杂性，管理决策不能仅依据简单公式计算，应避免往复均衡，造成动力电池能源的浪费。

动力电池管理系统（BMS）是动力电池在充电过程中必不可少的设备，其主要作用是实时监测动力电池组在充电过程中每一个单体动力电池的电压、温度和动力电池组的电流，经过处理、比较，输出报警、调控信息，并显示动力电池组和每一个单体动力电池的实时的和历史的资讯，动力电池管理系统的首要任务是保障动力电池安全、可靠工作。

动力电池组在充电过程中之所以容易发生问题，主要是由于动力电池的一致性误差过大引起的。为此，近十几年来，国内外的许多专家学者，动力电池的制造者和使用者，都大力开展了旨在解决动力电池一致性误差所带来危害的研究，开发出各种各样的动力电池管理系统，并采用了各种各样的方法来进行动力电池充电、放电的均衡控制。

但是，从理论分析和实际的使用效果看，很少有令人满意的结果。这并不是由于电子技术存在问题，而是由于对动力电池管理系统的理念和动力电池管理策略存在问题。为此，必须按照科学的理念，采用有效的策略设计动力电池管理系统。

① 在动力电池充电、放电和停车时，全天候地实时监测每个单体动力电池的电压、温度和动力电池组的电流，根据动力电池的使用性能和使用条件设定最高充电电压、最低放电电压、最高和最低使用温度、最大电流的阈值，当某一单体动力电池的电压、温度、电流超限时，就启动调控和报警功能，保证任何一个单体动力电池都不会超限工作。

② 保证动力电池在稍小的充电电流下继续充电，一直到充电总电压和最小充电电流达到设定值时，动力电池的充电结束。

③ 动力电池的均衡充电是在调控动力电池充电过程中自动进行的。

第 **3** 章

电动汽车交直流充电桩及通信网络

3.1　交流充电桩

3.1.1　交流充电桩原理及功能

3.1.1.1　交流充电桩原理

　　交流充电桩又称交流供电装置，安装于（固定在地面上或者墙壁上）公共建筑（办公楼、商场、公共停车场）和居民小区停车场或者充电站内，采用传导的方式为具有车载充电机的电动汽车提供人机交互操作界面及交流充电接口，并且具备相应的测控保护功能和专用装置。

　　交流充电桩，相对于直流充电桩而言，其成本低，结构简单，对动力电池更友好，适合大范围普及推广。交流充电桩的本质就是一个带控制的交流插座，输出的是交流电，需要车载充电机进行变压整流，受限于车载充电机功率，交流充电桩一般功率交小，3.3kW 和 7kW 的居多。

　　交流充电桩的电气原理框图如图 3-1 所示，主回路由输入保护断路器、交流智能电能表、交流控制接触器和充电接口连接器组成；二次回路由控制继电器、急停按钮、运行状态指示灯、充电桩智能控制器和人机交互设备（显示、输入与刷卡）组成。

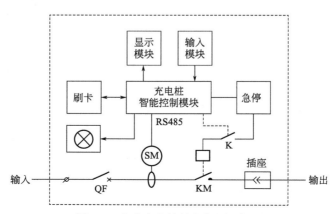

图 3-1　交流充电桩的电气原理框图

　　主回路输入断路器具备过载、短路和漏电保护功能；交流接触器控制电源的通断；连接器提供与电动汽车连接的充电接口，具备锁紧装置和防误操作功能。

　　二次回路提供"启停"控制与"急停"操作；信号灯提供"待机""充电""充满"状态指示；交流智能电能表进行交流充电计量；人机交互设备则提供刷卡、充电方式设置与启停控制操作。

　　充电桩的交流工作电压通常为 220V±33V，额定输出电流为 32A（AC、七芯插座），普通纯电动汽车用交流充电桩充满电需要 6～8h。交流充电桩一般由桩体、电气模块、计量模块、财务管理模块四部分组成。根据安装方式的不同，桩体可分为落地式和壁挂式两种。落地式充电桩更适合在各种停车场和路边停车场进行安装；壁挂式充电桩适合运用在空间拥挤和周边有墙壁及固定的建筑物上进行壁挂式安装，如地下停车场或车库等。

3.1.1.2　交流充电桩功能

　　交流充电桩（包括国标和非国标）的主要功能就是将单相电或者三相电输出至充电接口，充电桩只起到电流中转站的作用，后续的整流＋DC/DC 变换都是由车载充电机完成的。交流充电桩的刷卡交易工作流程如图 3-2 所示。交流充电桩具有以下功能。

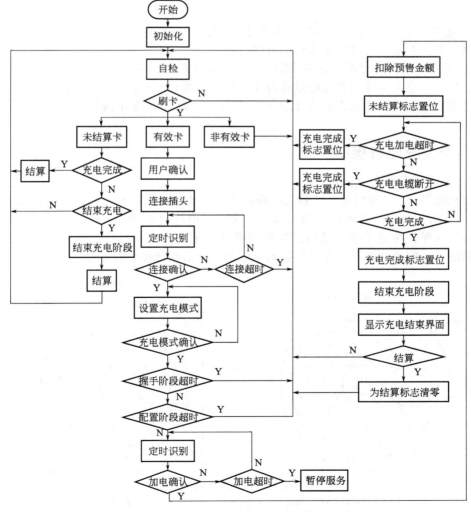

图 3-2　交流充电桩的刷卡交易工作流程图

① 在交流充电桩的交流输入侧配置漏电保护开关，具备输出侧的过载保护、短路保护和漏电保护功能。

② 在交流充电桩的交流输入侧配置 D 级防雷器，具备防感应雷、防操作过电压的保护功能。

③ 在交流充电桩的交流输出侧配置交流智能电能表，进行交流充电计量，可将计量信息通过 RS-485 分别上传给充电桩智能控制器和用电采集终端。

④ 交流充电桩的智能控制器具备对充电桩运行状态的综合测量、控制与保护功能，如运行状态监测、故障状态监测、充电计量与计费以及充电过程的联动控制等。

⑤ 交流充电桩配置的人机交互界面采用大屏幕 LCD 彩色触摸屏，充电可选择定电量、定时间、定金额、自动（充满为止）4 种模式；充电启动方式可选择立即充电和预约充电；充电过程中实时显示当前充电模式、时间（已充电时间、剩余充电时间）、电量（已充电电量、待充电电量）及当前计费信息。

⑥ 交流充电桩配置有运行状态指示发光条，绿灯常亮指示充电桩在"待机"状态；红灯常亮指示充电桩在"充电"状态；黄灯常亮指示充电桩在"充满"状态；黄灯闪烁指示充电桩在"故障"状态，包括联锁失败、断路器跳闸（过载保护、短路保护或漏电保护）。

⑦ 交流充电桩支持刷卡、扫码等多种支付方式。配置射频读卡器，支持 IC 卡付费方式，按照"预扣费与实结账"相结合的方式。

⑧ 交流充电桩具备完善的通信功能，充电桩的智能控制器通过 RS485 获取智能电能表的计量信息，完成充电计费和充电过程的联动控制；通过 CAN、以太网或 GPRS/CDMA 无线网络将用户信息、设备状态信息上传给后台监控系统，获取并执行后台监控系统的控制命令。

3.1.2　交流充电桩接口

3.1.2.1　交流充电接口

满足充电模式 1、充电模式 2 和充电模式 3 使用要求的交流充电接口，其额定工作电压为 220V（AC），额定工作电流不超过 32A。交流充电接口如图 3-3 所示，在充电连接过程中，首先连接保护接地端子，最后连接控制确认端子与充电连接确认端子。在脱开的过程中，首先断开控制确认端子与充电连接确认端子，最后断开保护接地端子。

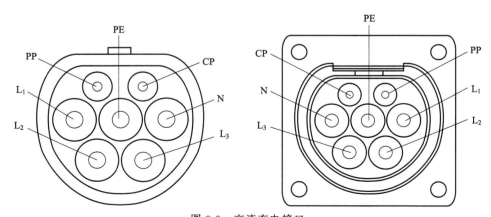

图 3-3　交流充电接口

PP—充电连接确认；CP—控制确认；$L_1 \sim L_3$—交流电源；PE—接地线；N—零线

　　交流充电桩采用的充电连接装置的物理尺寸、机械结构、电气特性等应符合 GB/T 20234.1—2015《电动汽车传导充电用连接装置第 1 部分：通用要求》、GB/T 201234.2—2015《电动汽车传导充电用连接装置第 2 部分：交流充电接口》的相关要求，以保证充电连接物理适应性。交流充电桩的充电连接装置的连接方式有 A、B、C 三种。

　　按照目前最新实施的标准 GB/T 18487.1—2015《电动汽车传导充电系统第 1 部分：通用要求》规定，只有充电模式 2、模式 3 适用于交流充电。表 3-1 为电动汽车 2 种充电模式使用条件，如图 3-4 所示为充电模式 2、模式 3 与不同连接方式的充电系统控制导引原理图。不符合条件时将导致电动汽车无法充电，严重者或引起安全事故。

表 3-1　电动汽车 2 种充电模式使用条件

使用条件	模式 2	模式 3	
供电方式	单相供电	单相供电	三相供电
最大允许电流/A	8、13	32	63
连接方式	B	A、B、C	C

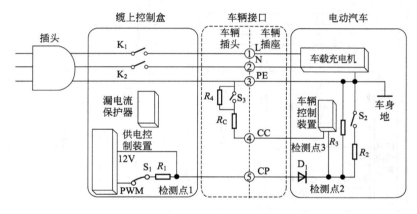

(a) 充电模式2——连接方式B

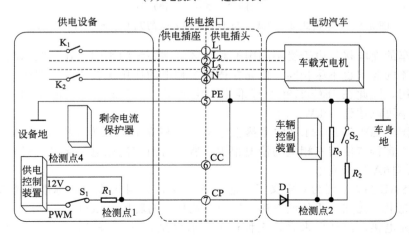

(b) 充电模式3——连接方式A

图 3-4

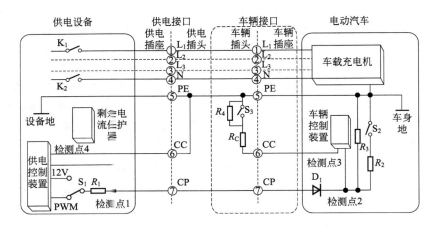

(c) 充电模式3——连接方式B

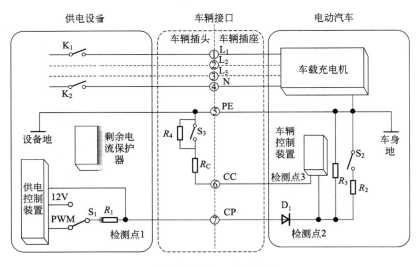

(d) 充电模式3——连接方式C

图 3-4　充电模式 2、模式 3 与不同连接方式的充电系统控制导引原理图

电动汽车的充电接口由于受不同国家和地区电网系统的影响，在充电标准中对充电连接器电压和电流的要求也不尽相同。比如在德国三相电的使用比较普遍，即使个人用户在民宅中也可以使用，因此在 IEC 2196-2 标准中，定义了 480V 交流充电电压和 63A 充电电流，实际充电功率可以达到 40kW 以上。

相比在国标 GB/T 20234.2 中虽然也定义了三相充电电压为 440V，但因为我国私人住宅及小区进户直接能使用三相电的情况很少，所以目前交流充电电流最大只有 32A，而实际多采用 220V/16A 进行充电

美标的 SAE J1772 因为只定义了 5 芯的充电接口，因此采用此标准的电动汽车只能使用单相交流充电，比如通用的沃蓝达（Volt）及日产的聆风（Leaf）。

从交流充电接口的外形来看，三种标准也有区别，其中 IEC 的 type2 和 GB 最为接近，均采用 7 芯布局，看似可以三相通用，但实际在车辆插头端由于分别采用了"母头"和"公头"插芯的设计，所以两者无法互换使用（图 3-5）。SAE 标准由于只使用 5 芯接口，因此它的充电连接界面与 IEC 的 type2 和 GB 完全不兼容（图 3-5）。但 SAE 和 GB 均采用了机械

锁的结构，而 IEC 只采用内部电子锁机构对车辆插头和插座进行锁定。

IEC 62196-2type2　　　GB/T 20234.2—2011　　　SAE J1772

图 3-5　三种交流充电标准车辆插头接口界面比较

不同标准的交流充电接口造成了在电动汽车发展初期充电难的问题。比如一辆通用的沃蓝达（Volt）采用的是 SAE 标准的 5 芯车辆插座，如果在德国行驶的话，就无法使用 IEC type2 的 7 芯充电接口进行充电。当然解决方法也是有的，可以采用转接适配器或混合标准充电线缆的方式。如图 3-6 所示，供电插头使用的是 IEC type2 的接口，而在车辆插头端使用的则是 SAE 标准接口。

IEC 62196-2type2　　　　　　　　　　SAE J1772

图 3-6　适合欧标充电设备与美标车辆连接的充电线缆

3.1.2.2　电动汽车交流充电设施及充电系统

（1）电动汽车交流充电设施　电动汽车交流充电设施是为电动汽车提供交流电源的装置，一般由继电器/接触器、控制导引电路、漏电保护电路、过流过压保护电路、计量模块、防雷模块、通信模块、人机交互界面等组成，有便携式、落地式、壁挂式等多种安装方式，其额定容量有 2.2kW（220V AC，10A）、3.3kW（220V AC，16A）、6.6kW（220V AC，32A）及 22.4kW（380V AC，63A）等几类，充电连接装置是充电桩与电动汽车之间的物理传输媒介。

（2）电动汽车交流充电系统　电动汽车交流充电系统的典型结构如图 3-7 所示，系统主要由交流充电设施、充电连接装置以及车载充电机 3 部分构成。电动汽车交流充电系统工作时，首先将工频 50Hz 单相或三相交流电经充电设施及充电连接装置传输至车载充电机，再经车载充电机整流、滤波等处理后转换为直流电，为车载储能装置充电。交流充电设施通过 PWM 信号告知电动汽车允许最大可用电流，该电流不应超过交流充电设施的额定电流、充电连接装置连接点额定电流。

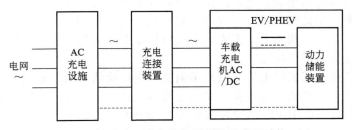

图 3-7　电动汽车交流充电系统的典型结构

3.1.2.3　交流充电桩的充电过程

依据 GB/T 20234.2—2011《电动汽车传导充电用连接装置：交流充电接口》中相关规定的要求，采用控制导引电路的方式作为充电连接装置的连接状态及额定电流参数的判断装置，典型的控制导引电路如图 3-8 所示。控制导引电路的主要作用是用来确认充电接口和充电插座是否连接，然后在充电过程中进行周期性检测，以判断继续充电还是停止充电等。控制导引电路的工作原理如下。

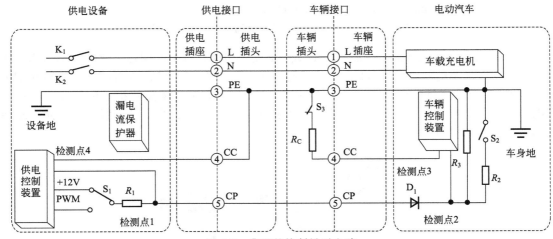

图 3-8　典型的控制导引电路

（1）连接确认　供电设备插头与插座连接后，供电控制装置通过图 3-8 所示的检测点 4 的电压值判断供电插头与供电插座是否已完全连接。同时电动汽车车辆控制装置通过测量检测点 3 与 PE 间的电阻值判断车辆插头与车辆插座是否已完全连接。

（2）充电开始　在完成插头与插座连接状态检测后，操作人员对供电设备完成充电启动设置，则开关 S_1 从连接+12V 状态切换至 PWM 连接状态，供电控制装置发出 PWM 信号。等待车辆控制装置闭合开关 S_2，此时测检点 1 的峰值电压为 9V，CP 端产生 1kHz 的 PWM 波，其占空比代表充电桩额定电流大小。当车辆侧开关 S_2 闭合，代表车辆已经充电准备就绪，此时检测点 1 的电压峰值为 6V。确认车辆充电准备就绪后，充电桩闭合接触器 K_1 和 K_2，使交流回路导通，充电开始。

（3）充电过程周期检测　在充电过程中，充电桩对检测点进行周期性检测，以确认充电连接装置的连接状态和车辆是否处于可充电状态，检测周期不大于 50ms。

① 在充电过程中，充电控制装置不断检测检测点 4 和检测点 1，如果检测到供电接口断开，则供电控制装置开关 S_1 切换到 12V，并断开交流供电回路。

② 在充电过程中，车辆控制装置不断检测检测点 2 和检测点 3，如果判断车辆接口断开，则车辆控制装置控制车载充电机停止充电，并断开开关 S_2。

（4）充电结束　交流充电接口共包含 7 对触头，这样既可以满足目前的交流单相充电，待发展后又扩展为交流三相充电。交流充电接口连接器插头具有锁紧装置，用于防止连接时意外断开，并具备防误操作功能。

控制引导电路可以满足供电设备侧和车辆侧的连接确认，通过相关电路的检测保证充电电流和车载充电机、电源侧供电设备、充电连接装置在允许值范围内的匹配。在充电过程中通过不断检测供电设备的 PWM 占空比实时调整充电电流，满足电网侧智能调度的需要。充电接口连接方式如图 3-9 所示，图中各部件的功能与特性见表 3-2。

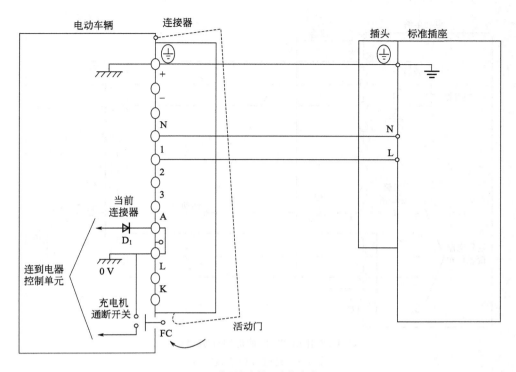

(a) 普通充电接口连接方式

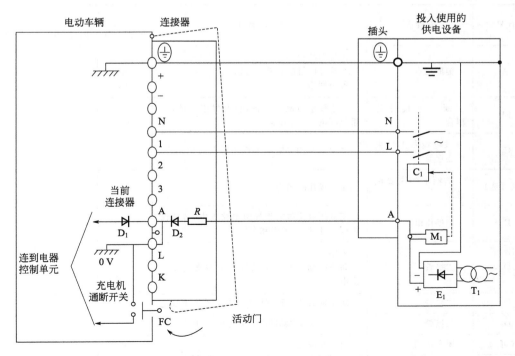

(b) 附件电阻在连接器中的充电接口连接方式

图 3-9

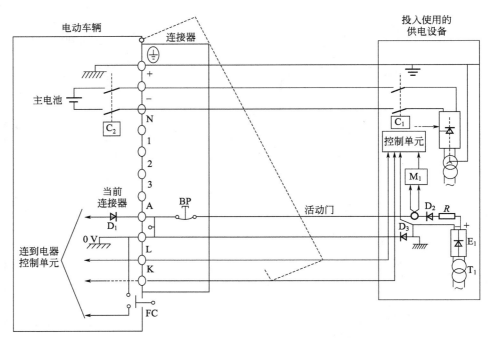

(c) 附件电阻在充电站中的充电接口连接方式

图 3-9   充电接口连接方式

表 3-2   控制导向器功能表

代号	部件表	功能/特性	方式		
			图 3-9(a)	图 3-9(b)	图 3-9(c)
A	辅助触点	连接器的检测 车载充电桩的启动(可选) 导引回路	× ×	× × ×	× × ×
BP	断开连接器的耦合	在主要触点断开以前,打开导引回路,给系统断电 $t>100\text{ms}$			×
C_1	供电设备上的主要连接器	如果 $0.5\text{k}\Omega<R_0<2\text{k}\Omega$,正常操作时闭合		×	×
C_2(可选)	车辆上的主要接触器	正常操作时闭合			×
E_1	辅助供电	用低压直流电来为导引电路供电,包括保护性接地导体、导引和车体		×	×
D_1	二极管	不用 防止电动汽车辆上的计算机被供电设备供电	×	×	×
D_2	二极管	防止辅助电路 E_1 和 M_1 被电动汽车辆加电		×	×
D_3	二极管	防止充电桩内辅助供电电路 E_1 和地的短路			×
FC(可选)	闭合活门	启动车载充电桩	×	×	
G	控制触点(连接时最后闭合)	检测连接器所用的地 控制回路所用的地 数据的零地	×	× × ×	× × ×

续表

代号	部件表	功能/特性	方式		
			图 3-9(a)	图 3-9(b)	图 3-9(c)
M_1	测量电路	整个回路的电阻值 R_0,$0.5\mathrm{k}\Omega<R_0<2\mathrm{k}\Omega$		×	×
R	附加的电阻或传感器	安装在车辆的连接器中 安装在充电站中		×	×
T_1	辅助变压器	与主供电电路隔离			
L	通信＋	串行通信			×
K	通信－	串行通信			×

注：×代表现有附件。

3.2　直流充电桩

3.2.1　直流充电桩分类及结构

3.2.1.1　直流充电桩分类

直流充电桩可以按功率大小、充电枪的多少、结构形式、安装方式等不同维度进行分类。

（1）功率大小　现在主流的直流充电桩功率有 30kW、60kW、120kW、150kW、180kW 等。出租车、物流车、乘运车一般使用 30kW、60kW 的功率，公交车则使用 120kW 甚至更大的功率。目前，直流充电桩的主流充电模块的都是 15kW，所以充电桩的功率总是 15kW 的倍数。

（2）充电枪的多少　直流充电桩通常有单枪和双枪之分，从市场的需求和实用角度来看，将来应该是以双枪为主，当然，除了双枪外还可以有更多的枪。双枪充电桩有轮充和均充之分，如 180kW 的充电桩，当只给一辆车充电时，一个枪上的功率是 180kW，即轮充；给两辆车充电时，两个枪上的功率分别是 90kW，即均充。

（3）结构形式　直流充电桩按结构形式可分为一体式和分体式。所谓一体式就是充电桩的所有构成单元是一体的。分体式则将控制单元、计费单元、充电接口、人机交互界面等部分单独做到一起，这部分除了充电枪之外都是弱电部分电路，将功率单元的充电模块、强电部分的配电电路部分等集中在一起，对于超大功率的充电桩，采取这种方式的比较多。

3.2.1.2　直流充电桩结构

直流充电桩的电气部分由主回路和二次回路组成，主回路的输入是三相交流电，经过输入断路器、交流智能电能表之后由充电模块（整流模块）将三相交流电转换为动力电池可以接受的直流电，再连接熔断器和充电枪，给电动汽车的车载动力电池充电。二次回路由充电桩控制器、读卡器、触摸屏、直流电表等组成，二次回路还提供"启停"控制与"急停"操作，信号灯提供"待机""充电""充满"状态指示，触摸屏作为人机交互设备则提供刷卡、充电方式设置，通过控制器将"开机、关机、输出电压、输出电流"等指令下发给充电模块。

直流充电桩本身作为一种系统集成产品，除了"直流充电模块"和"充电桩控制器"这两个组件构成了技术核心之外，结构设计也是直流充电桩可靠性设计的关键点之一。"充电桩控制器"属于嵌入式硬件和软件技术范畴，"直流充电模块"则代表了电力电子技术在 AC/DC 领域的最高成就。

直流充电桩采用三相四线制供电，可以提供足够大的功率，输出的电压和电流调整范围大（适用于乘用车和公交车的电压需求），可以实现快充。直流充电桩与交流充电桩的计量和通信及扩展计费功能类似，其结构框图如图 3-10 所示。

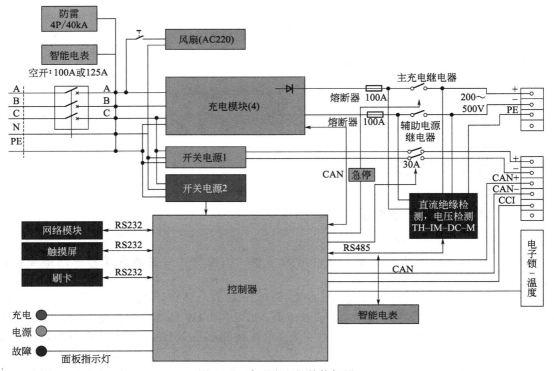

图 3-10　直流充电桩结构框图

在直流充电桩的交流输入端配置有空气开关（断路器）、防雷保护器及漏电开关，三相380V 交流电经过 EMC 等防雷滤波模块后输入至充电模块交流端。目前，单个的充电模块只有 15kW，不能满足功率要求，需要多个充电模块并联在一起工作，需要有 CAN 总线来实现多个模块的均流。直流充电桩配置的三相四线制电表监控整个充电机工作时的实际充电电量，充电机输出经过充电枪直接给动力电池进行充电，充电桩的输出是高压、大电流，应设置熔断器。

在直流充电桩工作时，辅助电源给主控单元、显示模块、保护控制单元、信号采集单元及刷卡模块等控制系统进行供电。另外，在动力电池充电过程中，辅助电源给 BMS 系统供电，由 BMS 系统实时监控动力电池的状态。

3.2.2　直流充电桩接口

3.2.2.1　直流充电接口

满足充电模式 4 使用要求的直流充电接口，其额定工作电压为 400V/750V(DC)，额定工作电流不超过 250A。直流充电接口如图 3-11 所示。在图 3-11 所示的直流充电接口中：DC＋、DC－表示直流电源线路；PE 表示设备地线；S＋、S－表示充电通信线路；CC_1、CC_2 表示充电连接确认线路；A＋、A－表示低压辅助电源线路。

目前，作为最早实施的日本 CHAdeMO 形式的直流充电标准，由于受日系车厂电动汽车推广较早的影响，目前在市场中应用最广，在日本、欧洲及北美市场均可以找到采用此接口的直流充电设施服务于日产、三菱等电动汽车。由于采用 CAN 通信协议，因此除了常用的连接确认，充电导引及直流针脚之外还有额外的两根 CAN 通信用针脚，所以整个 CHAdeMO 接口有多达 10 芯的连接针脚。

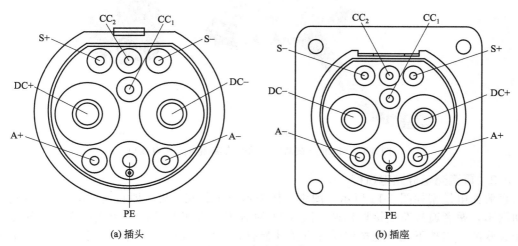

(a) 插头　　　　　　　　　　　(b) 插座

图 3-11　直流充电接口

　　在我国市场由于目前直流充电采用的也是 CAN 通信方式，所以充电接口定义与 CHAdeMO 非常接近，但外观却有较大区别（图 3-12）。在国标 GB/T 20234.3 中定义的充电电压和电流分别是 750V 及 250A，充电功率可以达到 150kW 以上，相比 CHAdeMO 目前 60kW 的功率要高出 1 倍，所以在连接器设计中考虑到电气间隙及爬电距离的影响，结构尺寸有很大的不同，目前主要用于城市纯电动公交车的电能补充。

　　在 IEC 62196 的定义中 type1 及 type2 接口也可以用来进行直流充电，即在小功率（25kW 左右）直流充电的时候欧洲标准与美国标准采用的接口形式与交流充电口相同，但

图 3-12　GB/T 20234.3—2011 中规定的直流充电接口

需要注意的是采用直流充电时充电线缆必须满足标称的额定充电电流，由于受到本身结构设计的限制，type1 及 type2 接口无法用于大功率直流充电（100kW）。

　　为了解决未来电动汽车大功率充电问题，德国汽车企业提出了组合式充电接口（Combinedcharging）的概念，并得到了美国车企的响应，因此新的直流充电方式应运而生。菲尼克斯电气作为一家专业的电气接口供应商承担了该产品的设计及标准制定工作，如图 3-13(a) 所示。相比较目前广泛使用的 CHAdeMO 充电方式，组合式充电接口具有以下的特点。

　　① 充电功率更高（100kW 以上），可以大幅缩短停车等待时间。

　　② 直流和交流车辆插座合二为一，如图 3-13(b) 所示，减小了车辆插座占用的空间，并降低了成本。

　　③ 兼容现有的交流充电设施。

　　④ 采用电力载波通信方式，可扩展性强，便于今后充电技术的发展。

　　⑤ 直流充电只采用 5 芯连接，降低了充电线缆的成本。

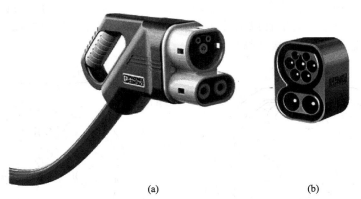

(a)   (b)

图 3-13   标准正在制定中的交直流组合式充电接口

3.2.2.2   直流充电桩充电过程

直流充电模型如图 3-14 所示，图中左侧表示非车载充电机（即直流充电桩），右侧表示电动汽车，两者通过车辆接口相连。图 3-14 的 S 表示常闭开关，它和直流充电枪的按键是机械关联的，当按下充电枪按钮时 S 开关才能打开。图 3-14 中 U_1 和 U_2 表示 12V 的上拉电压，$R_1 \sim R_5$ 表示阻值为 1000Ω 的电阻，其中 $R_1 \sim R_3$ 位于充电枪内部，R_4 和 R_5 位于电动汽车的插座内部。

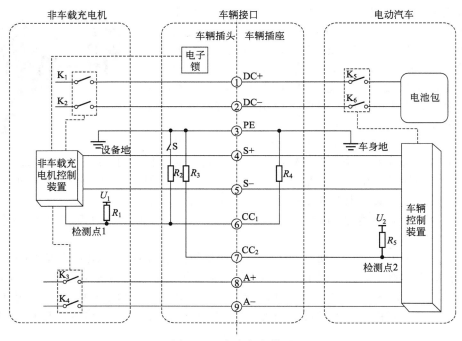

图 3-14   直流充电模型

（1）车辆接口连接确认阶段   采用直流充电桩给电动汽车车载动力电池充电过程中的一个重要环节是充电接口连接确认，当按下充电枪头按键，插入车辆插座，再放开充电枪头按键后，充电桩的检测点 1 将检测到 12V-6V-4V 的电平变化。当检测到 4V 电压时充电桩就会判断充电接口连接成功，把充电枪中的电子锁进行锁定，避免脱落。

（2）直流充电桩自检阶段   在确认车辆接口完全连接后，充电桩将闭合 K_3、K_4，使低压辅助供电回路导通，为电动汽车控制装置供电（有的车辆不需要供电），在车辆控制装置得到供电后，将根据监测点 2 的电压判断车辆接口是否连接，若电压值为 6V，则车辆装置开始周期发送通信握手报文，接着闭合 K_1、K_2，进行绝缘检测。所谓绝缘检测，即检测 DC 线路的绝缘性能，保证后续充电过程的安全性。绝缘检测结束后，将投入泄放回路泄放能量，并断开 K_1、K_2，同时开始周期发送通信握手报文。

（3）充电准备就绪阶段　直流充电桩自检完成之后，进入电动汽车与直流充电桩相互配置的阶段，车辆控制装置发出闭合 K_5、K_6 的指令，K_5、K_6 闭合，使充电回路导通，充电桩检测到车辆端动力电池电压正常后（电压与通信报文描述的动力电池电压误差≤±5%，且在充电桩输出最大、最小电压的范围内）闭合 K_1、K_2，直流充电的线路完全接通，直流充电桩开始给电动汽车车载动力电池充电。

（4）充电阶段　在充电阶段，车辆向充电桩实时发送动力电池充电需求的参数，充电桩会根据该参数实时调整充电电压和电流，并相互发送各自的状态信息（充电桩输出电压、电流，车辆动力电池电压、电流、SOC 等）。

（5）充电结束阶段　车辆会根据动力电池管理系统（BMS）是否达到充满状态或受到充电桩发来的"充电桩中止充电报文"来判断是否结束充电，满足以上充电结束条件，车辆会发送"车辆中止充电报文"，在确认充电电流小于 5A 后断开 K_5、K_6。充电桩在达到操作人员设定的充电结束条件，或收到汽车发来的"车辆中止充电报文"后，会发送"充电桩中止充电报文"，并控制充电桩停止充电，在确认充电电流小于 5A 后断开 K_1、K_2，并再次投入泄放电路，然后再断开 K_3、K_4。

3.3　交直流充电桩通信网络

3.3.1　电动汽车充电桩通信方式及网络建设要求

3.3.1.1　电动汽车充电桩通信方式

电动汽车充电桩属于配电网侧，其通信方式往往和配电网自动化一起综合考虑。通信是配电网自动化的一个重点和难点，区域不同、条件不同，可应用的通信方式也不同，具体到电动汽车充电桩，其通信方式主要有有线方式和无线方式。

（1）有线方式

① 有线以太网（RJ45 线、光纤）。主要优点是数据传输可靠、网络容量大；缺点是布线复杂、扩展性差、施工成本高、灵活性差。

② 工业串行总线（RS-485、RS-232、CAN 总线）。优点是数据传输可靠，设计简单；缺点是布网复杂、扩展性差、施工成本高、灵活性差、通信容量低。

（2）无线方式　无线方式主要采用移动运营商的无线网络数据接入业务，如 GPRS/CDMA/TD-SCDMA/WCDMA/EVDO 以及更新的 4G LTE 网络等。无线方式的优点是成本低廉、建设工程周期短、适应性强、扩展性好、维护方便并且扩展容易。但采用移动运营商的移动数据接入业务存在以下缺点。

① 采用移动运营商的移动数据业务需要将电动汽车充电桩的电网内部设备接入移动运营商的移动数据网络，需要支付昂贵的月租费和年费，随着充电桩数量的增加，费用将越来越多。

② 数据的安全性和网络的可靠性都受到移动运营商的限制，不利于设备的安全运行。

③ 移动运营商的移动接入带宽属共享带宽，当局部区域有大量设备接入时，其接入的可靠性和每个用户的平均带宽会恶化，不利于充电桩群的密集接入、大数据量的数据传输。

3.3.1.2　充电桩接入网络方案

方案一：每个充电桩通过 RJ45 或光纤分别接入以太网，连接充电站管理中心，再接入互联网管理中心和数据库，如图 3-15 所示。

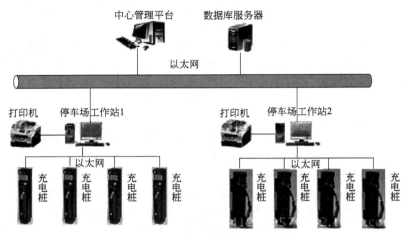

图 3-15　基于 RJ45 或光纤接入以太网

方案二：将无线数据传输终端（充电桩）通过 RJ45 或者光纤分别接入以太网，连接充电站管理中心，再接入互联网管理中心和数据库，如图 3-16 所示。

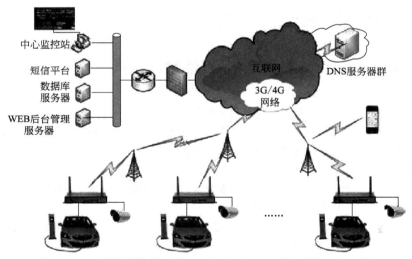

图 3-16　无线数据传输终端充电桩基于 RJ45 或光纤接入以太网

方案三：在充电站内部通过工业串行总线（RS485/RS232/CAN）接入集中器，再由集中器通过 RJ45 或者光纤接入以太网，连接充电站管理中心，再接入互联网管理中心和数据库，如图 3-17 所示。

方案四：通过 3G 或 4G 工业无线路由器与充电桩进行 RJ45 连接，无线路由器能够提供更佳丰富的增值服务，可为大规模汽车充电站建立高效、便捷的数据传输网络，如图 3-18 所示。同时利用路由功能，支持 PORTAL 推送及上网行为管理和流量控制功能。可为大型充电站运营企业提供商业、娱乐节目推送功能，为充电车主提供免费 WiFi 及网上"冲浪"等休闲功能。

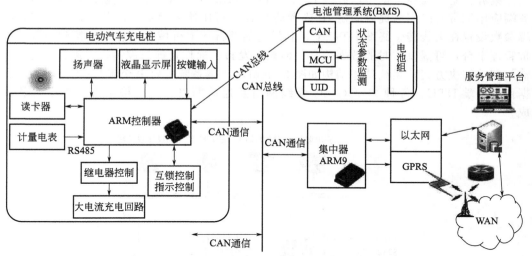

图 3-17　通过工业串行总线（RS485/RS232/CAN）接入

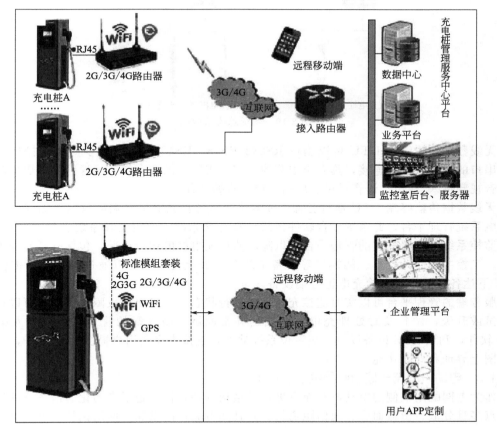

图 3-18　工业路由器＋WiFi＋GPS 定位系统拓扑图

　　用户还可以通过充电桩智能管理服务平台，登录网页版或使用手机 APP 客户端，查询充电站的建设分布、具体位置、充电桩数量、充电口空闲数等充电信息查询，查找最近的充电站点进行充电。

方案五：基于无线数据传输终端 DTU 组网，利用 2G/3G/4G 无线数据传输技术，基于服务端应用宽带有线网络提供固定 IP 或者动态 IP（可用域名绑定）以及端口号，将这些服务端参数设置在无线传输终端 DTU 上，利用它能够自动解析域名地址，连接到服务端的充电桩管理平台，可提供实时的数据采集、传输、发布、远程管理与控制，实现远程无线数据传输的完美解决方案，系统总体结构如图 3-19 所示。本系统主要由交流/直流充电桩、无线数据传输终端 DTU、各种 2G/3G/4G 无线网络及通信网络、充电桩系统管理平台软件等组成。

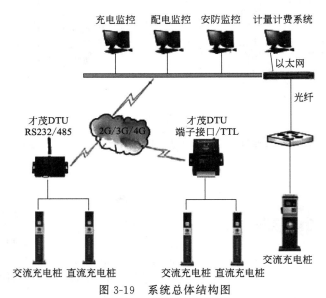

图 3-19　系统总体结构图

无线数据传输终端 DTU 可以提供 RS232/RS485/RS422/TTL/端子等各种接口，与各种带串口的充电桩进行连接，具有集中监控、实时视频、录像存储、录像管理、历史轨迹查询、音视频输入/输出、语音对讲、广播功能、报警功能。

无线数据传输终端 DTU 通过各种无线网络，将各种充电桩终端的数据传输到服务器端的充电系统管理平台，此系统平台软件包括计量计费系统、充电监控系统、配电监控系统、安防监控系统等。服务端的管理平台可以随时监控充电桩的运行情况，包括电量变送器、断路器、工控主机、计费器、触摸屏等设备工作参数的上传，也可以通过无线数据传输终端 DTU 下达各种工作指令给充电桩终端设备。

服务端的管理平台可以实时监控充电桩的运行状态，一旦出现故障报警，即可以远程维护调试或升级，做到及时处理充电桩终端的异常问题。服务端的管理平台可接入第三方 APP 软件，利用 GPS 设备以及对应定位系统软件，直接为充电用户提供手机 APP，可以实现地图上寻址和导航功能。

3.3.1.3　电动汽车充电桩通信网络建设要求

作为电网配用电侧的电动汽车充电桩，其结构的特殊性决定了自动化通信系统的特点是被测点多且分散、覆盖面广、通信距离长。并且随着城市的发展，网络拓扑要求具有灵活性和扩展性的结构，因此，选择电动汽车充电桩通信方式时应考虑如下问题。

（1）通信的可靠性　通信系统要长期经受恶劣环境和较强的电磁干扰或噪声干扰，以保持通信的畅通。

（2）建设费用　在满足可靠性的前提下，综合考虑建设费用及长期使用和维护的费用。

（3）双向通信　不仅能实现信息量的上传，还要实现控制量的下达。

（4）多业务的数据传输速率　随着以后终端业务量的不断增长，主站到子站、子站到终端之间通信对实现多业务的数据传输速率要求越来越高。

（5）通信的灵活性和可扩展性　由于充电桩具有控制点多、面广和分散的特点，要求采用标准的通信协议，随着"ALLIP"网络技术的发展以及电力运营业务的不断增长，需要考虑基于 IP 的业务承载，同时要求便于安装施工、调试、运行、维护。

3.3.2　电动汽车充电桩通信技术及网络

3.3.2.1　光载无线通信（ROF）技术

采用光载无线通信技术结合物联网技术的电动汽车充电站，无论是位于城市、郊区或偏远的地点，仍属于通信网络的一部分，使用者可享有众多的优点与功能。无线网络的开放性，加上各种全球移动通信系统（GSM）标准，包括 GPRS、3G 等技术，均支持透明化的 IP 连线，不仅能连上互联网，也能连线到世界的任何角落。此外，电动汽车充电站的无线网络解决方案能有效利用无线网络，不会对系统造成负担，因此手机运营商或电信运营商都可提供极为吸引人的无线通信解决方案服务，鼓励推广相关技术。

电动汽车充电站的无线通信网络设立方便，而且几乎可以在世界上的任何地点营业。因计量表已整合在充电站内，计量资料也可通过无线通信随时取得，因此，几乎只需要一条电缆，就能展开业务。不必为各电动汽车充电站敷设通信缆线，采用无线通信网络便可顺利完成连接。智慧型的电动汽车充电站，宛如简易的随插即用系统，无论是在路边、停车场或车库等任何地点，都可以轻松设置。

光载无线通信（ROF）技术被认为是实现低成本高速无线通信的有效解决方案，其通过光纤链路在中心控制局和远端天线单元之间实现无线射频（RF）信号的分发。在简化远端天线单元的同时，在中心控制局实现功能的集中化、器件设备的共享以及频谱带宽资源的动态分配，大幅度降低系统传输成本并提高系统传输性能、频谱效率、覆盖区域和灵活性，可实现宽带无线接入与光传输技术的融合，完全满足电动汽车充电桩等配电网侧的通信要求。

光载无线通信系统主要由光载无线交换机、光纤线路、远端节点构成，光载无线通信系统如图 3-20 所示。其中光载无线交换机为光载无线通信系统的核心设备，光载无线交换机由 5 个部分构成：多用途信号处理器、通信模块组、射频信号交换单元、模拟光端机及系统软件。

光载无线交换机主要实现与外部以太网的通信接口，提供终端设备的接入连接，实现射频信号的路由交换，实现电光/光电转换及子载波复用，以及整个网络的管理。远端节点由光电、电光转换模块和 RF 双向放大器组成，结构非常简单。相比于现有的电动汽车充电桩的通信方式，光载无线通信系统具有如下优势。

① 射频信号覆盖范围大。

② 射频信号源集中于交换机中，实现统一的控制和管理，系统的安全性和可靠性高。

③ 网络容量大，无线网络采用 WiFi802.11b/g 标准，网络带宽高达 54Mbit/s。

④ 设备安装、维护方便，扩展容易、价格合理。

⑤ 光载无线交换机具有容量重构功能，在不改变现有硬件设备的情况下，可实现局部区域的通信容量增加。

⑥ 基于光载无线交换机构建的电动汽车充电桩通信网络平台，属于电网公司自建的内部网络，完全置于电网公司的管理和控制之下，便于开展综合业务和功能扩展，如提供停车场的车辆管理、客户的无线接入等其他增值业务。

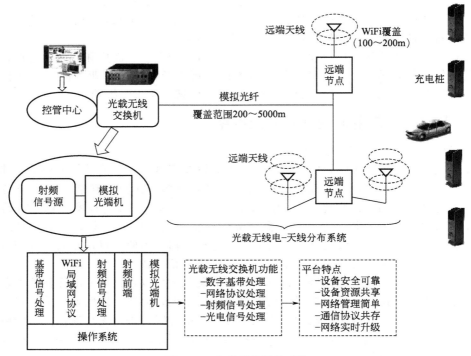

图 3-20 光载无线通信系统

⑦ 光载无线交换机中内置的 WiFi 接入点（AP），采用标准 IP 网络协议，能够与变电站、配电站等网络通信设备无缝连接，符合未来全 IP 通信网络的发展趋势。

电动汽车充换电系统设施是一个庞大的电力网络资源，随着城市电动汽车充换电设施的持续建设，其网络拓扑要求具有灵活性和扩展性的结构。对此，在当前主流的 WiFi 无线接入技术的基础上，融合光载无线网络及其不同拓扑结构下的传输技术、WiFi 无线接入技术、射频交换与重构技术、无线传感技术，实现 WiFi 射频信号和 2G/3G/4G 等无线信号的大范围分布，同时实现多个接入点的射频交换、分配和功率控制，从而建立起基于光载无线技术的电动汽车充电桩通信与网络系统，并在此基础上开发相关应用。

结合国家智能电网建设对电力通信的需求和电动汽车充电桩的实际应用，建立电动汽车充电桩的信息化管理平台，实现电动汽车充电桩的数据采集、设备监控、环境监测及其他增值服务，构建的电动汽车充电桩通信与网络系统整体解决方案，如图 3-21 所示。

3.3.2.2 电动汽车充电设施通信网络

目前，电动汽车充电设施都采用以太网作为核心管理网络，由于 CAN 总线的实时性和安全性在节点控制方面具有较强的优势，充电控制通信部分都选用 CAN 总线来完成。CAN 总线具有以下独特的优点。

① CAN 总线能以多主方式工作，网络上任意一个节点均可以在任意时刻向网络上其他节点发送信息，而不分主从，通信方式灵活。

② CAN 总线可以实现点对点、一点对多点及全局广播等方式传送和接收数据，通信介质采用双绞线、同轴电缆或光纤，选择灵活，通信距离最远可达 10km/(5kbit/s)，通信速率最高可达 1Mbit/s/40m。CAN 总线上节点数取决于总线驱动电路，实际可达 110 个。

③ CAN 总线节点在错误严重的情况下，具有自动关闭输出功能，切断它与总线的联系，以使总线上其他操作不受影响。采用 NRZ 编码/解码方式，并采用位填充技术。用户接

口简单、编程方便，很容易构成用户系统。

④ CAN 总线采用非破坏性仲裁技术，当两个节点同时向网络上传送信息时，优先级低的节点主动停止数据发送，而优先级高的节点可不受影响地继续传输数据，有效避免了总线冲突。

⑤ CAN 总线采用短帧结构，每一帧为 8bite，传输时间短，受干扰的概率低，每帧信息都有 CRC 校验及其他检错措施，使数据的出错率极低。

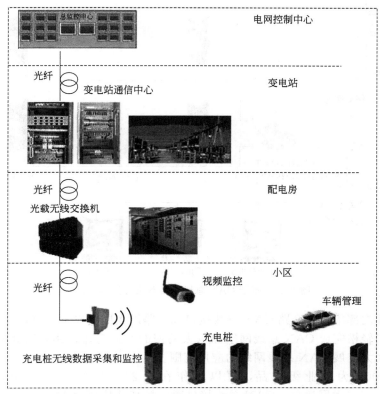

图 3-21　电动汽车充电桩通信与网络系统整体解决方案

由于以上优点，CAN 总线成为《电动汽车充电系统技术规范》中规定的标准充电控制网络。管理中心通常具有以太网管理数据存储、计费、打印等功能，这就需要管理中心计算机与 CAN 总线要进行协议转换，来配合管理计算机对充电桩进行控制。

ITEK 基于应用开发的 iCANET-200T，采用 iCANET-200T 可轻松完成对多区域、多节点的充电桩、充电站的远程控制，完美地将 CAN 总线和以太网融为一体。基于 CAN 总线网络解决方案示意图，如图 3-22 所示。iCANET-200T 的基本技术特性如下。

① 采用 32 位高性能微处理器。

② CAN 总线接口：采用方便连接的开放式插座。

③ 以太网接口：10M/100M 自适用以太网接口，2kV 电磁隔离。

④ CAN 总线通道采用电磁隔离、DC/DC 电源隔离，2.5kV 电磁隔离。

⑤ 同时支持 CAN2.0A 和 CAN2.0B 协议，符合 ISO/DIS 11898 标准。

⑥ CAN 总线接口终端电阻通过外置拨码开关选择。

⑦ 工作电压：9～24V，直流。

在 iCANET-200T 的以太网至 CAN 总线转换器间，可实现 CAN 总线数据和以太网数

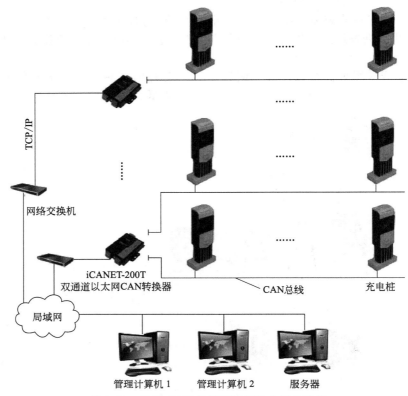

图 3-22　基于 CAN 总线网络解决方案示意图

据相互传输，其内部集成了 2 路 CAN 总线接口和 1 路以太网接口，并自带 TCP/IP 协议栈，用户利用它可以轻松完成 CAN 总线网络和以太网网的互连互通，建立以太网-CAN 总线两层网络架构，大大扩展 CAN 总线网络的应用范围。

iCANET-200T 为工业级产品，可以工作在 $-25 \sim 75℃$ 的温度范围内。它具有 10M/100M 自适应以太网接口，CAN 总线接口通信最高波特率为 1Mbit/s，具有 TCPServer、TCPClient、UDP 等多种工作模式，支持 2 个 TCP 连接或多达 6×254 个 UDP "连接"，支持以太网冗余和 CAN 总线网络冗余。

iCANET-200T 单条 CAN 总线可接 110 个节点，也就是说一台 iCANET-200T 可管理 220 个充电桩，在 250k 波特率下通信距离可达到 270m。如单条 CAN 总线网络，节点超过 110 个或距离超出 270m，可通过智能 CAN 总线网桥中继器 iCANBridge（两通道）或 iCANHub-P4（四通道）来扩展。单台 iCANBridge 可扩展 110 个 CAN 总线节点，单台 iCANBridge-P4 可扩展 330 个 CAN 总线节点。

3.3.3　电动汽车充电设施服务项目及通信网络管理

3.3.3.1　充电设施服务项目及管理

（1）充电设施服务项目　充电设施可提供的服务分为以下几类。

① 充电服务。

② 动力电池租赁服务。

③ 动力电池更换服务。

④ 充电配套服务。动力电池销售、动力电池维修保养，家用常规小型充电机、插座、

充电卡等充电相关零配件的销售、旧动力电池回收处理等服务。

⑤ 其他服务。可根据实际情况提供其他服务，如提供相关培训、汽车保养、购物、休闲等。

（2）充电设施管理　专业化的组织管理是充电设施安全运行的保障，有助于推动充电设施的大力发展和商业化运营。具体来说，可从以下方面加以保障。

① 要建立职责明确、执行有力的组织架构，对各个职责岗位配备受过培训的专业人员，从专业化的角度对充电设施进行严格、规范和有效的控制。

② 设计一套合理的运作流程，使充电方式、充电技术和电动车辆需求相适应。同时，要协调好不同岗位之间的业务关系，协调好各个环节的衔接，充分提高充电设施运行管理的效率。

③ 建立与充电设施一体化管理相适应的严格的管理法规、条例和规章制度，以责任制为基础，对各种管理参数进行科学量化，增强管理的针对性和时效性。

④ 充电设施在给电动汽车车载动力电池充电的过程中，可能出现故障或意外事故，为此，应建立故障恢复与紧急响应机制，确保人员、车辆及充电设施的安全。

3.3.3.2　充电站网络的构建和管理

数量少、规模小、布局不合理的充电设施根本无法支撑未来大规模的电动汽车商业化、产业化的运营；分布合理、数量众多、昼夜服务的充电网络是纯电动汽车商业化的必备条件之一。它的发展直接决定了各式纯电动汽车的应用和推广，进而也成为推动充电设施实现商业化运营的基础。

城市充电网络应统一规划，合理布点，形成规模。由政府出面协调城市规划、建设、电力、交管等部门的职责，统一建设、实施，形成一个在城市全面铺网，进行有组织的、专门为电动汽车提供专业化和规范化充电服务的智能系统。它不但可以有效解决电动汽车续航能力差的缺点，更重要的是使整个充电设施得以高效运转，充电资源得到充分利用。

在充电网络中，充电网络管理中心负责整个充电设施的运行、调度。充电网络管理中心下设充电站、动力电池配送中心、动力电池会员店。充电站可按照充电方式的不同进行设计，配备自动充电设备，为电动汽车提供专业化和规范化的充电服务，同时还可提供动力电池租赁服务；动力电池配送中心可为充电站和动力电池会员店提供动力电池，也可下设动力电池会员店，为加入的会员提供动力电池租赁、动力电池更换服务，还可为用户上门服务。城市充电网络结构示意图，如图 3-23 所示。

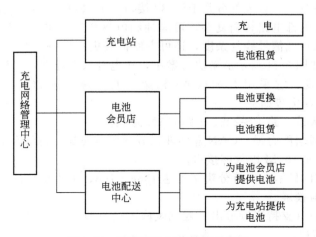

图 3-23　城市充电网络结构示意图

充电网络既要提供充电服务，实时跟踪动力电池流向，还要对动力电池及各个充电站、配送中心以及动力电池会员店进行有效的统一管理，合理分配资源，提高充电设施的运营经济效益和社会效益。为此，设计的充电网络管理中心应具有如下功能如。

（1）基本信息管理　主要是对充电站和动力电池配送中心的基本信息、管理员信息、工作人员信息等初始数据的录入、查询和打印。

（2）动力电池管理　对各个站点的动力电池进行统一管理，确保动力电池的有效利用，以实现资源的合理配置。

（3）用户管理　用来存储和保存会员基本资料，以及对会员信息的录入、查询、更新等。会员的统计、分析可为站点的合理分布与资源的合理配置提供技术决策。

（4）报表查询管理　用来查询各种必要的信息以及各种灵活多变的统计报表，实现数据分析及打印功能。根据站点的实际情况，自动生成充电站利用、动力电池更换的统计报表和费用报表。

（5）数据库管理　主要是对数据库的数据备份、恢复、优化，保证数据库中的数据协调一致。

（6）系统安全管理　为管理员或用户设置不同的账号，系统根据不同账号为不同角色的人设置不同的权限，以适应管理的需要。系统还对主要操作留有详尽的日志记录，能够自动跟踪并监督每个环节，定期进行汇总、统计、分析，产生工作记录集。

在一个城市的充电网络中，充电站和动力电池会员店的布局、数量及充电方式应该合理设计与部署，使电动汽车在充电网络中能方便、及时地充电，保障电动汽车的正常运行，从而推动电动汽车行业快速发展。

3.4　电动汽车充电桩通信解决方案

3.4.1　充电桩基于 CAN 总线通信解决方案

3.4.1.1　基于 EPC-9200 的解决方案

利用充电桩给电动汽车车载动力电池充电需要特制的充电卡刷卡或手机 APP 在线支付，在充电过程中充电桩显示屏能显示充电量、费用、充电时间等数据。充电桩作为电动汽车充电状态的人机交互产品，可实现计时充电和计电量充电，并打印出票据。

充电桩内部设备较多，且大部分是 RS-232 接口，如果每一个设备都使用一条电缆接到工控主板上，则会使内部电路相当复杂，可靠性和电磁兼容性也会大打折扣。而采用 CAN 总线通信，不仅可以降低信号线复杂度，还可方便扩展更多设备。基于 EPC-9200 的解决方案如图 3-24 所示。在图 3-24 所示的解决方案中，充电桩数据处理、人机交互主要通过 EPC-9200 工控主板来实现，它采用 Cortex-A8 构架，工作频率达 800MHz，预装 WinCE 或 Linux 操作系统，主要优势如下。

① 接口丰富，板载 6 路 RS-232、2 路 CAN 总线。

② 数据处理、通信能力强，CAN 总线驱动程序稳定可靠，总线负载高时不丢帧。

③ 具有 1 路 10M/100M 以太网接口。

④ 直接支持 LCD 显示，支持分辨率可达 1366×768，可用于软件 UI 及广告播放。

⑤ 支持大尺寸触摸屏。

⑥ 具有音频接口（支持音频输出与麦克风输入）。

⑦ 具有 SD 卡接口。

⑧ 工控主板所有元器件均符合工业级 −40～85℃的环境要求。

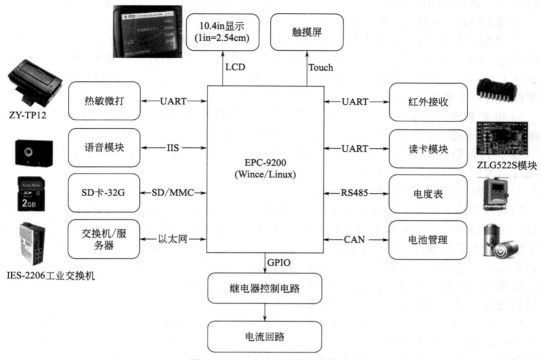

图 3-24　EPC-9200 的解决方案

电动汽车充电站基于 EPC-9200 构成的 CAN 总线通信解决方案的优点如下。

① CAN 总线通信稳定。在电动汽车充电桩中的研发过程中，通过 CAN 总线与电动汽车动力电池系统的控制及信息交互是产品的核心功能，所以在 CAN 总线通信过程中不丢帧是至关重要的。EPC-9200 产品采用 TI 的 AM3352 处理器，内部集成 CAN 总线控制器，CAN 总线控制器的数据包硬件 FIFO 具有 64 帧数据包缓冲能力，在通信上毫无瓶颈。EPC-9200 产品的 CAN 总线驱动结合了多年的 CAN 总线行业经验并进行了优化设计，能做到在总线高负载率情况下不丢帧。

② 视频播放。通用的户外小型广告机采用 720×576 以上分辨率，采用 EPC-9200 工控主板可以支持最高 1366×768 的高清分辨显示，可满足充电桩上的图片及广告显示要求。

③ 消费单据打印。打印的数据主要为消费内容，要求小型化、打印速度快、可靠性高、打印字符清晰等特性。ZY-TP12 微型打印机采用行式热敏技术，具备上述要求，并采用串口 RS-232 进行通信，简单而功能强大。

④ 刷卡记录交易信息。用户通过非接触式 IC 卡刷卡充电，是一个基本的功能。ZLG522S 系列读写卡模块符合 ISO14443 标准，可支持 PLUSCPU、MIFAREDesfire（CPU 卡）、MIFARES50/S70、Mifare Ultra Light、MIFAREPro，它采用超小型、超大规模集成电路封装，具有易用、可靠、多样和体积小等特点，可方便、快捷地将目前最流行的非接触式 IC 卡技术融入系统中，提高产品档次。

⑤ 远程数据传输。在充电站内，充电桩与充电站监控中心通信的主要数据为控制和小数据量的采集信息，要求在充电桩运行过程中监控的实时性比较高，一旦出现意外情况，可以第一时间采取措施。随着充电站的迅速发展，无人监守的自助式充电站也会成为趋势，此时远程的集中监控和意外应急也愈显重要，故采用"CAN＋以太网"双网冗余的数据传输方式，确保充电站内各个充电桩的安全和数据顺畅与可靠。有些充电桩若需要无线通信，可

通过 GPRS 远程模块将交易信息上传到服务中心，这样的需求，可以在此方案上便捷添加，可以采用 ZWG-28AGPRS 通信模块。

⑥ 环境可靠性测试。《电动汽车充电系统技术规范》中通用要求指出：充电机的工作环境温度为－20～50℃，并具有一定的抗震能力。而 EPC-9200 通过了工业四级的设计标准，可稳定工作在－40～85℃环境下。EPC-9200 大多数采用贴片元器件，抗震性能优异，且所有器件均选用工业级器件。

⑦ 电磁兼容性测试。充电桩内电子设备的电磁敏感度要符合 GB 6833 系列标准，EPC-9200 产品的研发、生产的全过程都通过电磁兼容性测试。

⑧ 支持远程应用升级。通信系统采用以太网冗余传输结构，在升级应用程序及系统时，可通过以太网进行远程统一升级。

3.4.1.2 基于 CAN 总线的分布式管理系统

电动汽车充电设施的管理系统要实现不同类型的多种功能，集中的或中央处理方式无法满足安全性要求，自然要采用分布式结构。电动汽车充电设施管理系统的工作环境恶劣，常处于强电磁干扰及脉冲电流的干扰下，为了确保可靠性，应考虑采用高性能 CAN 总线作为通信系统；而且 CAN 总线在汽车上已使用很久，具有很强的抗干扰性，同时该技术比较成熟，已成为电动汽车充电站使用通信的标准。因此，在电动汽车充电设施管理系统的内部通信以及与外部通信都可采用 CAN 总线来实现。

（1）CAN 总线简介 CAN 总线是控制器局域网络（Controller Area Network，CAN）的简称，是德国博世公司在 1986 年为解决现代汽车中众多的控制与测试仪器之间的数据交换而开发的一种串行高速数据通信总线，并最终成为国际标准。CAN 总线也被认为是电动汽车最佳的通信总线。CAN 总线采用了 ISO/OSI 模型的七层结构中的物理层和数据链路层，具有较高的可靠性、实时性和灵活性。

CAN 总线解决方案为嵌入式设计提供了通信与连接，使其进入崭新阶段。CAN 总线协议是一款高速可靠的通信协议，创建最初用于汽车应用，如今已广泛用于需要达到 1Mbit/s 比特率的稳健通信网络。在产品设计中集成 CAN 总线协议将是在恶劣电气环境下实现高度实时通信功能的低成本的可靠途径。

CAN 总线的一个最大特点是废除了传统的站地址编码，取而代之的是对通信数据块进行编码。采用这种方法的优点是可使网络内的节点个数在理论上不受限制，数据块的标识码可由 11 位或 29 位二进制数组成，因此可以定义 2 个或 2 个以上不同的数据块。这种按数据块编码的方式，还可使不同的节点同时接收到相同的数据，这一点在分布式控制系统中非常有用。数据段长度最多为 8 个字节，可满足通常工业领域中控制命令、工作状态及测试数据的一般要求。同时，8 个字节不会占用总线时间过长，从而保证了通信的实时性。CAN 总线协议采用 CRC 检验并可提供相应的错误处理功能，保证了数据通信的可靠性。CAN 总线卓越的特性、极高的可靠性和独特的设计，特别适合工业过程监控设备的互连，因此，越来越受到工业界的重视，并已公认为最有前途的现场总线之一。

（2）管理系统主模块设计 管理系统的主要功能包括数据采集、电量估计及显示诊断等，由于 80C552 具有 8 路 10 位 A/D 转换功能，因此，采集模块先采用线性光耦法测量单体动力电池的电压，通过其 4 个 A/D 口将模拟量转换为数字量存入存储器，温度测量采用单总线技术，使用 Dallas 数字芯片测量温度，该芯片具有 12 位的精度等级，能非常准确地测量到系统的温度。总电压、电流信号通过特殊的传感器将其信号转换为 0～10V 的信号，通过 14 位的 A/D 转换器件转换为数字量存入系统。

通信及显示模块提供了双 CAN 总线通信接口，能够与系统内各个模块及外部整车系统通过 CAN 总线进行数据传输；同时系统提供 RS232 接口，能够实现与计算机通信；模块还提供 5in（1in＝2.54cm）半液晶显示驱动功能及按键进行人机友好操作；模块还设有电压、电量、电流及温度的上下限报警及自检功能，保证系统的安全性，各个系统模块的基本结构框图，如图 3-25 所示。

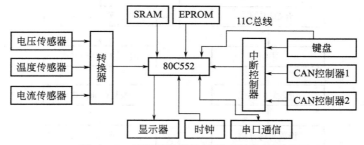

图 3-25　各个系统模块的基本结构框图

（3）电量估算　电量采用实时电流积分安时法进行基本估算，然后通过对影响动力电池电量的温度、自放电及老化等各种参数进行修正，并考虑各单体动力电池间的不一致性，从而得到精确的动力电池组电量。

（4）CAN 总线设计　CAN 总线总体结构如图 3-26 所示，在总线的两端配置两个 120Ω 的电阻，其作用是总线阻抗匹配，可以增加总线传输的稳定性和抗干扰能力，减少数据传输中的出错率。CAN 总线节点结构一般分为两类：一类采用 CAN 总线适配卡与计算机相连，实现上位机与 CAN 总线的通信；另一类则是由单片机、CAN 总线控制器及 CAN 总线驱动器构成，作为一类节点与 CAN 总线进行数据传输。在本系统中，CAN 控制器采用飞利浦公司生产的 SJA1000 和 82C200，它作为一个发送、接收缓冲器，实现主控制器和总线之间的数据传输；CAN 总线收发器采用 PCA82C250 芯片，它是 CAN 控制器和物理总线的接口，主要可以提供对总线的差动发送能力和对 CAN 总线控制器的差动接收能力。

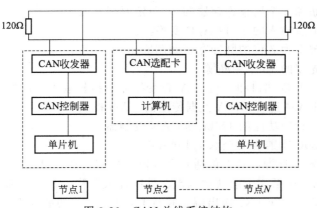

图 3-26　CAN 总线系统结构

（5）CAN 总线的软件设计　CAN 总线的三层结构模型为物理层、数据链路层和应用层。其中物理层和数据链路层的功能由 SJA1000 完成。系统的开发主要在应用层软件的设计上，它主要包括三个子程序：初始化子程序、发送数据和接收数据程序，同时，还包括一些数据溢出中断以及帧出错的处理。

SJA1000 在上电硬件复位之后，必须对其进行软件初始化，才可以进行数据通信，初始化过程主要包括对其复位模式下配置时钟分频寄存器 CDR、总线定时寄存器 BTR0 和 BTR1、验收代码寄存器 ACR、验收屏蔽寄存器 AMR 及输出控制寄存器 OCR 等，实现对总线的速率、验收屏蔽码、输出引脚驱动方式、总线模式及时钟分频进行定义。CAN 总线初始化程序框图，如图 3-27 所示。

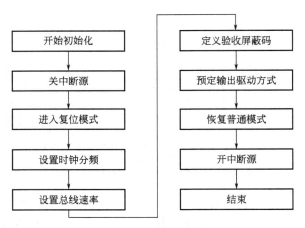

图 3-27　CAN 总线初始化程序框图

SJA1000 发送数据的基本过程：主控制器将数据保存到 SJA1000 发送缓冲器，然后对命令寄存器的发送请求 TR 标志位进行置位后开始发送。接收过程：SJA1000 将从总线上接收到的数据存入接收缓冲器，通过其中断标志位通知主控制器来处理接收到的信息，接收完毕后清空缓冲器，等待下次接收。

（6）采用 P8xC592 芯片的 CAN 总线系统　P8xC592 是由飞利浦公司开发生产的 8 位微处理器，主要包括以下部件。

① 具有一个 80C51 中央处理单元（CPU）。

② 具有 2 个标准的 16 位定时/计数器。

③ 具有 4 个捕获和 3 个比较寄存器的 16 位定时器/计数器。

④ 具有 8 路模拟量输入的 10 位 A/D 变换器。

⑤ 具有两路分辨率为 8 位的脉冲宽度调制输出。

⑥ 具有两级优先权的 15 个中断源。

⑦ 具有五组 8 位 I/O 端口和一组与 A/D 变换器模拟量输入共用的 8 位输入口。

⑧ 具有与内部 RAM 进行 DMA 数据传送的 CAN 控制器。

⑨ 具有总线故障管理功能的 1Mbit/s CAN 控制器。

⑩ 具有与标准 80C51 兼容的全双工 UART。

P8xC592 共有 68 个管脚，其中包括 6 个 8 位 I/O 口，P0～P3 与 80C51 相同，但 P1 可以用作一些特殊功能，包括 4 个捕获输入端、外部计数器输入端、外部计数器复位输入端和 CAN 总线接口的 CTX0 和 CTX1 输出端。并行 I/O 口 P4 的功能与 P1、P2 和 P3 相同。P5 口是有输出功能的并行输入口，主要用作 A/D 变换器的模拟量输入端。

P8xC592 内含 CAN 总线控制器，包括为实现高性能串行网络通信所必需的所有硬件，从而能够控制通信流顺利通过 CAN 总线协议的局域网。为了避免出现混乱，芯片中增加的 CAN 总线控制器对于 CPU 是作为能够双方独立工作的存储器映像外围设备出现的，即可以把 P8xC592 简单设想为两个独立工作器件的集成体。如果关闭 CAN 总线控制器的部分功能，该芯片可以仅作为带有模拟量 A/D 转换的普通 8 位单片机使用。

启用 CAN 总线控制器的功能，主要借助四个特殊功能寄存器（SPR）实现，CPU 对 CAN 总线控制器的控制及其访问都通过它们完成。CPU 和 CAN 总线控制器接口如图 3-28

所示。这四个特殊功能寄存器如下所示。

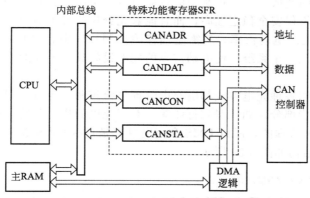

图 3-28　CPU 和 CAN 总线控制器接口

① 地址寄存器（CANADR）。CPU 通过 CANADR 读/写 CAN 总线控制器的验收码寄存器。

② 数据寄存器（CANDAT）。CANDAT 对应由 CANADR 指向的 CAN 总线控制器内部寄存器。

③ 控制寄存器（CANCON）。它具有两个功能，读 CANCON 意味着访问 CAN 总线控制器的中断寄存器；写 CANCON 意味着访问命令寄存器。

④ 状态寄存器（CANSTA）。通过 CANSTA 寄存器可对中断使能寄存器进行写操作；访问 CANSTA 可位寻址并允许单个状态位的直接寻址，这对查询很有用。

在芯片初始化阶段，CPU 通过向 CANCON 和 CANSTA 写入内容，完成 CAN 总线控制器的功能初始化。在实际通信过程中，CPU 则利用四个寄存器使 CAN 总线控制器接收和发送数据信息。

CAN 总线通信程序包含若干个子程序，其通信服务程序结构如图 3-29 所示。当通信服务程序触发后，P80C592 的 CAN 总线控制器根据命令字执行相关任务。当上位机请求数据时，将各项运行参数传输给整车系统；当上位机查询节点状态时，将当前 CAN 总线节点状态等数据发送出去；当上位机要求修改运行参数时，将接收的数据参数存入数据存储器。

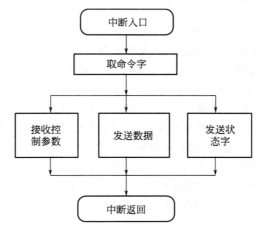

图 3-29　CAN 通信服务程序结构

CAN 总线通信网络的引入，为电动汽车车载动力电池充电优化控制提供了条件，电动汽车的每个子系统都因此成为整个控制中的智能节点。采用集成 CAN 控制器的 P8xC592 单片机作为控制核心，不仅安全稳定性高，而且能够充分参与整车的数据交换和控制。对于采用不同 CAN 总线协议的电动汽车，只需适当修改控制程序中有关 CAN 总线通信的部分程序段，就可以顺利接入整车系统，使电动汽车的充电设施具有更强的通用性。

3.4.1.3　应用实例

电动汽车充电站的各种充电方式都由充电管理系统控制，充电管理系统通过以太网来连接充电站内的各个功能部分，如计费和打印等。对于充电的指示和监控则是由可靠性及实时性更好的 CAN 总线来管理的，所以 BMS 和充电桩都是具有 CAN 总线接口的。电动汽车充电桩 CAN 总线网络结构如图 3-30 所示。

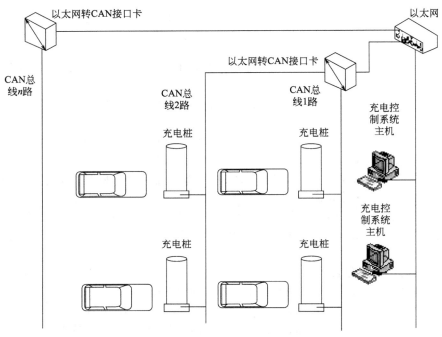

图 3-30　电动汽车充电桩 CAN 总线网络结构

在电动汽车充电桩 CAN 总线网络结构上，要求有网关能实现以太网和 CAN 总线的数据转换，通常在 CAN 总线和以太网之间加入转换接口。如加入中继器、网桥、路由器等专门的硬件设备，硬件设备还可以是一块智能接口板，来完成现场总线智能设备与以太网中央监控计算机之间的数据通信。一般来说这种转换接口的工作原理就是借助这些专门的硬件设备获取 CAN 总线上的数据信息，然后封装成 UDP/TCP 包，再通过以太网传输。

以标准帧和 UDP 为例，当数据从 CAN 总线向以太网转换时，假设 CAN 总线协议使用标准帧格式。网关取出 CAN 总线数据，将仲裁字段中 11 位标识符由高到低转换为以太网应用层的高 8 位设备 ID 和低 8 位设备 ID。数据字段由高到低分别写入命令字、数据标识和数据中。子系统标识是根据设备 ID 查询其属性，填入其优先级、局级优先级、系统标识、子系统标识，加上校验码，完成 CAN 总线数据帧向以太网应用层协议的转换，如图 3-31 所示。

以太网应用层数据向 CAN 总线数据帧转换时，将设备的高 8 位设备 ID 和低 8 位设备 ID 写入 CAN 总线数据帧的前两个字节，数据的前两个字节参加滤波，在 CAN 总线中用来识别设备。后面的 8 位命令字、8 位数据标识和 16 位的数据写入后 4 个字节，如图 3-32 所示。

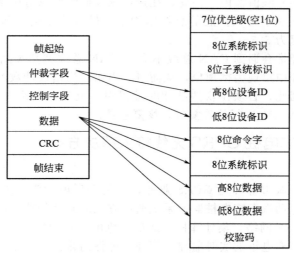

图 3-31 CAN 标准帧转换成以太网帧

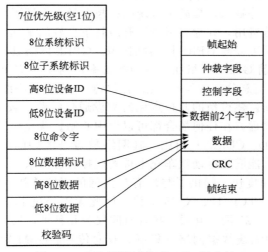

图 3-32 以太网帧转换成 CAN 标准帧

3.4.1.4 CAN 总线应用问题

在硬件方面必须考虑合理的供电，注意对各个 CAN 总线器件的电源、地之间的滤波，以及复位电路的设计；同时在进行印制电路板的设计时，应合理布线，要加强地线，增强系统的抗干扰性。

在软件设计时，CAN 总线定时器的设置非常关键，BTR0 决定传播时间段、相位缓冲段 1 和相位缓冲段 2；BTR1 决定同步跳转宽度和分频值。在位定时寄存器中，TSEG1、TSEG2、SJW 和 BRP 设定的值要比其功能值小 1，因此设定范围是 $0 \sim N-1$，而不是 $1 \sim N$。所以位时间可以由 （TSEG1＋TSEG2＋3）t_q 或者（同步段＋传播段＋相位缓冲段 1＋相位缓冲段 2）t_q 得到，其中，t_q 由系统时钟 t_{SCL} 和波特率预分频值 BRP 决定：$t_q =$ BRP/t_{SCL}。同时，还要注意由于不同节点的 CAN 总线系统时钟是由不同振荡器提供的，每个节点的实际 CAN 总线系统时钟频率与实际位时间有一定误差，环境温度的变化和振荡器老化影响起始误差，为确保准确地进行数据传输，必须保证每个节点对 CAN 总线系统时钟频率都在特定的频率误差限值以内，因此，在选择振荡器时要以对振荡器误差范围要求最高的节点为准。而且，在一个可以扩展的总线结构中，最大节点延迟和总线最大长度必须考虑，一般情况下，延迟为 5.5ns/m。

在实际运行中，经常会遇到 CAN 总线不通或 CAN 总线突然关闭的现象，其主要原因是由于在数据传输过程中出现丢帧现象，从而引起出错，当错误计数器累积到总线关闭阈值时，总线自动关闭，因此，必须在软件设计的过程中，及时对其错误状态 ES 位进行判别，在出现错误时需对 SJA1000 进行软件复位，恢复通信。

3.4.2　电动汽车充电桩 GPRS 无线接入解决方案

3.4.2.1　GPRS 网络

目前，我国大部分城市都开通 GPRS 业务，这是今后电动汽车充电桩监控系统所采用的主流传输资源，是电动汽车充电桩监控系统通信方式的必然趋势。电动汽车充电桩监控管理系统采用先进的 GPRS 网络，集计算机、通信、机电、自动控制等多种先进技术于一体，成功实现了对电动汽车充电桩的实时监控和管理，确保高效稳定，全天候运行。

GPRS 网络具有永远在线、快速登录、高速传输、按量收费和自由切换等优点，克服了有线通信、无线集群、CDMA 等通信方式所存在的建设周期长、投资规模大、网络覆盖差、技术不成熟、终端支持少等缺点，提高了系统的科技含量，保证了系统的稳定性，大大减少了系统的建设投资和运营费用，并为将来系统升级打下良好的基础。无论从功能还是从可靠性来说，没有一个无线网可以与 GPRS 网络相比拟。GPRS 网络具有以下优点。

① 覆盖地域广。目前 GPRS 网络在全国的覆盖率达到 95% 以上，非边远地区覆盖率几乎 100%。GPRS 用户可随意分布和移动自己的网络点，无需担心线路维护或监控点设备位置变动时导致的通信中断。建设新的监控点无需敷设通信线路，较光纤或专线系统投资少，设备安装方便。通信距离远，在任何场合都可以设中心站。覆盖较好，与很多无线数据网络（集群、双向传呼、CDPD、CDMA）相比，其网络覆盖是最好的。GPRS 网络对扩容无限制，对接入地点无限制，能满足电动汽车充电桩的监控管理需求。

② GPRS 网络接入速度快，提供了与现有数据网的无缝连接。由于 GPRS 网本身就是一个分组型数据网，支持 TCP/IP、X.25 协议，因此无需经过 PSTN 等网络的转接，直接与分组数据网（IP 网或 X.25 网）互通，接入时间仅为几秒钟，快于电路型数据业务。采用 TCP/IP 协议，与以前的无线数据网络（集群、双向传呼、GSM 短信息）相比，网络接入更加直接和方便。GPRS 具有实时在线特性，数据传输时延小，并支持多点同时传输。因此，充电桩监控中心可以在多个监控点之间快速、实时地进行双向通信，很好地满足系统对数据采集和传输实时性的要求。目前 GPRS 网络实际数据传输速率在 30kbit/s 左右，完全能满足充电桩监控系统数据传输速率（≥10kbit/s）的需求。

③ 网络可靠性高。网络有较大的冗余设备及信道；设备复用；一旦基站在特殊情况下损坏，移动公司抢修非常及时。通过 GPRS 数据监控中心，可实现对电动汽车充电桩的远程控制。例如，远程开关控制、远程状态查询等。

④ 稳定性好，抗自然干扰的能力强，频段专用，不会受到人为干扰。GPRS 能很好地支持频繁的、少量突发型数据业务，通信质量稳定可靠，永不掉线。与 SMS 短信息方式相比，GPRS-DTU 采用面向连接的 TCP 协议通信，避免了数据包丢失现象，保证数据可靠传输。监控中心可以与多个监测点同时进行数据传输，互不干扰。GPRS 网络本身具备完善的频分复用机制，并具备极强的抗干扰性能，完全避免了传统数传电台的多机频段"碰撞"

现象。

⑤ GPRS 资费便宜，计费合理。GPRS 资费包月比有线网络资费便宜，电动汽车充电桩的监控数据采集业务没有大数据量的信息传输，不必采用资费很高的专线（DDN、帧中继）。GPRS 还可根据通信的数据量和提供的服务质量进行计费。在 GPRS 网络中，用户只需与网络建立一次连接，就可长时间地保持这种连接，并只在传输数据时才占用信道并被计费，保持时不占用信道，不计费。这样，营业点既不用频繁建立连接，也不必支付传输间隙时的费用。GPRS 是移动通信网中的一种新技术，这种技术在数据传输时，将数据封装进每个分组，网络容量仅在需要时才分配，一旦分组完成发送任务，信道容量立即释放，所以提供了即时连接和高效传输，实现了实时在线的功能。因此，它是一种经济高效的分组数据技术。

⑥ 在组网方面，主站和从站设备均可使用动态 IP 和固定 IP 两种工作方式，当组成小规模监测网时，主站和从站均采用动态 IP 方式，用动态域名解析使用公网，可节省费用（不用专门租用 DDN 等专线）；组成大网时，主机可采用固定 IP，并用专网，以提高系统的效率，但在条件不具备时仍可使用动态 IP 和公网，此时效率仅比固定 IP 低 0.2%。

⑦ 系统的传输容量，扩容性能好。电动汽车充电桩监控中心要和每一个充电桩实现实时连接。由于充电桩数量众多，系统要求能满足突发性数据传输的需要，而 GPRS 技术能很好地满足这个要求；由于系统采用成熟的 TCP/IP 通信架构，具备良好的扩展性能，一个监控中心可轻松支持几千个充电桩的通信接入。

3.4.2.2　接入方案

由于 GPRS 通信是基于 IP 地址的数据分组通信网络，因此监测中心计算机需要一个固定的 IP 地址或固定的域名，各个数据采集点采用 GPRS 模块通过 IP 地址或域名来访问该主机，从而进行数据通信。

（1）公网接入方案　服务器采用公网方式接入互联网，如远程拨号、路由器访问电信专线宽带上网等，申请公网固定 IP 地址，可以实现中小容量的数据采集应用。

（2）专网接入方案　服务器采用移动通信公司提供的 DDN 专线，申请配置固定 IP 地址，与 GPRS 网络相连。由于 DDN 专线可提供较高的带宽，当监控点数量增加时，监控中心不用扩容即可满足需求，可实现大容量数据采集应用。监控中心 RADIUS 服务器接收到 GPRS 网络传来的数据后先进行 AAA 认证，然后传送到监控中心计算机主机，通过系统软件对数据进行还原显示，并进行数据处理，进一步增强了系统数据通信安全性能。

（3）GPRS/GSM 移动数据传输网络　电动汽车充电桩的数据经 GPRS/GSM 网络接口功能模块对数据进行解码处理，转换成在公网数据传送的格式，通过中国移动的 GPRS 无线数据网络进行传输，最终传送到监控中心 IP 地址。

3.4.2.3　系统方案

各电动汽车充电桩使用 GPRS 透明数据传输终端，通过移动 GPRS 网络与监控中心相连。各监控点使用 GPRS 普通数据卡或 APN 专用数据卡，同时监控中心对各点 GPRS 终端编号进行登记，并与电动汽车充电桩的信息进行关联，以便识别和维护处理。电动汽车充电桩控制中心运行监控软件，实现对电动汽车充电桩信息的实时监控，经授权的监控点均可以使用本系统。

3.4.2.4　系统特性

SRS-PVL1000GPRS-DTU 无线透明数据传输终端基于 GPRS 网络，具有高性能、高可靠及抗干扰能力强等特点，可直接与计算机、单片机系统、RTU 测控终端、PLC、GPS 接收机、数据集中器等连接，具有远程诊断、测试、监管功能，满足各行业调度或控制中心与众多远端站点之间的数据采集和控制。SRS-PVL1000GPRS-DTU 无线透明数据传输终端具有以下特点。

① 内置 TCP/IP 协议栈，针对 GPRS 网络优化。提供 GPRS 无线数据双向传输功能；提供 RS232/RS485/RS422 接口；符合 ETSIGSMPhase2＋标准；支持自动心跳，保持永久在线。

② 透明数据传输。为用户的数据设备提供双向 100k 大容量数据缓冲区，支持大数据包传输。自动拨号连接，DTU 上电自动拨号连接网络。

③ 支持用户端发起命令连接或远程唤醒连接，提供短信通道，内置 Unicode 国际编码转换表。

④ 支持远程短信/电话唤醒，实时监测网络连接情况，具备掉线自动重拨功能。支持中心为固定 IP 或动态域名，报告时间间隔用户可设定。

⑤ 支持点对点、点对多点、多点对多点对等数据传输，支持 APN 数据专网业务，支持多数据中心，自动切换。

⑥ 安装灵活，使用方便、可靠，适应低温和高温工作环境。

⑦ EMC 抗干扰设计，适合在电磁干扰恶劣的环境中应用，复合式"看门狗"技术。

⑧ 整机低功耗技术，在线待机电流＜20mA。

3.4.2.5 安全措施

监控系统需要较高的系统安全保障和稳定性，安全保障主要是防止来自系统内外的有意和无意的破坏，网络安全防护措施包括信道加密、信源加密、登录防护、访问防护、接入防护、防火墙等。稳定性是指系统能够全天候不间断运行，即使出现硬件和软件故障，系统也不能中断运行。

SRS-PVL 数据中心可通过公网或移动专网接入，采用公网接入方式成本比较低，不用租用专线，而使用数据专线接入时，GPRS 数据传输设备要经过 Radius 服务器认证，整个数据传送过程得到了加密保护，安全性比较高，可充分保障速度和网络服务质量。

① APN 数据专网模式。在内部网络中配置 APN 服务器，移动终端使用 APN 数据专网，由于采用数据专网，服务器与公网隔离，可以有效避免非法入侵。

② SIM 卡的唯一性。对用户 SIM 卡手机号码进行鉴别授权，在网络侧对 SIM 卡号和 APN 进行绑定，划定用户可接入某系统的范围，只有属于指定行业的 SIM 卡手机号才能访问专用 APN，移动终端与数据中心采用中国移动分配的专门 APN 进行无线网络接入，普通手机的 SIM 卡号无法呼叫专门的 APN。

③ 可以为每个 GPRS 数据传输设备单独配置 DTUID 号和密码，通过数据中心在其登陆时进行应用层认证，其他没有数据中心分配的 DTUID 号和密码的 GPRS 设备将无法登录进入系统，系统的安全性进一步增强。

④ 数据加密，可对整个数据传送过程进行加密保护。

⑤ 网络接入安全鉴定机制。采用防火墙软件，设置网络鉴权和安全防范功能，保障系统安全。

3.4.3 基于 CM3160P/CM3160EP 的充电桩 GPRS 无线接入解决方案

3.4.3.1 CM3160P/CM3160EP 简介

CM3160P/CM3160EP 采用高性能工业级嵌入式处理器，以实时操作系统为软件支撑平台，超大内存，内嵌自主知识产权的 TCP/IP 协议栈，可为用户提供高速、稳定可靠、数据终端永远在线、多种协议转换的虚拟专用网络。针对网络流量控制的用户，产品支持语音、短信、数据触发上线及超时自动断线功能。同时也支持双数据中心备份，以及多数据中心同步接收数据等功能。CM3160P/EP 是 CM3150P/EP 的升级和替代产品，CM3160P/EP 改进了原来 CM3150P/EP 的无线模块的链接方式，提高了产品的稳定性。CM3160P/EP 的软件、硬件配置和 CM3150P/EP 完全兼容。

3.4.3.2　系统构成

基于 CM3160P/CM3160EP 的 GPRS 无线接入网络拓扑结构如图 3-33 所示，本系统主要由四部分组成：电动汽车充电桩、集中器、动力电池管理系统、充电管理服务平台。

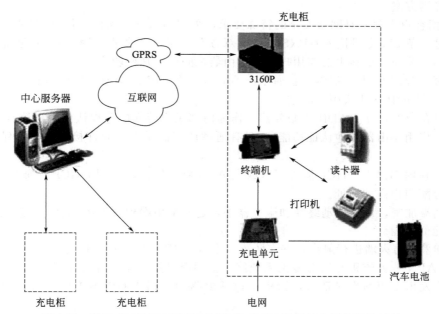

图 3-33　基于 CM3160P/CM3160EP 的 GPRS 无线接入网络拓扑结构

① 在电动汽车充电桩的终端控制器上，用户可自助刷卡进行用户鉴权、余额查询、计费查询等功能，也可提供语音输出接口，实现语音交互。用户可根据液晶显示屏指示选择 4 种充电模式：按时计费充电、按电量充电、自动充满、按里程充电等。

② 电动汽车充电机控制器与集中器利用 CAN 总线进行数据交互，集中器与服务器平台利用无线传输终端 CM3160P 通过无线 GPRS 网络进行数据交互，为了安全起见，电量计费和金额数据实现安全加密。

③ 动力电池管理系统的主要功能是监控动力电池的工作状态（动力电池的电压、电流和温度）、预测动力电池的容量（SOC）和相应的剩余行驶里程，进行动力电池管理，以避免出现过放电、过充、过热和单体动力电池之间电压严重不平衡现象，最大限度地利用动力电池存储能力和循环寿命。

④ 充电服务管理平台主要有三个功能：充电管理、充电运营、综合查询。

a. 充电管理对系统涉及的基础数据进行集中式管理，如电动汽车信息、动力电池信息、用户卡信息、充电桩信息。

b. 充电运营主要对用户充电进行计费管理。

c. 综合查询指对管理及运营的数据进行综合分析查询。

3.4.3.3　无线系统方案

（1）公网方案　中心用一个服务器组接收数据，中心采用 ADSL 与公网（互联网）连接，采用公网固定 IP 或公网动态 IP＋DNS 解析服务。此种方案需先向互联网运营商申请 ADSL 等宽带业务。

① 中心公网固定 IP。监控点直接向中心固定 IP 发起连接，运行可靠、稳定（固定 IP

费用比较贵）。

　　② 中心公网动态 IP＋DNS 解析服务。大部分 IP 都是动态的，而且费用相对便宜。客户先与 DNS 服务商联系开通动态域名。监控点先采用域名寻址方式连接 DNS 服务器，再由 DNS 服务器找到中心公网动态 IP，建立连接。此种方式可以大大节约公网固定 IP 的费用，但稳定性受制于 DNS 服务器的稳定，所以要寻找可靠的 DNS 服务商。

　　（2）专网方案

　　① 根据客户内部网对网络安全的特殊要求，采用 GPRS 网络的专用 APN 形式入网。

　　a. 通过一条 2M 专线接入 GPRS 网络，双方互联路由器之间采用私有 IP 地址进行广域连接，在移动公司认证路由器与用户认证路由器之间建立加密隧道。

　　b. 为客户分配专用的 APN，普通用户不能进入该 APN。只有 GPRS 专网卡才能进入该 APN 网络，防止其他非法用户的进入。

　　c. 用户在内部建立 RADIUS 服务器，作为内部用户接入的远程认证服务器（或在 APN 路由器内，启用路由器本地认证功能）。只有通过认证的用户才允许接入，用以保证用户内部安全。

　　d. 用户在内部建立 DHCP 服务器（或在 APN 路由器内，启用 DHCP 功能），为通过认证的用户分配用户内部地址。

　　e. 端到端加密，即在移动终端和服务器平台之间采用端到端加密，避免信息在整个传输过程中可能的泄漏。

　　f. 双方采用防火墙进行隔离，并在防火墙上进行 IP 地址和端口过滤。

　　② 在 APN 业务流程 GPRS 专网系统终端上网登录服务器平台的流程如下。

　　a. 用户发出 GPRS 登录请求，请求中包括由移动公司为 GPRS 专网系统专门分配的专网 APN。

　　b. 根据请求中的 APN，SGSN 向 DNS 服务器发出查询请求，找到与企业服务器平台连接的 GGSN，并将用户请求通过 GTP 隧道封装送给 GGSN。

　　c. GGSN 将用户认证信息（包括手机号码、用户账号、密码等）通过专线送至 Radius 进行认证。

　　d. Radius 认证服务器接收到手机号等认证信息，确认是合法用户发来的请求，向 DH-CP 服务器请求分配用户地址。

　　e. Radius 认证通过后，由 Radius 向 GGSN 发送携带用户地址的确认信息。

　　f. 用户得到了 IP 地址，就可以携带数据包，对 GPRS 专网系统信息进行查询和对业务处理平台进行访问。

3.4.4　基于光载无线技术的电动汽车充电桩无线解决方案

　　随着城市电动汽车充换电设施的持续建设，其通信网络拓扑要求具有灵活性和扩展性的结构。为了支持无人管理且散布范围广的电动汽车充电基础设施，在当前主流的 WiFi 无线接入技术的基础上，融合光载无线网络及其不同拓扑结构下的传输技术、WiFi 无线接入技术、射频交换与重构技术、无线传感技术，实现 WiFi 射频信号和 2G/3G/4G 等无线信号的大范围分布，同时实现多个接入点的射频交换、分配和功率控制，从而建立起基于光载无线技术的电动汽车充电桩通信与网络系统，并在此基础上开发相关应用。

　　光载无线通信技术（ROF）为充电桩的 M2M 通信及数据采集提供了简单且灵活的方式，允许各充电桩与控制中心连线。无论是部署在居民小区的单一充电桩，还是在停车场或购物中心的众多充电桩，它们与控制中心之间都将有大量的重要资料和指令需要传送。只要通过光载无线通信系统，控制中心就能远端管理充电桩所有的工作，包括使用者验证、开始及停止指令、传输使用者资料、信用卡付款程序等。光载无线通信技术还能协助控制中心远端管理充电桩故障而发生的设备停机，并立即侦测人为破坏而导致的异常。

随着物联网技术的不断发展，未来的充电桩控制中心能通过定位服务，协助驾驶人找出距离最近、正在营运的充电站。充电完成后，再由控制中心系统通知使用者，传送简讯到驾驶人的移动电话，告知客户充电完成、车辆可以上路。光载无线交换机将以上信息通过光纤网络传送到管理计费中心，实现实时的信息传递。同样，从管理计费中心到最末端的充电桩也实现了实时的信息传递。

针对电动汽车充电桩分散且单个充电桩的数据量小的特点，同时为了实现电动汽车充电桩的高速无线覆盖，既能满足充电桩的数据传输需要，又能提供高速宽带接入，系统采用两级无线数据传输方案，如图 3-34 所示。

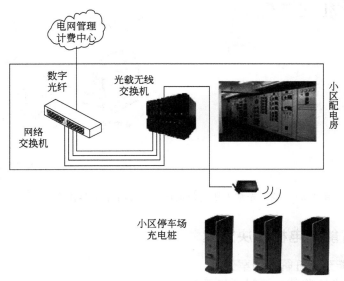

图 3-34　两级无线数据传输方案

① 局部区域的充电桩通过 400MHz 频率的低速无线数据传输方式，将充电桩的数据汇聚到中间节点（简称汇聚节点，汇聚节点为其中的一个充电桩），汇聚节点内置 WiFi 中间件，完成汇聚数据到 WiFi 无线网络数据的转换。

② 采用光载无线技术，通过光纤，将 WiFi 无线射频信号远距离分布到远端节点，汇聚节点通过远端节点接入 WiFi 无线网络，汇聚节点通过 WiFi 无线网络将充电桩的数据上传到控制中心，实现充电桩数据的远程无线采集。

同时远端节点还可以提供电动汽车充电站的高速无线网络信号的无线覆盖，提供其他设备的无线接入，满足充电桩的多种应用需求，也方便电动汽车充电桩的扩展和升级，基于光载无线通信的电动汽车充电桩具体实施方案如图 3-35 所示。为保证充电桩的无线网络和数据传输的可靠稳定，具体实施时采用硬件备份。

① 在光载无线交换机中，WiFi 接入点（AP）采用双备份，以保证无线接入点的可靠。

② 远端节点采用双备份，以保证远端无线信号的不间断覆盖。

③ 汇聚节点采用双备份，以避免因为充当汇聚节点的充电桩故障而中断局部充电桩的数据上传和下载。

④ 系统软件时刻检测整个电动汽车充电桩无线信号分布情况和充电桩的工作状态，并实时做出反应，保证系统可靠运行。

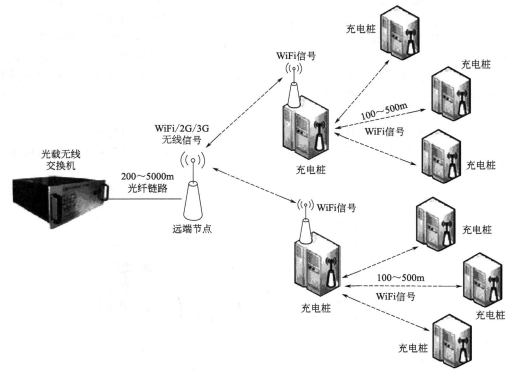

图 3-35　基于光载无线通信的电动汽车充电桩具体实施方案

3.4.5　宏电智能充电桩解决方案

3.4.5.1　宏电智能充电桩解决方案架构

当前充电桩行业面临的主要问题如下。

① 充电桩安装位置无明显标志，车主难以找到充电桩。

② 充电时间长，车主等待时间长，很多车主不愿意等待。

③ 充电桩结构复杂，维护管理困难。

④ 充电桩位置分布散，包括地下停车场、高速公路都可能需要大量充电桩，管理不便。

针对以上问题，宏电公司借助网络接入产品，为充电桩构建了一套基于互联网＋的基础解决方案，实现充电桩的智能化，有效解决了充电桩发展面临的问题。整个系统包括充电桩系统、接入系统、网络应用平台、运营管理中心以及基于服务平台的终端应用。宏电智能充电桩系统结构如图 3-36 所示。

3.4.5.2　宏电智能充电桩系列解决方案

宏电智能充电桩包括一系列的个性化解决方案，结合不同的充电设施和需求，采用不同的宏电设备，可以实现从最简单的网络接入，到丰富的网络功能以及应用，满足不同客户、不同场景的应用需求。

① 宏电 DTU 在充电桩无线联网管理中的应用，如图 3-37 所示。将宏电 DTU 嵌入到充电桩内部，与控制系统结合，就可以为中小型充电桩提供快速、简单的网络接入以及数据传输。整个宏电智慧充电桩系统由充电桩、宏电 DTU、后端网管平台、数据管理中心以及基于互联网的各种 APP 应用构成。充电桩运营企业除了可以远程实时监控及维护外，还可以提供丰富的在线应用。

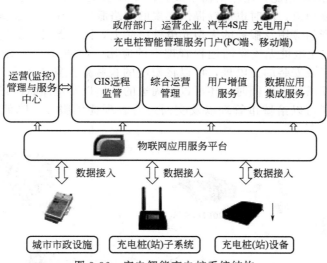

图 3-36 宏电智能充电桩系统结构

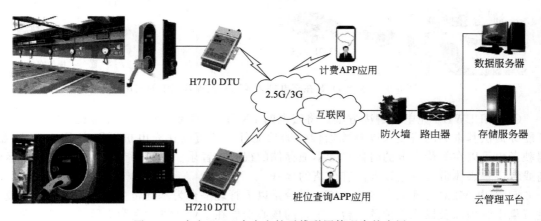

图 3-37 宏电 DTU 在充电桩无线联网管理中的应用

② 宏电 3G/4G 路由器在充电桩无线联网与远程管理中的应用,如图 3-38 所示。与

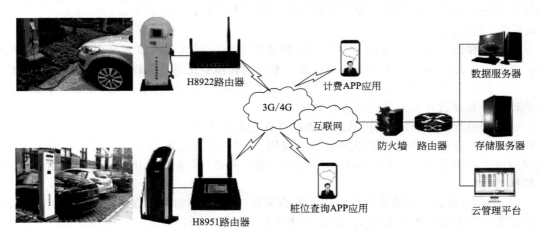

图 3-38 宏电 3G/4G 路由器在充电桩无线联网与远程管理中的应用

DTU 组成的充电桩网络相比，用路由器组成的网络能够为充电桩提供更高速、安全、稳定的联网以及数据传输通道，同时也能够提供更多的网络服务。在某些数据量大，安全性要求更高，或需要更多产品应用及服务的大型充电桩产品上，路由器是个更好的选择。

③ 宏电 DVS 在充电桩无线联网远程管理中的应用，如图 3-39 所示。在繁忙市区或者高速公路服务区等区域安装的充电桩，可以将宏电的视频监控解决方案与充电桩进行组合，在提供充电服务和网络接入的同时，还可以对周边的环境以及道路状况进行监控，在降低工程施工成本的同时还可以给城市管理以及交通运营管理提供服务，降低设备的维护和运营成本。

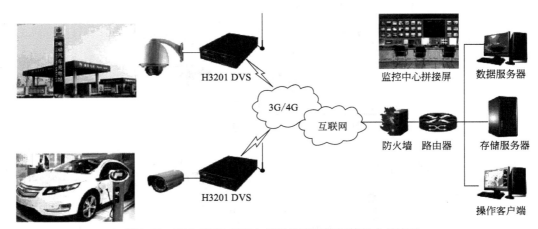

图 3-39　宏电 DVS 在充电桩无线联网远程管理中的应用

④ FREEWIFI 充电桩解决方案。将宏电的 FREEWIFI 系列产品与充电桩紧密结合，除了能够提供基本的网络接入以及数据传输的功能外，还可以在充电桩周围实现 WiFi 覆盖，驾驶者也可以在等待充电的时候享受本地存储的视频、音乐、资讯等节目，也可为设备运营商或者广告媒体带来营销以及品牌价值的提升。

⑤ 宏电 M2M 云平台。宏电 M2M 平台是以云管理平台为基础，主要目的是对宏电设备进行集中管理以及操作维护的平台。平台的核心功能在于业务管理和数据统计。其中业务管理主要提供设备与平台进行资源交换，以及运维业务功能的实现，当需要更新设备上的资源、升级补丁以及远程推送业务资源时均可通过平台来实现，资源管理服务器和业务服务器均可实现分布式部署，从而在设备资源交互和投放业务过程中达到负载均衡效果。

3.4.5.3　系统功能

（1）远程监控管理　通过远程接入网络监控系统，可以实时或者定时监控充电桩的电量、电流、电压、功率、开关等运行参数，通过远程控制充电开关以及修改充电桩的参数。

（2）故障管理　可以实时监控充电桩的运行状态以及故障情况，一旦出现故障报警，可以远程进行处理或者派人到现场进行维修。

（3）提供丰富的 APP 应用基础　通过将充电桩接入网管中心，提供基础数据，充电桩厂商或者第三方软件公司就可以开发各种应用 APP，实现充电桩位置查询、预约充电、充电提醒以及付费等在线功能；同时还可以收集用户的交易数据以及用户行为习惯信息，实现大数据整合。

（4）WiFi 覆盖　提供充电桩周边区域的 WiFi 覆盖；同时可以提供推送广告以及微信服务推送等功能服务；配套宏电的 M2M 管理平台，可以分析用户上网行为、流量以及进行行为、流量数据的统计。

（5）本地多媒体服务　车主在等待充电的同时可以观看本地视频、音乐以及新闻等内容。

（6）实时视频监控　采用宏电视频监控系统，可以实时监控充电桩周边状况以及道路的情况，为城市管理部门提供服务。

3.4.6　远程监控电动汽车充电桩解决方案

远程监控电动汽车充电桩解决方案的主要功能如下。

① 实现运营单位、电动汽车用户以及支付平台三方实时信息共享，方便电动汽车的随时充电。

② 帮助电动汽车真正实现"24 小时"充电服务，充电、支付费用等信息实时上传至运营充电桩企业后台。

③ 将充电桩与电动汽车用户、运营单位、移动公司、银联甚至国家电网进行对接，实现大量的数据交互。

④ 实现对分散式布局的充电桩终端进行集中化管理，实时掌握终端运行状况，降低充电桩企业运营成本，提高运营商服务质量和经营效益。

⑤ 可靠的运营数据报表为运营商提供决策依据，提高充电行业信息化水平，促进电动汽车充电行业发展和智能化城市建设。

⑥ 站点视频监控、图像抓拍，查看各运营点抓拍图片，对人为损坏充电桩过程录像取证存储，保证充电桩设备安全跟踪，以备随时取证。

⑦ 2G/3G/4G 无线设备使用无线联网方式，不受布线问题的困扰，受现场环境因素影响较小，只要有手机信号的地方都可以正常联网，安装简便、灵活；3G/4G 无线路由器通过简单的页面配置，可自动拨号联网，主动发送连接请求，可快速地接入到路由器管理平台。采用 WEB 架构设计，访问方便。

方案一：基于无线数据传输 RTU 技术的充电桩终端解决方案。

本方案主要由交流/直流充电桩、无线数据传输终端 RTU、各种 2G/3G/4G 无线网络及通信网络、充电桩系统管理平台软件等组成，如图 3-40 所示。

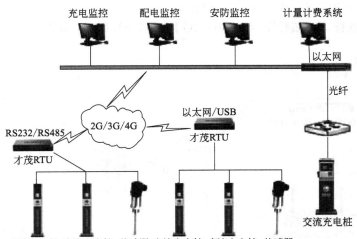

图 3-40　基于无线数据传输 RTU 技术的充电桩终端解决方案

无线数据传输 RTU 可以提供 RS232/RS485/以太网/USB 各种接口与充电桩以及相应配套的其他设备进行连接；数据传输 RTU 通过各种无线网络，将各种充电桩终端的数据无线、透明地传输到服务器端的充电系统管理平台，此管理平台软件包括计量计费系统、充电监控系统、配电监控系统、安防监控系统等。

方案二：工业级无线路由器充电桩数据传输系统应用方案。

充电桩无线数据传输应用方案由电动汽车、充电桩、路由器和第三方 M2M 云管理平台四部分组成，其中 M2M 云管理平台包括 WEB 端控制平台、手机移动 APP 终端、云服务器，人们可以在任何时间通过 WEB 端或 APP 客户端查询充电桩的详细地理位置、使用情况、支付费用情况，同时还可以对充电桩提前使用预约服务。

3G/4G 路由器能够为充电桩无线数据传输应用方案建立高速、稳定的联网与数据传输通道，将所有充电、支付等信息传输到企业后台，供运营企业进行业务分析和操作。同时，运营企业通过第三方 M2M 云管理平台能够实现对分散在不同地点的充电桩终端进行统一的运行状态监管，有效降低企业的运维成本。充电桩无线数据应用拓扑图（2G/3G/4G 路由器），如图 3-41 所示。

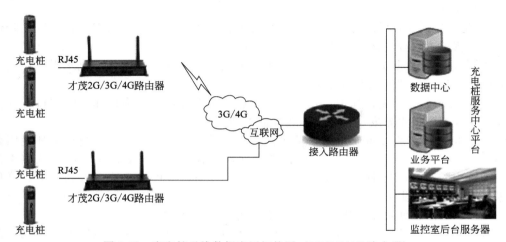

图 3-41　充电桩无线数据应用拓扑图（2G/3G/4G 路由器）

方案三：工业路由器＋WiFi 覆盖应用方案。

充电桩无线数据应用拓扑图（2G/3G/4G 路由器＋WiFi），如图 3-42 所示。

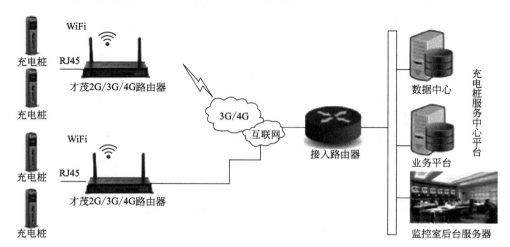

图 3-42　充电桩无线数据应用拓扑图（2G/3G/4G 路由器＋WiFi）

方案四：工业路由器＋WiFi＋GPS 应用方案。

充电桩无线数据应用拓扑图（2G/3G/4G 路由器＋WiFi＋GPS 定位），如图 3-43 所示。GPS 定位示意图，如图 3-44 所示。

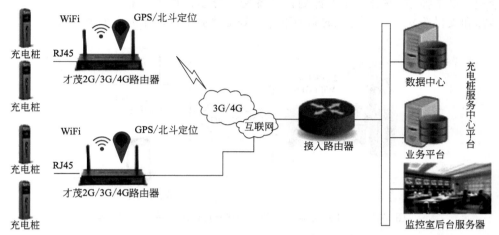

图 3-43 充电桩无线数据应用拓扑图（2G/3G/4G 路由器＋WiFi＋GPS 定位）

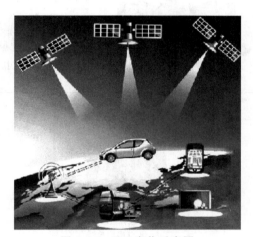

图 3-44 GPS 定位示意图

方案五：工业路由器＋WiFi＋GPS＋营销运营系统应用方案。

工业路由器＋WiFi＋GPS＋营销运营系统应用方案，如图 3-45 所示。通过工业级营销系统路由器，不仅可以实现数据的传输、GPS 定位、WiFi 覆盖，还可以实现广告的智能营销功能。

WiFi 系统可提供微信认证、短信认证、微博认证、门户（portal）认证等，在用户连接 WiFi 后，运营商可以收集接入用户的各种信息，包括手机号码、微信号、微博号、手机 MAC 地址、手机操作系统、手机应用软件等信息。运营商可以利用获得的信息，通过 WiFi 把用户和商户关联起来，为二次营销或者多次营销做好铺垫。

方案六：无线视频监控充电桩的应用方案。

无线视频监控充电桩的应用方案，如图 3-46 所示，2G/3G/4G 无线音（视）频设备（摄像、图像抓拍、告警信息、对讲、GPS 定位、环境温湿度检测、RS232/RS485、路由）与充电桩的集中器、动力电池管理系统（BMS）数据连接的紧密结合实现无线数据远传，依据无线传输的数据，充电管理服务平台可以实现强大的运营商管理、用户管理、客服管理、充电桩管理、数据统计分析、警报故障、报装报修管理、设备地图展示等功能。可靠的无线数据连接及结合节约了安装造价成本，使广大用户在手机 APP（主要功能：用户中心；设备管理；设备控制/查看；充电计划；设备授权分享；设备发布出租；在线寻桩和导航；在线结算和支付等）友好、直观的画面下，更好地体验电动汽车充电的方便性。

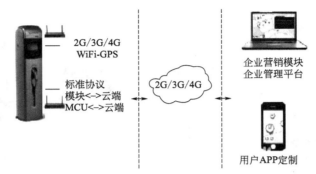

图 3-45　工业路由器＋WiFi＋GPS＋营销运营系统应用方案

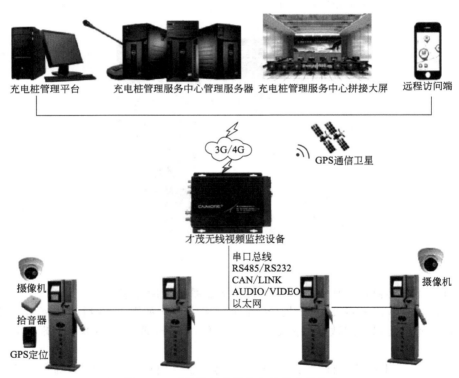

图 3-46　无线视频监控充电桩的应用方案

3.4.7　基于云平台的电动汽车智能充电管理系统通信解决方案

3.4.7.1　系统架构设计

　　基于云平台的电动汽车智能充电管理系统是建立在互联网、高速无线网和电力信息系统基础上的大型分布式网络信息系统，整个系统分为平台层、网络层和终端层，系统逻辑架构如图 3-47 所示。

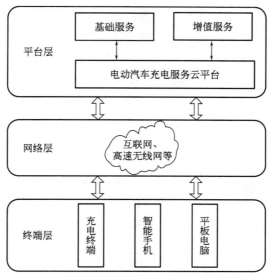

图 3-47　系统逻辑架构

（1）平台层　平台层采用针对电动汽车充电服务的数据挖掘技术、云计算技术、门户技术，提供用户管理、身份认证、权限控制、充电桩信息记录、电动汽车充电海量数据存储等基础服务，支撑手机 APP 实现充电桩使用情况查询、定位导航、充电预约及充电桩锁定等业务，并与相关外部系统进行数据交换，实现跨应用、跨系统的信息互通、共享和协同，可通过深度挖掘为用户推送充电服务计划、充电商店等增值服务。

（2）网络层　网络层是平台层和终端层之间的纽带，提供了各类用户信息、电动汽车充电信息等多种数据的传输通道。网络层既包括诸如 WiFi 形式的高速无线网络，也包含广域铺设的互联网。

（3）终端层　终端层包括电动汽车充电终端设施（交流桩、直流桩等）、智能手机和平板电脑等设备。电动汽车充电终端可以将车辆的充电信息通过网络层发送给远端平台，也可以接收平台下发的控制指令。智能手机、平板电脑等终端设备通过其上的 APP 应用软件进行实时互动，接收用户输入，并展示系统所提供的各类服务。

系统通信架构如图 3-48 所示，充电终端含有 WiFi 通信模块，可与 WiFi 路由器进行通信。WiFi 路由器通过 2G、3G 或光纤网络等将信息发送给云平台服务器，智能手机、平板电脑等终端设备通过 WiFi、GPRS 和 CDMA 等与后台服务器通信。

此外，为了确保信息安全，在云平台中部署密钥管理系统和加密机，在充电桩中加入嵌入式安全模块芯片（ESAM）。

3.4.7.2　系统组成及功能

云平台动力电池汽车智能充电系统主要由电动汽车充电服务云平台、智能充电桩和 APP 客户端组成。

（1）电动汽车充电服务云平台　电动汽车充电服务云平台是为电动汽车充电提供数据发布、收集、存储、加工、维护和挖掘的综合平台，为满足业务发展需求。电动汽车充电服务云平台支持百万级客户的多种业务请求，系统平台软件和硬件都具备高可靠性、可用性和可扩展性。该平台由计算机、网络设备、存储设备、其他外围设备和平台应用软件组成，整个电动汽车充电服务云平台主要分为 3 个子系统。

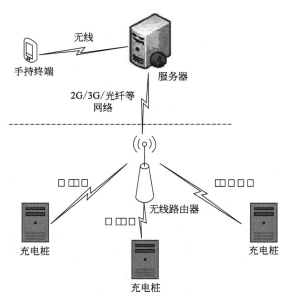

图 3-48   系统通信架构

① 基于云计算技术的功能支撑子系统。该子系统深入研究了电动汽车充电服务的特性，利用云计算技术开发虚拟机与物理机资源统一管理子系统，将所有的计算资源进行全面、灵活的管控，为整个电动汽车智能充电系统提供具有弹性的计算能力。针对电动汽车充电服务接入特点采用负载均衡技术，支持海量用户的高并发访问。提供用户管理、身份认证、权限控制、充电桩信息记录、电动汽车充电海量数据存储与处理等功能，支撑手机 APP 实现充电桩使用情况查询、定位导航、充电预约、充电桩锁定等多种业务应用。

② 数据交换子系统。为了解决在系统中各类数据交换、整合的难题，主要从以下 4 个方面设计数据交换子系统。

a.有效降低系统间的耦合度，使每个应用系统在逻辑上只和数据交换子系统有关系，而不必考虑数据交换的另一端具体部署，使系统间形成简单的数据耦合。

b.提高数据交换接口的规范性，使得系统接口统一面向数据交换子系统，在接口的逻辑和技术形态上具备一致性，为系统接口的稳定和规范提供基础。

c.提高数据交换的开放性，使得数据交换子系统如同系统间的一个逻辑数据总线，可以对外提供灵活、多种形式的接口。

d.保证数据交换的高效性和稳定性。从系统设计层面有效保证数据交换过程的高效和稳定。

③ 数据挖掘子系统。深入分析整个电动汽车智能充电系统所提供的各类服务，依据服务的不同类别、特点及实际需求，将设计与电动汽车充电业务相对应的数据挖掘算法和数据分析模式，利用数据抽取、存储、管理及展现技术，开发电动汽车充电数据分析和用户行为挖掘等业务应用，为用户提供深入、高效的增值服务。数据挖掘子系统将主要完成以下 2 类典型工作。

a.通过对海量用户充电时间数据的收集和分析，可以得到不同时间段用户的充电密度，计算出用户充电行为对于电网负荷的影响规律，为负荷预测提供有力支撑，为电力调度提供依据。

b.通过对海量用户充电地点数据的分析，可以得到不同区域、不同地段的用户充电需求分布，计算出目前已建的充电设施在各个地点的利用情况，为进一步建设充电设施提供直接的指导。

（2）智能充电桩　智能充电桩原理框图如图 3-49 所示，具体包括 MCU 单元、数字电能表、WiFi 通信模块、FLASH 存储单元、保护单元、电源转换模块、接触器等。其中 MCU 单元为充电桩的控制核心，完成指令控制与信息分发，采用低功耗、高性价比的 CORTEX-M0 系列芯片，通过串口或 SPI 总线与 WiFi 通信模块通信，通过 485 总线与数字电能表通信，通过 I^2C 总线与 FLASH 存储单元通信，MCU 单元通过驱动电路与接触器相连，实现充电电能输出的通断控制。

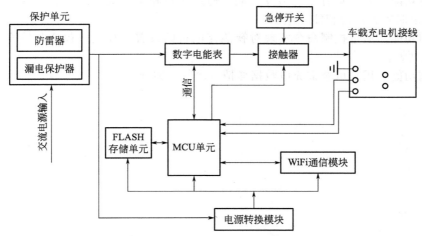

图 3-49　智能充电桩原理框图

WiFi 通信模块功耗低，可实现与无线网关的数据通信，进而实现充电桩开关状态的远程控制，以及电流、功率、电能信息的上报。电源转换模块用于将交流电转换为直流电，提供不同电压等级的直流电，为充电桩中的其他电路提供电源。

智能充电桩除了具备传统的充电、计量、保护等功能外，以下功能在提高本系统的智能性的同时，将会更为适应日新月异的技术变革。

① 手持终端控制功能。分布式充电桩可通过移动端 APP 控制启停机，当充电桩符合充电条件时，客户通过手机等移动终端可以实时控制充电桩的启停。

② 充电信息上传功能。分布式充电桩可将充电信息上传至服务器并通过手机安装的 APP 界面实时显示充电信息，包括当前充电电压、充电电流、充电电量、充电费率、计费信息、故障信息、工作状态信息等。

（3）APP 客户端　随着智能手机的普及，APP 客户端软件已经应用于日常生活的各个方面。智能充电桩设计了客户端软件的 2 个版本，分别支持操作系统为 IOSV7.0.0 及以上版本和 AndroidV2.3.3 及以上版本，总体设计为 C/S 体系结构，客户端为多层体系结构，以提供更好的灵活性和强大的扩展能力。多层体系对于客户端来说是 3 层结构，分别从视图层、业务逻辑层、业务实体层进行分配。

① 视图层。与用户交互的界面，响应用户的请求，调用业务逻辑层的接口进行逻辑处理，根据结果以不同的形式展现给用户。视图层包含地图显示、支付结算、状态显示、控制界面和查询界面。

② 业务逻辑层。完成实际的业务逻辑，包括对服务器的数据请求和对本地数据库的读取。

③ 业务实体层。包含各个业务实体，对网关服务器的数据请求、数据解析；对平台服

务器的数据请求、数据解析；数据库维护。

　　APP 客户端软件根据用户选择的功能调用业务逻辑层相应的模块，业务逻辑层负责业务流程的组织，并调用业务实体层的模块，通过网关服务器接口（或平台服务器接口）与网关服务器（或平台服务器）进行信息交换。其具备以下功能。

　　① 地图功能。智能充电桩具备地图应用功能，可以通过地图及导航查询充电桩的位置信息。

　　② 状态显示功能。通过手机 APP 显示智能充电桩的各种状态。

　　③ 支付功能。系统具有充电结算功能，通过账户和支付宝、微信账户等绑定，实现定额、定量、定时等方式的智能充电。

　　④ 控制功能。通过控制命令实现对智能充电桩的设置和控制，包括开始充电、取消预约、停止充电等。

　　⑤ 查询功能。用户可查询充电数据详情（次数、累计）。

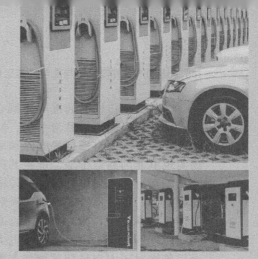

第**4**章

电动汽车无线充电技术

4.1 电动汽车无线充电技术及动态

4.1.1 无线充电技术及在电动汽车上的应用

4.1.1.1 无线充电技术

人类从刚开始利用电能时就期待着一种能实现将电力能量无线输送的方式。早在19世纪中后期，无线电能传输技术就被著名的电气工程师尼古拉·特斯拉提出，尼古拉·特斯拉在1891年发明"特斯拉线圈"，他利用这些线圈进行一系列实验，开创了无线电力传输的先河。尼古拉·特斯拉曾经说过，无线充电将是能让电力事业繁荣的最终出路。

1901年，尼古拉·特斯拉获得金融家约翰·皮尔蓬·摩根的资助，在纽约长岛建立了187ft（约57m）高的无线充电塔——沃登克里夫塔。在这之前，尼古拉·特斯拉曾在科罗拉多州进行实地试验，成功点亮了25mile（40km）外的200盏电灯。

虽然特斯拉线圈在当时并没有得到推行，但后人从理论上完全证实了这种方案的可行性，经过多年研究，科学家们认为进行无线电力传输是可能的。无线电力传输是一种区别于有线电力传输的特殊供电方式，其原理也很简单，在发射端将电能转换成电磁波并发射出去，在接收端接收到电磁波之后，再将其转换成电能对负载供电。

无线充电技术引源于无线电力传输技术，无线电力传输也称无线能量传输或无线电能传输，主要通过电磁感应、电磁共振、射频、微波、激光等方式实现非接触式的电力传输。目前无线电力传输共有三种不同的实现方式：电磁感应式、微波传输式以及磁场共振式，三种方式各有优劣。总体来说电磁感应式、微波传输式、磁场共振式无线充电技术的基本原理都是一样的，就是利用交变电磁场的电磁感应，来实现电能的无线传输。根据在空间实现无线电力传输供电距离的不同，可以把无线电力传输形式分为短程、中程和远程传输三大类。

（1）短程传输 通过电磁感应电力传输（ICPT）技术来实现，一般适用于小型便携式电子设备供电。ICPT主要以磁场为媒介，利用可分离变压器耦合，通过初级和次级线圈感应产生电流，电磁场可以穿透一切非金属的物体，电能可以隔着很多非金属材料进行传输，从而将能量从传输端转移到接收端，实现无电气连接的电能传输。电磁感应传输功率大，能达几百千瓦，但电磁感应原理的应用受制于过短的供电端和受电端距离，传输距离上限是10cm左右。

　　（2）中程传输　通过电磁耦合共振电力传输（ERPT）技术或射频电力传输（RFPT）技术实现。中程传输可为手机、MP3 等仪器提供无线电力传输。ERPT 技术主要是利用接收天线固有频率与发射场电磁频率相一致时引起电磁共振（发生电磁耦合），通过非辐射磁场实现电能的高效传输。电磁共振型与电磁感应型相比，采用的磁场要弱得多，传输功率可达几千瓦，能实现更长距离的传输，传输距离可达 3～4m。RFPT 主要通过功率放大器发射射频信号，通过检波、高频整流后得到直流电，供负载使用。RFPT 距离较远，能达 10m，但传输功率很小，为几毫瓦至百毫瓦。

　　（3）远程传输　通过微波电力传输（MPT）技术或激光电力传输（LPT）技术来实现。远程传输对于太空科技领域如人造卫星、航天器之间的能量传输以及新能源开发利用等有重要的战略意义。MPT 是将电能转化为微波，让微波经自由空间传送到目标位置，再经整流，转化成直流电能，提供给负载。微波电能传输适合应用于大范围、长距离且不易受环境影响的电能传输，如空间太阳能电站等。LPT 是利用激光可以携带大量的能量，用较小的发射功率实现较远距离的电能传输。激光方向性强、能量集中，不存在干扰通信卫星的风险，但障碍物会影响激光与接收装置之间的能量交换，射束能量在传输途中会部分丧失。

　　微波式无线电能传输技术可实现远距离传输和小型化设计，但是由于辐射功率与传输距离的平方成反比，且远场大功率传输受法律制约，因此，该技术一般被应用于小功率、远距离设备，如射频识别卡等，而大功率微波式无线充电只在特殊行业应用，如军事或航天领域，不宜用于车辆的无线充电系统。

　　激光式无线电能传输技术可实现更长距离电能传输以及更小尺寸设计，且对周围环境电磁干扰较低，但是转化效率低，且大气吸收和散射会产生额外损耗，在几百瓦传输功率下，传输效率低于 25%，同时对人体有伤害，因此其应用局限于军事和航天领域，也很难用于电动汽车无线充电系统。

　　我国在无线电能传输技术领域的研究工作起步较晚，从 21 世纪初开始，国内才逐渐开始进行相关的研究，但主要集中在感应式非接触无线电能传输技术和磁耦谐振式无线电能传输技术的研究上。在诸多的无线电能传输方式中，磁耦合谐振式能量传输技术由于具有传输距离远、对传输介质依赖小、方向性要求不高等优势，是当前无线电能传输技术研究领域中主要的研究热点。

4.1.1.2　应用于电动汽车的无线充电技术

　　无线电能传输技术不是一个新的概念，但新技术和新应用的引入逐渐使其成为一门新的研究学科。尤其是无线电能传输技术具有传统电源线供电技术所未有的独特的优势，该技术的发展与进一步突破将在电动汽车领域产生深远的影响。将无线电能传输技术应用到电动汽车的无线充电中，不仅可以解决各类充电桩的建设问题，同时还可以分散电动汽车充电的集中程度，在一定程度上缓解电动汽车规模化充放电对电网的冲击。

　　电动汽车无线充电技术的本质是电能的变换与控制，可靠、高效、安全是基本要求。无线充电技术基于电力电子拓扑结构优化与协调控制、电磁能量传递生物安全和多源能量双向耦合管理三个科学问题，依托电路设计与参数匹配优化、EMC 与辐射安全防护、非线性系统分析与控制、车辆相关技术等技术支撑，形成了电力电子、电磁场、车辆相关理论、电化学、非线性系统控制、数据通信等多学科交叉，以及相互影响、深度耦合的技术体系。

　　电动汽车无线充电设施不需要用电缆与车辆连接，便可以直接对电动汽车的车载动力电池进行充电。无线充电设施可布置在停车场、住宅、路边等多种场所，为各种类型的电动（包括外充电式混合动力）汽车提供充电服务，使电动汽车随时随地充电成为可能。对于公交车，可以将充电设施布置在终点站、枢纽站、换乘站等地点，利用短暂的停车时间便可以完成快速充电。

电动汽车无线充电技术一经问世，便得到了世界各国的普遍关注。无线充电设施与常规充电站、充电桩的建设投资相比成本较低，并且免去了接线所需的操作和等待的时间，具有布置灵活、使用便利、安全可靠等优势。电动汽车无线充电示意图，如图 4-1 所示。

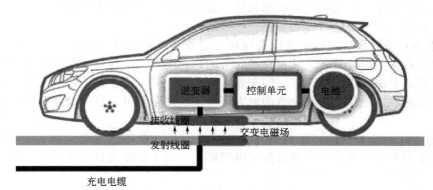

图 4-1　电动汽车无线充电示意图

目前关于电动汽车的无线供电技术，国内外的各大汽车厂商以及科研机构等都在积极开展研究，并取得了显著的成果，电动汽车无线充电已成为当今世界研究的热点。另外，电动汽车作为智能电网的一个重要组成部分，规模化的电动汽充电设施还可作为电网的储能设备。

电动汽车无线充电系统的工作目标是将电网中的电能传输到车载蓄电池中，因此其电源端与电网相连，负载端与车载动力电池相接，其电能传输过程包括有线传输和无线传输两部分。

（1）电能的有线传输　在发射端，输入的交流电通过滤波器滤入整流器，变为直流，功率因数校正单元能够提高功率因数，改善电能质量，而功放电路则能够将直流电变为高频交流电，进而通入由调谐网络和励磁线圈组成的 LC 谐振电路中形成正弦交流电，同时在励磁线圈周边空间形成高频交变磁场。在接收端，负载线圈中感应出的交流电流经过整流和滤波后变为直流电，为车载动力电池充电。

（2）电能的无线传输　通过感应耦合方式，励磁线圈产生的高频交变磁场在距其最近的发射线圈中感应出交流电流，接收线圈也在距其最近的负载线圈中感应出交流电流，各环节中交流电流频率均相同；而通过磁谐振耦合方式，自振频率相同的发射线圈与接收线圈实现了高效耦合，从而保障了电能的中等距离传输。

4.1.1.3　电动汽车无线充电技术需求及应用选择

（1）电动汽车无线充电技术需求　电动汽车无线充电技术属于无线电能传输技术的一种，在技术需求方面具有以下特殊性。

① 功率等级：几千瓦到几十千瓦，且充电时间较短，因此要求充电系统容量较大。根据 SAE 在无线充电上的定义和目标，充电功率大致分为 3.7kW、7.7kW、11.1kW、22kW 四个等级。

② 充电间距：垂直方向 15～45cm，水平方向偏移量应大于 15cm，倾斜方向应保证侧倾角裕度达到 15°。

③ 充电效率：通常来讲，电网到车载动力电池的充电效率需大于 85% 才具有实用价值。

④ 系统尺寸与质量：考虑到汽车底盘体积、承载能力、轮距，以及无线充电系统比功率等因素，系统横向尺寸应在 40～80cm 之间，质量应该在 50kg 以内。

⑤ 数据通信：为了实现充电系统的自动运行和充电参数的智能调节，同时配合自动泊

车等辅助驾驶技术的实现，系统应具有数据通信功能。对于无线充电，根据 SAE 关于 V2I (Vehicle to Infrastructure) 的规划，可以采用 DSRC 专用短程通信技术 (Dedicated Short Range Communications)，目前 ETC 正是广泛采用了 DSRC 技术。

（2）电动汽车无线充电技术的应用选择　无线充电技术应用于电动汽车上时，对充电地点、充电方式、动力电池的选择如下。

① 充电地点的选择。无线充电设备与被充电设备的距离和状态有关，也就是说，两者之间的距离不能太大，且两者之间没有相对运动，否则就无法稳定和有效地传输电力。因此充电的位置只能是汽车停留的地点，即车库、停车场、路口等位置，公交车的充电设备还可以设置在公交站点。当然，条件允许的地方或高速公路旁还可以专门设置充电设施，方便车辆充电。

② 充电方式的选择。从三种充电方式中可以看出，电磁感应充电所需要的距离太小，无线电波充电的效率太低，而电磁共振充电的距离、效率都能满足电动汽车的车载动力电池的充电需要。

③ 对动力电池的选择。电动汽车在城市中随时都会进行充电，因此必须要选择无污染且没有记忆效应的动力电池。

4.1.1.4　无线充电技术应用在电动汽车上的条件及优势

（1）无线充电技术应用在电动汽车上的条件

① 在道路及建筑工程建设中，由电力供应单位根据规划在路口、公共停车场的车位、单位或小区的停车位和车库地面下预埋无线充电的充电设备。

② 汽车生产厂家要在汽车底部安装无线充电的接收装置，并与动力电池等设备连接。

③ 国家相关部门要统一发射、接收信号的频率，使其能够通用。

（2）电动汽车无线充电技术的优势　电动汽车无线充电技术是通过埋于地面下的供电导轨以高频交变磁场的形式将电能传输给在地面上一定范围内的车辆接收装置，进而给车载动力电池充电，以延长电动汽车续驶里程。电动汽车无线充电技术具有以下优势。

① 电动汽车无线充电技术具有方便、快捷等优点，进行无线充电时只需要将车停在无线充电点即可，但目前还处于研发和探索阶段，在实用化方面还有大量的工作要做。

② 安全，无火花及触电危险，无积尘和接触损耗，无机械磨损和相应的维护问题，可适应多种恶劣环境和天气，这是无线充电的一大优势。目前高电压的充电桩摆放在外面并不安全，尤其是在露天，遇到雨天等恶劣气候，会有极大的安全隐患。另外如果遇到恶意破坏的情况下，充电桩也非常容易引发危险。而无线充电桩埋在地下，可以很好地适应恶劣天气以及避免恶意破坏。

③ 无线充电设施不含外漏端口，无需人工操作，不占据地上空间，能够实现静止状态和行进状态充电，因而其相对于有线充电方式，具有运行安全、充电智能、方案配置灵活等优点，并且有望降低电动汽车车载动力电池用量和整车质量，减少能源消耗。

④ 可靠性高。在电动汽车的长期使用中，其裸露的充电部分会因为杂物造成充电效率下降以及产生各种问题，而无线充电则只需要将无线充电模块置入汽车即可，很容易避免这些问题的产生。

无线充电技术的应用可以大大提高电动汽车与电网间的互动能力，对智能电网的积极作用更显著。具体优势表现如下。

① 可更好地抑制可再生能源的输出波动。采用无线充电技术的电动汽车具有更强的与电网的互动能力，通过双方的智能互动系统，自动控制电动汽车的合理充放电，从而抑制可再生能源输出波动，提高可再生能源的消纳。

② 可更好地减少对电网冲击的影响。相对于有线充电方式，无线充电方式充电地点更

为分散，有利于减少电动汽车充电的聚集度；由于不存在与电网的物理连接，无线充电方式更为灵活、安全，能分散连续充电时间，同时也大大减少快速充电的可能性。

③ 可更好地发挥削峰填谷作用。无线充放电技术可以通过用户意愿设定和电网智能调度，随时随地在停车位、停车场完成与电网互动，执行充电操作，完成车载动力电池蓄能过程。电动汽车作为移动储能工具，能更好地发挥削峰填谷的作用，平衡负荷，提高电网稳定性，有效节约能源。

④ 降低对动力电池容量的要求。电动汽车动力电池是限制电动汽车发展的主要因素之一。据统计，电动汽车行驶 15 万千米，动力电池就面临失效问题，用户只能更换新的动力电池。而无线充电方式相对可以减小对动力电池容量的要求，降低更换新动力电池的成本。

4.1.1.5　电动汽车无线充电设施

由于电动汽车采用无线充电技术可以解决传统传导式充电面临的接口限制、安全等问题，将逐渐发展成为电动汽车充电的主要方式。然而，静态无线充电与有线充电同样存在着充电频繁、续驶里程短、动力电池用量大且成本高昂等问题。特别是对于电动公交车辆，其连续续航能力格外重要。在这样的背景下，电动汽车动态无线充电技术应运而生，通过非接触的方式为行驶中的电动汽车实时地提供能量供给。

对电动汽车而言，最理想的情况是汽车在路上巡航时充电，即所谓的移动式充电（MAC）。这样，电动汽车用户就没有必要去寻找充电站、停放车辆并花费时间去充电了。MAC 系统埋设在一段路面之下，即充电区，不需要额外的空间。

接触式和感应式的 MAC 系统都可实施，对接触式的 MAC 系统而言，需要在车体的底部装一个接触拱，通过与嵌在路面上的充电元件相接触，接触拱便可获得瞬时高电流。当电动汽车巡航通过 MAC 区时，其充电过程为脉冲充电。对于感应式的 MAC 系统，车载式接触拱由感应线圈所取代，嵌在路面上的充电元件由可产生强磁场的高电流绕组所取代。很明显，由于机械损耗和接触拱的安装位置等因素的影响，接触式的 MAC 对人们的吸引力不大。

日产与昭和飞行机公司研发的电磁感应式无线充电系统的传输距离为 100mm 左右，传输效率可达 90%。但是，当停车位置出现偏差而导致发送与接收盘之间出现较大误差时，则会严重影响电力传送效率。目前，正在致力于停车横、纵向偏差在 200～300mm 范围内，同样确保其具有 90% 以上传输效率的研究。日产和昭和飞行机公司研制的电磁感应式无线充电设施如图 4-2 所示。

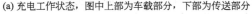

(a) 充电工作状态，图中上部为车载部分，下部为传送部分　　　　(b) 车载接收装置总成

图 4-2　日产和昭和飞行机公司研制的电磁感应式无线充电装置

此外，上述两家公司对传送、接收装置之间进入动物以及金属碎片等造成的不良影响也进行了研究，因为这类异物会在两者之间产生涡流，从而导致发热并影响电能传输效率。

长野日本无线公司开发出的基于磁场共振式充电系统，与电磁感应式相比，磁场共振方式具有传送距离长、停车误差要求低等优点，可以在 600mm 的传输距离内确保 90% 的传输效率，但目前的传输功率还比较小（约 1kW 左右），伴随着技术成熟程度和传输功率的提高，有望很快进入电动汽车充电领域。

三菱重工开发的微波传输式无线充电系统，将一组共 48 个硅整流二极管作为接收天线，每个硅整流二极管可产生 20V 的电压和一定的直流电，能够将电压提升至充电所需的指标，并可实现 1kW 的功率输出。其优点是成本低（整套费用约合人民币 2 万元左右）；缺点是传输效率低，目前的传输效率只有 38%。对此，三菱重工认为：虽不适于快速充电，但作为夜间谷区充电，电费只有传统燃料费用的 10%～20%。如果将发热过大的磁控管用水冷却，则综合效率可达到 70%。此外，在安全方面设有防止微波泄漏装置，使用中不会影响车辆上的电子设备运行和危害附近人员的身体。

目前，研发的电磁共振无线充电技术是在路面停车位或停车场的停车位安装一个具有可变电流的电磁线圈作为无线充电的发射器，在汽车下方安装一个作为接收器的电磁线圈，当汽车行驶到相应位置时，发射器与接收器通过无线感应发生共振从而产生电流，电流经过转换给电动汽车的车载动力电池充电，从而将动力电池充满。路面停车位或停车场的停车位上的电磁线圈与车下方的电磁线圈共振传输电能示意如图 4-3 所示。

近日，德尔福、英菲尼迪、日产、高通、劳斯莱斯和无线电力（WiTricity）等公司都着手研究电动汽车无线充电技术，即不需要额外连接设备（例如电线），将充电设备安置在停车场的停车位上，驾驶者只需将车辆停放在相应位置就可离开。固定在路面上的永磁线圈如图 4-4 所示。

图 4-3　路面停车位或停车场的停车位上
的电磁线圈与车下方的电磁线圈共振传输电能示意

图 4-4　固定在路面上的永磁体线圈

4.1.1.6　无线充电面临的问题及缺点

无线充电技术的主要参数指标有电能传输距离、功率、效率、耦合机构侧移适应能力、电磁兼容性等。因而，开发大功率、高效率、强侧移适应能力、低电磁辐射、成本适中的动态无线供电系统，成为国内外各大研究机构当前的主要研究热点。

然而，随着研究的深入，许多关键问题与瓶颈需要解决，例如高性能磁耦合机构设计问题、电磁兼容问题、能量传输鲁棒控制问题等，这些问题的解决对于动态无线供电技术的发展具有指导性作用。

（1）无线充电面临的问题　电动汽车无线充电系统是一种复杂非线性磁电耦合系统，其性能的进一步提升需要在本质科学问题与共性技术体系方面做出更加深入的分析和探索，归纳更具普遍意义的技术方案与控制策略。分析研究进展可以发现，目前无线充电技术现在并不成熟，仍有很多工程问题有待解决，因此未来几年，电动汽车无线充电技术仍然是行业热点，需要对以下问题展开深入研究。

① 安全问题。无论无线充电技术是采用电磁感应式还是磁场共振式，都有发射能量和接收能量的过程，因此，充电过程的安全性饱受质疑，人们都在担忧是否会造成辐射。尽量 MIT 和沃尔沃的研究团队都表明电磁共振使用的磁场与地球磁场类似，对于人类的健康并无影响，但是取得消费者的信任依然需要漫长的时间。

功率在 3.3kW 以上的电动汽车的无线充电系统，存在辐射、引起金属熔化、活物伤害的风险，所以无线充电产品需要保证符合规范的低辐射，并提供异物检测和活物保护两大关键功能。

异物检测需要在地面发射板中集成异物检测传感器，目前有厂家采用了电子线圈阵列作为传感器来检测发射板和接收板之间是否有异物存在，检测物体最小尺寸约为一个硬币大小。系统一旦检测到异物，会及时采取措施，预防危险。

活物保护同样需要在地面发射板中集成活物保护传感器，及时检测出发射板和接收板之间是否有活物。活物检测可以采用摄像头、红外、雷达等多种传感器。综合来看，雷达的整体效果最好，活物尺寸在 1 瓶矿泉水大小可以被检测到，并及时采取措施，保护活物。

② 未形成统一的标准。与有线充电技术一样，标准化也是阻碍无线充电技术发展的障碍之一。电磁感应和电磁场共振两种方式孰优孰劣还未产生定论，单就其中一种方式而言，不同的企业和研究组织也使用了不同的标准。需要不同设备商提供的发射板和接收板能够兼容对接，安装 A 厂家的车辆可以到 B 厂家的发射设备上去充电，这就需要业界有统一的标准和兼容性。

在目前无线充电技术中所使用的线圈形状主要有圆形和方形两种，然而形状不同，磁路不同，线圈之间就无法高效地传递能量。圆形线圈和方形线圈也各有优劣，厂商的选择也不尽相同。互不兼容的方式和设备，让没有统一标准的无线充电技术难言发展和普及。无线充电面临电气标准方面的问题，需要从事无线充电系统研发人员和汽车厂商共同去解决，不过相信关键技术问题解决之后，这些问题在大趋势下也会迎刃而解。

③ 成本与电网负荷。目前的无线充电设备为了保证传输效率，所采用的线圈尺寸均较大，成本均较高，维修费用也大。另外，从沃尔沃充电设备的实验数据中不难看出，目前电磁场共振方式的能量转换率还是很低的，用电成本也会随之增加。同时，能量的损耗会随着传输功率和传输距离的增加而增加，当多辆电动车同时充电时，对于供电系统的负荷也将大大增加。需要对城市的电网进行相应改造，也是一笔很大的经济投入，或许就是得不偿失。而且，无线充电技术无法支持 V2G，仅是单纯地增加了电网负荷。

④ 传输效率是所有无线充电都面临的问题，对于电动汽车这样充电功率更大的"电器"来说更是如此，电能首先转换为无线电磁波，再由无线电磁波转换成电能，两次转换都会损失不少的能量，这对本身就是绿色、环保的电动汽车来说，似乎显得有些格格不入。

⑤ 电磁兼容也是无线充电需要解决的技术瓶颈之一。众所周知，电磁波很容易产生泄漏，当大功率的车用无线充电设备运行时，也会对周围的生物和电子设备产生影响，甚至会危害人体健康，在人们谈辐射色变的今天是很敏感的话题，所以这方面如何处理也是电动汽车无线充电实现工程化需要解决的问题。

目前，阻碍无线感应式充电技术大规模运用的瓶颈主要是对于辐射的担忧，因为无线充电会产生强大的磁场，当人或动物位于电动汽车和充电设施之间时，有可能带来电磁伤害。所以确保无线充电系统的安全性也是一个关节点，在这方面，各家公司还需要大量的测试和改进相关技术。

（2）无线充电技术的缺点　设备的经济成本投入较高，维修费用大，实现远距离大功率无线电磁转换，能量损耗相对较高；无线充电设备的电磁辐射会对环境造成污染。

4.1.2 电动汽车无线充电的技术动态

4.1.2.1 中兴通信

中兴通信在无线充电领域已经耕耘多年，通过"产学研"合作，于 2013 年启动产品开发，并于 2014 年 9 月推出了成熟的产品和方案。中兴通信的无线充电系统是采用非接触的电磁感应方式进行电力传输的，当充电车辆在充电停车位停车后，就能自动通过无线接入充电站的通信网络，建立起地面系统和车载系统的通信链路，并完成车辆鉴权和其他相关信息交换。

充电停车位也可以通过有线或者无线的方式与云服务中心进行互联，一旦出现充电和受电的任何隐患，地面充电组件都将立即停止充电并报警，确保充电过程安全可靠。最重要的是，无线充电系统在车辆运行时完全不工作，即使车辆在上面驶过，或者在雷雨等恶劣天气情况下，也能确保安全。

中兴通信的无线充电方案实现了从"金属介质接触导电"向"电磁感应无线输电"转变，充电过程简单，可靠性高，维护成本低；充电设施埋于地下，对建设场地要求低，而且不惧水淹、积雪、泥泞、砂石和粉尘等。

图 4-5 商用的中兴通信无线充电技术

中兴通信无线充电技术有四个方面优势：充电不占场地，全自动无人值守，不增加车辆自身重量，良好的电池保护功能。一辆车充满电量需要 5～6h，一次充电车辆可以运营 200 多千米。目前，中兴通信无线充电技术已在部分城市实现商用，如图 4-5 所示。2014 年 12 月，中兴通信与宇通客车签署了无线充电技术的战略合作协议，2015 年 1 月，成都 1058 路微循环无线充电公交正式投运；2015 年 9 月，中兴通信与东风汽车在襄阳启动全球首条无线充电公交商用示范线；2015 年 10 月，中兴携手蜀都客车发布全球首个无线充电城市微循环公交解决方案。

4.1.2.2 奥迪

奥迪的无线充电技术仅需要在用户车辆的停车位上安装一块配置有线圈和逆变器的充电板，并连接至电网，当车辆停在充电板上时，充电过程会自动开启。其充电的原理是：充电板内的交变磁场将 3.3kW 的交变电流感应至车载的次级线圈中，实现将电网电能传输到车辆的充电系统中。当动力电池组充满电时，充电将自动中止。感应式无线充电所需的充电时间与电缆充电所需的充电时间大致相同，而且用户可以随时中断充电并使用车辆。奥迪的无线充电技术效率超过 90%，不受譬如雨雪或结冰等天气因素的影响。同时，交变磁场只有当车辆在充电板上方时才会产生，并且不对人体或动物构成伤害。

针对无线充电中存在的传输效率问题，奥迪提出了一个不同的解决方案，即开发出了一种可升降的无线充电系统，如图 4-6 所示，其最大的特点就是可以让供电线圈更靠近车辆底部的受电线圈，实现了超过 90% 的电力传输效率，这种方式能够让一些高底盘的 SUV 车辆在充电时保证更好的充电效率。未来利用感应线圈充电原理，奥迪电动汽车不仅可以在驶入车位后自动开始充电，甚至可以在设有感应线圈的公路上，一边行驶一边充电。

4.1.2.3 特斯拉

在"2011 年国际消费电子展"上，美国安利公司旗下子公司——富尔顿创新公司展示了无线充电技术，并推出了世界上第一辆无线充电的特斯拉汽车。目前，特斯拉希望能在各个大城市中建立起一张相互连接的充电网，以解决电动汽车很容易出现的电力不足问题。

(a) 供电线圈最低位置   (b) 供电线圈最高位置

图 4-6 可升降的无线充电系统

特斯拉与 Evatran 无线充电供应技术公司展开合作，研发出了一套专属特斯拉 Model S 的无线充电技术，这套无线充电系统的充电功率可达 7.2kW，每小时为 Model S 充入的电量可以提供 32km 的续驶里程，Plugless Power 用的是电磁感应式。Evatran 的无线充电系统被设计成类似扫地机器人的模块形状，使用时车主需将车辆停在该模块上方，此时固定在地面的充电模块和车内的接收模块便可以开始工作，为 Model S 充入电能。

Evatran 开发的 Plugless 无线充电系统，是采用电磁感应技术为车辆进行无线充电，它们的解决方案是当装在车辆底盘的车用转接器与装置在地面的充电平台对准时，整个系统就会被唤醒，并自动通过电磁感应方式传送电能，如图 4-7 所示。

Evatran 的 Plugless 系统可提供停车指导，以让驾驶员在停车时更迅速对准充电设施，该系统的软件与车辆现有的软件兼容。该套系统已经通过实际测试，并已装设在日产聆风（Leaf）或雪佛兰沃蓝达（ChevyVolt）等电动汽车上。

图 4-7 Plugless 无线充电系统

4.1.2.4 日产

日产曾向新闻媒体公开展示了"HYPERmini"和"Leaf"（聆风）的无线充电系统实验，展示的无线充电系统最大输出功率为 3.3kW，以 240V 的电压充满电需要 8h。地面线圈设置在车主自家的停车场，而非公共场所。试制的 EV "LEAF" 车型如图 4-8 所示。

日产的无线充电系统采用电磁感应方式，车辆通过与感应线圈产生感应而进行充电。该充电系统可以内置于地板中，也可以安装在室外。需要充电时，车主只需将车开到感应线圈的范围内，系统将自动检测到车辆，车主通过应用程序启动和关闭充电过程。充电系统的安装位置和外界的天气情况均不会对充电时间造成影响。

图 4-8 试制的 EV "LEAF" 车型

4.1.2.5 丰田

丰田研发的无线充电系统采用的是磁共振方式，由于无线充电技术对位置要求高，丰田专门开发了一套泊车辅助系统，可在电动汽车的中控显示屏上显示发射线圈的位置，供司机

图 4-9 丰田无线充电及泊车辅助系统

停车时对准，如图 4-9 所示。丰田为实现电动汽车无线充电的实用化，以插电式混合动力车（PHEV）"普锐斯 PHV"为原型，开发出了配备磁共振方式无线充电系统的汽车。无线充电系统的输出功率为 2kW，使用频带是已经基本作为国际标准取得共识的 85kHz 频带，电力传输效率约为 80%。在验证实验中，供电线圈（地面上设置的）与受电线圈（车辆底部设置的）的距离（线圈间距）约为 15cm。水平错位的最大允许范围是一条轮胎的宽度（20cm 左右）。前后方向利用车载导航仪的辅助，基本不会出现错位。

4.1.2.6 本田

本田的无线充电系统由两个线圈组成，车上的接收线圈负责接收并将磁力转化为电能储存在车载动力电池里。本田与 Witricity 公司合作开发出一款新系统，用特定频率功率波实现磁共振，即便两个线圈并非完全对齐也可实现接近 100% 的电能传递，如图 4-10 所示。

图 4-10 本田无线充电系统

据本田的描述，线圈在横向误差 ±10cm，纵向误差 ±5cm，平行误差 ±2° 的条件下，仍可实现 80%～90% 的传输率。无线充电系统的输出功率约为 2.2kW，相比普通的插入式充电器仅低 1kW（一般无线充电系统功率比插入式充电器低得多）。

4.1.2.7 高通

高通的 Halo 无线充电系统采用的是电磁共振感应技术，在地面充电基板和电动汽车车载充电板之间进行电能无线传输，经变换为车载动力电池充电。地面充电基板可以安装在车库、车道上，甚至还能够掩埋至路面表层，因此，除了充电效率高之外，车主可充分利用停车间隙完成充电。目前高通的 Halo 无线充电设施共有三款，其额定功率分别为 3.3kW、6.6kW 和 20kW，前两种产品需要整夜充电，而后者可以在半小时内将电动汽车充满电。

图 4-11 Halo 无线汽车充电系统

在 2015 年 4 月 22 日的 Formula E 电动方程式锦标赛上，高通就展示了自己研发的 Halo 无线汽车充电系统，如图 4-11 所示。只要将车开到充电基板的正上方，当车载充电线圈与地面充电基板对齐后，便会开始对车载动力电池充电。Halo 无线汽车充电系统目前已经具备了半动态充电的能力，如果车载充电线圈与地面充电基板之间存在外来物体，系统还可自动暂停充电。

4.1.2.8 宝马、奔驰

2014 年 7 月，奔驰和宝马联合宣布要合作研发电动汽车无线充电技术。宝马、奔驰的无线充电示意，如图 4-12 和图 4-13 所示。

奔驰和宝马合作研发的无线充电技术包含两个部分，一个是汽车底盘安装的线圈；另一个是内置线圈的充电基板，当汽车底盘安装的线圈与充电基板上线圈对准时，就能实现无线充电。奔驰已经在 S 级车型上测试这项技术，而宝马则把这项技术应用到混合动力车 i8 上。目前的充电时间不到 2h，双方的下一步合作目标是进一步减少充电时间。

图 4-12　宝马无线充电系统示意　　　　　　图 4-13　奔驰无线充电系统示意

合作双方目前正在对线圈等进行进一步改造，使其输出功率最终达到 7kW，未来还将用于更多宝马和奔驰旗下的电动汽车产品。例如，奔驰宣布会在即将到来的 S500 插电混动汽车上提供无线充电系统，而宝马则计划将该技术应用在更多 i 系列（包括 i8、i3 和正在研发中的 i5）车上。

对于汽车制造商们来说，无线充电的意义重大。如果能够全面普及无线充电技术，就能够极大地提高电动汽车充电的便利性，不管是在充电过程上，还是在行驶上，都将大大增加人们对于电动汽车的接受度。可以说，成熟发展无线充电技术，将会是电动汽车占领市场的"开疆之臣"。

目前，无线充电采用电磁感应式的居多，以宝马和奔驰为代表，在部分车型上进行验证，电磁感应式的结构相对简单，传输功率较大。但接收线圈和发射线圈需要对齐，为了保证对齐准确，一般与自动泊车系统相结合来保证正常充电。相比欧洲厂家，日系车辆更倾向于磁共振方式无线充电，磁共振方式传递的效率更高，传递距离远且对感应线圈对齐要求不高，但技术复杂，且容易造成辐射，可能带来电磁伤害。

从短期来看，电动汽车无线充电模式还需要消除消费者在辐射安全方面的顾虑，同时，在商业模式方面，需要经过一个探索的过程；但从长期来看，无线充电具有明显的便捷性，是有益的探索。对投资建设、运营充换电基础设施的企业而言，做出重大决策时，务必要放眼长远。

4.2　电动汽车无线充电方式及电磁兼容技术

4.2.1　电动汽车无线充电方式及影响充电效率的因素

4.2.1.1　电动汽车无线充电方式

（1）电磁感应耦合方式　电磁感应耦合对电气工程师来说，再熟悉不过了，变压器就是利用这个原理来传递能量的。如果把变压器的两个绕组分开，就是某种意义上的无线供电。但是用电磁耦合的方式传输电能有很大的缺点，没有高磁导率的磁芯作为介质，磁力线会严重发散到空气中，导致转递效率下降，特别在两个线圈远离的时候，下降得非常严重，所以不适合大功率、远距离的电能传输。

感应耦合式无线充电机理类似于无补偿电路的可分离变压器，由于发射线圈与接收线圈间气隙较窄，且线圈依附铁磁性材料，因此耦合系数通常高于 0.5。该技术线圈间互感相对漏感较强，近距离传输效率较高，但对于距离非常敏感，不适于稍远距离的无线充电，同时由于铁磁性材料的存在，其绕组尺寸与质量较大，高频下铁损较高。因此，该方案适合于充电距离小于线圈尺寸的低频工作范围。

电磁感应耦合充电方式没有直接电接触，而采用由分离的高频变压器通过感应耦合无接触式地传输电能，如图 4-14 所示。采用感应耦合充电方式，可以解决接触式充电方式的诸多缺陷。

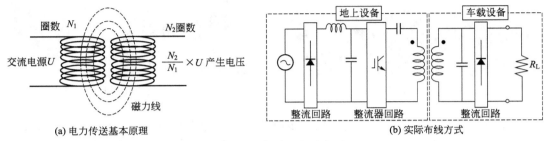

图 4-14 电磁感应耦合方式

通过送电线圈和接收线圈之间的电磁感应传输电力，是最接近实用化的一种无线充电方式。当送电线圈中有交变电流通过时，发送（初级）、接收（次级）两线圈之间产生交替变化的磁束，由此在次级线圈产生随磁束变化的感应电动势，通过接收线圈端子对外输出交变电流，从而将能量从传输端转移到接收端。目前最为常见的无线充电解决方案就采用了电磁感应技术。

感应式无线电能传输技术是目前比较成熟的技术，很多手机无线充电，甚至常见的电磁炉就是利用的这种原理。由于数码设备空间小，接收线圈也小，加上充电设备功率小，所以通常充电的距离近（甚至需要与充电座接触），相对电磁辐射也小。

电动汽车感应耦合充电系统的简化功率流如图 4-15 所示，在图中，电网输入的交流电经过整流后，通过高频逆变环节，经电缆传输至高频耦合器后，传送到电动汽车输入端，再经过整流滤波环节，给电动汽车车载动力电池充电。

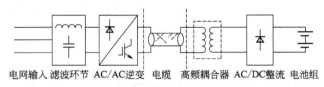

电网输入 滤波环节 AC/AC逆变 电缆 高频耦合器 AC/DC整流 电池组

图 4-15 电动汽车感应耦合充电系统的简化功率流

电动汽车感应耦合充电系统使用时要求两个设备的距离必须很近，供电距离控制为 0～10cm，而且充电只能在对准线圈后进行。电磁感应式无线充电的能量转换率高，传输功率范围较大，能从几瓦到几千瓦。

感应耦合充电方式还可进一步设计成无需人员介入的全自动充电方式，即感应耦合器的磁耦合装置原副边之间分开更大距离，充电电源安装在某一固定地点，一旦汽车停靠在这个固定区域位置上，就可以无接触式地接收充电源的能量，实现感应充电，从而无需汽车用户或充电站工作人员的介入，实现了全自动充电。

在感应充电方式中，一块充电板埋设于适当位置的路面之下，例如家庭车库的车道。充电板由产生磁场的线圈组成。当车辆停在充电板上方的路面上时，不用与车辆发生物理接触，电能可通过磁场由充电板传输至车辆的感应传感器（Inductive Pick-up）上，形成交流电。车载感应传感器的整流电路将交流电转化为直流电并存储于汽车动力电池组中。

沃尔沃汽车集团研发的感应充电（Inductive Charging）项目的名称为"持续性电力行

驶 CED（Continuous Electric Drive）"，由沃尔沃、比利时技术开发机构 Flanders'Drive、比利时公交车制造商 VanHool 和有轨电车（Tram）制造商庞巴迪（Bombardier）等单位共同合作开发。沃尔沃主要负责开发无需插口（Socket）和线缆的充电方法与系统产品。采用感应充电技术，电能可通过埋设于路表面以下的充电板以无线的方式传送至车载感应传感器，再经整流电路转换为直流电，为车辆动力电池充电，具有多方面的便利性。

沃尔沃汽车的感应充电结构示意如图 4-16 所示，电动汽车车载电气设备包括交流/直流整流器（AC/DC Rectifier）、能量管理系统和动力电池组，车辆底部装有感应传感器，当感应传感器正对路面下连接到电网的充电板时，用户可启动充电功能，则充电板附近形成电磁场（Electromagnetic Field），向感应传感器传输能量。

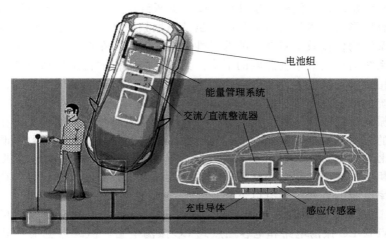

图 4-16　沃尔沃汽车的感应充电结构示意

目前，已实用化的无线充电系统主要采用电磁感应方式，并已经实现了大规模的量产，在生产成本上低于其他技术，并已经经过市场的检验。但是，电磁感应式无线充电系统存在以下问题。

① 送电距离比较短（约 10cm），如果送电与接收两个线圈的横向偏差较大，传输效率就会明显下降。目前只能实现传输距离为 10cm 左右，而底盘的距离明显与这个距离有着非常大的距离，因此需进一步研发。同时还需要考虑散热问题，比如线圈的发热。

② 功率大小与线圈尺寸直接相关，需要大功率传送电力时，须在基础设施建设和电力设备方面加大投入。

③ 耦合的辐射，电磁感应在线圈之间传输电力，如同磁铁一样，会有一定的泄漏，人如何避免受泄漏磁场的影响也是需要进一步研发并提出解决方案的。

④ 线圈之间有可能有杂物进入，还有某些动物（猫、狗）可能进入里面，一旦产生电涡流，就如同电磁炉一样，安全性问题非常明显。即在有异物进入时，会出现局部发热。

（2）磁共振方式　因电磁感应式无线充电系统存在以上问题，目前，磁共振方式无线充电系统的开发在近期更为活跃。电磁共振这个名词有点陌生，其原理类似声波共振，两种介质具有相同的共振频率，就可以用来传递能量，并称为非辐射性电磁共振。当然这可能并不是说该项技术没有辐射，但和普通概念中电磁辐射有很大不同。

电磁共振方式无线充电系统是基于磁场谐振耦合机理实现中等距离（一般为线圈尺寸数倍）无线充电的技术。相对于感应耦合式无线充电技术，其显著特点为电路拓扑结构中具有调谐网络，能够实现漏感补偿和频率调谐，提高传输距离，且当充电路径中的障碍物离线圈距离较远时，不会对无线充电产生显著影响。

磁共振方式是利用电磁感应现象，加上共振的原理，能够提升无线充电的效率，磁共振方式的传输距离比普通磁感应式更远一些。磁共振方式无线电能传输系统主要由电源，能量转换与传输装置（线圈谐振器），以及能量接收装置三部分组成，当两个装置调整到相同频率，或者说在一个特定的频率上共振时，它们就可以交换彼此的能量。

能量转换与传输装置（线圈谐振器）是磁共振方式实现能量高效传输的关键，其性能的优劣主要体现在能量转换能力上，关键因素在于是否具有高的品质因数。从电路理论可知，线圈的品质因数与线圈的电感、内阻抗以及工作频率紧密相关（$Q = \omega L / R$），所以线圈谐振器的设计核心是提高谐振频率和自身电感以及减小自身内阻。

提高线圈谐振频率（高达几十兆赫兹）时，会受到高频杂散电容参数（线圈对地、线圈匝间、线圈间）的影响，线圈的稳定性比较差。如果线圈的谐振频率是利用线圈自身的电感和高频杂散电容所形成的线圈自谐振频率，虽然谐振频率高达兆赫兹，但是系统稳定性和可控性不理想，系统的传输效率对频率的选择性较高，尤其当系统的工作频率偏离线圈的谐振频率时，整个系统的传输效率会急剧的下降。为提高能量传输稳定性和可控性，采用一种折中的方法，即用小的补偿电容代替谐振线圈的等效电容，虽然降低了线圈的自谐振频率，但大大增加了系统的稳定性和可控性。

磁耦合谐振式无线能量传输之所以能高效传输主要取决于系统能否工作在谐振状态，对于一套设计好的线圈谐振器，故要求电源与谐振器之间的频率要保持一致。谐振器一般设计为具有较好的谐振频率，尤其在大功率能量传输方面要求电源不仅能够提供足够的驱动能力，还要具有相应的输出频率，因此给电源的设计提出了很高的要求。目前在兆赫兹级别下能够实现大功率电源的方式主要有以下几种。

① 振荡式。振荡式结构较为简单，易实现，常见的振荡电路有变压器反馈式 LC 振荡电路、电感三点式 LC 振荡电路和电容三点式 LC 振荡电路，但缺点也很明显，振荡电路的转换效率较低，谐振频率与振荡的 LCR 参数相关，调节起来较为困难。在由麻省理工学院（MIT）所实现的磁耦合谐振式无线电能传输系统中，采用电感三点式振荡电路实现，虽然发射线圈和接收线圈的能量转换效率很高，在 1m 范围内可达 90%，但整个系统的转换效率却不到 20%。

② 逆变式。目前多采用电力电子逆变的方式实现，但受电力电子器件的限制，该类型的电源输出频率很难达到兆赫兹级别，一般情况下电源输出频率多从几万赫兹到几百万赫兹不等，功率越大，频率的提高实现起来越困难。

③ 功率放大式。采用功率逐级放大的方式来实现高频率、大功率的电源设计，此类电源频率较高，可达几兆赫兹或更高，不足之处在于逐级放大不仅损失了效率，而且对每一级的阻抗匹配要求比较严格，设计起来较为困难。

物理教授 Marin Soljacic 带领的研究团队利用磁共振技术点亮了 2m 外的一盏 60W 灯泡，并将其取名为 WiTricity。该实验中使用的线圈直径达到 50cm，还无法实现商用化，如果要缩小线圈尺寸，接收功率自然也会下降。

磁共振方式的优点是传输功率较大，能够达到几千瓦，可以同时对多个设备进行充电，不要求两个设备之间线圈对应。缺点就是损耗高，距离越远，传输功率越大，损耗也就越大，必须对使用的频段进行保护。

磁共振方式的基本原理与电磁感应相同，也是当线圈有电流流过时，产生磁束，感应线圈就会有电流流过，特殊的地方在于采用线圈和电容器的 LC 共振电路，并且利用控制电路形成相同的共振频率。磁共振方式的工作原理如图 4-17 所示。在共振时，能够将两个线圈之间的电阻降至最小，从而使得损耗减小，实现在数米左右的距离内传输电力。目前来看，磁共振方式在 60cm 的传输距离内能够确保 90% 的效率，这个距离符合电动汽车底盘的高度。

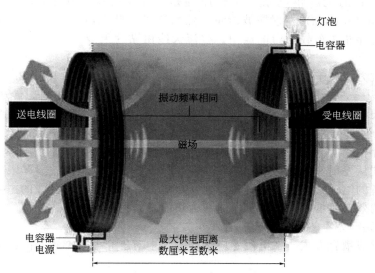

图 4-17　磁共振方式的工作原理

　　磁共振充电方式与感应耦合充电方式不同之处在于，磁共振充电方式加装了一个逆变器，采用电感线圈和电容器的 LC 共振电路，磁共振充电方式的方框图如图 4-18 所示。磁共振充电方式的共振频率数值会随送电与接收单元之间距离的变化而改变，当传送距离发生改变时，传输效率也会像电磁感应一样迅速降低。为此，可通过控制电路调整共振频率，使两个单元的电路发生共振。

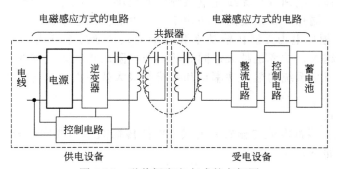

图 4-18　磁共振充电方式的方框图

　　改变传送与接收的频率，可将电力传送距离增大至数米左右，同时将两个单元电路的电阻降至最小以提高传送效率。当然，传输效率还与发送和接收电单元的直径相关，传送面积越大，传输效率也越高。

　　与传统的磁感应充电技术相比，电磁共振充电技术传输电能距离远，且充电时无需准确定位待充电设施的位置，还可以同时对多个充电设备进行充电，因此要优于磁感应充电技术。另外，电磁共振充电技术可以使得移动充电设备无需接触电源，只需在电源附近的一定范围内便可进行无线充电。而传统的磁感应充电技术一个充电线圈只能为一个充电设备充电，而且充电时移动充电设备必须放置在电源顶部以便接收电荷。

　　（3）微波方式　微波传输是无接触电力传输的另一种方式，只不过受到发送功率等方面的限制，并未大规模实用化。微波传输的最大好处就是传输距离远，甚至可以实现航天器与地面之间的能量传输，同时还可以实现定向传输（发射天线有方向性），未来前景值得期待。

基于微波方式的无线供电系统工作原理是：首先由设置在地面上的波导缝隙天线（Waveguide Slot Antenna）发射微波能量，然后通过安装在汽车底部的整流天线受电和整流，最后将电力存储在车载动力电池中。整流天线由贴片天线（Patch Antenna）和整流电路构成。

目前，微波方式处于研发阶段，主要是由三菱公司在做研发。采用 2.45GHz 的电波发生装置"Magnetron"，发送装置与微波炉使用的"磁控管"基本相同。传送的微波也是交流电波，可用天线在不同方向接收，用整流电路转换成直流电为汽车车载动力电池充电，并且可以实现一点对多点的远距离传送。

微波方式存在辐射问题，由于这个功率源比微波炉大，因此需要充分考虑屏蔽设计，以防止充电时微波从发射和接收两部分之间外漏。在设计时必须将微波泄漏限定在法规定值以下，使车辆配备的电子设备及附近行人等免受影响。目前微波方式存在的主要问题是，磁控管产生微波时的效率过低，造成许多电能变为热能被白白消耗。

4.2.1.2　影响充电效率的因素

（1）电磁感应耦合方式　在电磁感应耦合方式中对于充电效率影响的因素较多，主要有以下几点。

① 高频逆变电路。高频逆变电路将从电网获得的交流电经过整流滤波电路后逆变成高频交流电，高频交流电通过松耦合变压器的原边线圈发射给次级线圈，它的效率、稳定性和可靠性影响整个充电系统的性能。采用全桥高频电路时比采用半桥高频电路时效率高，因此全桥高频电路常常被应用于电动汽车充电发射端。

② 松耦合变压器。在电动汽车无线充电系统中，松耦合变压器的初级线圈部分埋设于地下，次级部分在汽车底盘上，底盘和地面存在竖直方向的气隙，如果在水平位置没有对准，还存在水平偏移，电动汽车无线充电系统中的松耦合变压器与地面发射线圈的耦合系数将减小，漏感较大。漏感大，系统的无功功率大，电能传输效率低。

③ 回路阻抗。根据电力无线传输功率和效率公式，通过系统内的调节电阻可以调节频率和效率，而频率越大，功率也越大；同时功率与电阻成正比，效率在一定范围内也随着电阻的增加而增加。但是系统的最大功率点和系统的最大效率点不重合，需要权衡发射功率与效率的关系。

（2）磁共振方式

① 耦合系数 k。根据电能传输效率公式，电能传输效率与线圈耦合系数呈正相关关系。线圈耦合系数公式如下。

$$k = \frac{M}{\sqrt{L_1 L_2}} \tag{4-1}$$

式中，L_1 为发送线圈电感；L_2 为接收线圈电感；M 为发送和接收线圈之间互感。

a. 线圈电感 L 的影响因素包括线圈的大小、形状、匝数，以及是否有铁芯。

b. 两个线圈的互感 M 的影响因素包括两个线圈的匝数、集合尺寸、相对位置和线圈之间的磁介质。

由式(4-1)可知，线圈耦合系数与线圈互感成正比，与两个线圈的 2 次方根成反比。即在线圈自身因素确定的情况下，影响耦合系数的主要因素就是两个线圈的相对位置。线圈之间的距离、偏移和旋转等变化，耦合系数也随之变化，最终会导致充电效率的变化。

② 阻抗匹配。调节发射回路和接收回路的阻抗，但功率和效率的调节方向并不是始终一致的，随着阻抗的增大，效率先到达最大值；其后功率仍然随着阻抗的增加而增加，待到达功率最大值时，效率已经非常低。因此，需要根据实际需要，发挥系统阻抗的作用。

③ 线圈参数。线圈参数对系统传输效率有直接影响，可以通过优化线圈形状、尺寸、

材质、缠绕方式等，提高线圈的互感系数，以取得好的传输效率。

4.2.2　电动汽车无线充电的电磁兼容技术

4.2.2.1　电磁兼容

"兼容"即"兼顾""容忍"，但电磁兼容并非指电与磁之间的兼容，电与磁是不可分割，是相互共存的一种物理现象、物理环境。国际电工委员会对电磁兼容性（Electro Magnetic Compatibility，EMC）的定义是："EMC 是电子设备的一种功能，电子设备在电磁环境中能完成其功能，而不产生不能容忍的干扰"。这里包含两层意思：电子设备工作中产生的电磁发射要限制在一定水平内；另外，电子设备本身要有一定的抗干扰能力。EMC 有其非常广的含义，电磁能量的检测、抗 EMI 性试验、检测结果的统计处理、电磁能量辐射抑制技术、雷电和地磁等自然电磁现象、电场磁场对人体的影响、电场强度的国际标准、电磁能量的传输途径、相关标准及限制等均包含在 EMC 之内。

在我国最近颁布的 EMC 国家标准中，对 EMC 的定义是："设备或系统在其电磁环境中能正常工作且不对该环境中任何事物构成不能承受的电磁干扰（Electro Magnetic Interference，EMI）能力"，这里所讲电磁环境是指存在于给定场所的所有电磁现象。这表明 EMC 有双重含义：电子设备或系统不仅应具有抑制外部 EMI 的能力，而且所产生的 EMI 应不得影响同一电磁环境中其他电子设备的正常工作。显然，EMC 要比单纯讲的抗干扰能力的意义更为深远。

日本文献对 EMC 的定义是："EMC 是一门独立的学科，随着电磁能量利用的发展，它将研究、预测并控制变化着的地球和天体周围的电磁环境、为了协调环境所采取的控制方法、各项电气规程的制定以及电磁环境的协调和电磁能量的合理应用等。"

EMC 技术涉及范围很宽，包括工程学、自然科学、医学、经济学、社会学等多方面的基础科学理论，且其理论体系也有一定的特殊性。EMC 技术又称环境电磁学，在开始的时候环境电磁学仅考虑的是对无线电广播带来的射频干扰。但当今电子产品的数量越来越多，各种电子设备发射功越来越大，电子设备的灵敏度越来越高，并且接收微弱信号能力越来越强，同时电子产品频带也越来越宽，尺寸越来越小，相互影响也越来越大。因此 EMI 不再局限于辐射，还要考虑感应、耦合和传导等引起的 EMI，如电磁辐射对生物的危害、静电、雷电等都属于 EMC 范畴。

环境电磁学的历史可上溯至 19 世纪，最早出现的电干扰现象是单线电报间的串扰。希维赛德于 1881 年写了一篇"论干扰"的文章可算是最重要的早期文献。但这类干扰现象在当时并未引起干扰者和被干扰者的重视，随着传输技术的发展，干扰问题日益严重。为此，在 1887 年柏林电气协会就成立了全部干扰问题委员会，在 1889 年英国邮电部门开始研究了通信干扰问题。美国《电世界》杂志也登载电磁感应方面的文章。20 世纪初期索末菲对干扰与抗干扰进行了卓越的研究，以后人们对电磁感应影响的研究日益深入，直至目前，此类干扰问题仍是国际电信联盟（ITU）第五研究组及第六研究组在各研究期的主要研究课题。

从地球表面到人造卫星活动的太空处处存在着电磁波，电和磁无时无刻不在影响着人们的生活及生产，电磁能的广泛应用，使工业技术的发展日新月异。电磁能在为人类创造巨大财富的同时，也带来一定的危害，被称为电磁污染，研究电磁污染是环境保护中的重要分支。以往人们把无线电通信装置受到的干扰称为 EMI，表明装置受到外部干扰侵入的危害，其实它本身对外部其他装置也造成危害，即称为干扰源。因此必须同时研究装置的干扰和被干扰，对装置内部的单元和装置之间要注意其相容性。随着科学技术的发展，日益广泛采用的微电子技术和电气化的逐步实现，形成了复杂的电磁环境。不断研究和解决电磁环境中设备之间以及系统间相互关系的问题，促进了电磁兼容技术的迅速发展。

电磁污染的来源包括雷电（包括核爆等强电磁脉冲）、静电及所有电气的动作（包括正常及非正常的）过程。凡有电磁现象存在的地方都有 EMC 问题，绝缘物体的相对摩擦也会产生静电效应，由于静电积聚的隐蔽性和释放过程的突发性，造成的危害程度不亚于谐波和强电磁脉冲。

4.2.2.2 抑制无线电能传输电磁干扰的屏蔽技术

屏蔽就是对两个空间区域之间采用屏蔽体进行隔离，以控制电场、磁场和电磁波由一个区域对另一个区域的感应和辐射。具体来说，就是用屏蔽体将元件、电路、组合件、电缆或整个系统的干扰源包围起来，防止干扰电磁场向外扩散；或用屏蔽体将接收电路、设备或系统包围起来，防止它们受到外界电磁场的影响。因为屏蔽体对来自导线、电缆、元件、电路或系统等外部的干扰电磁波和内部电磁波均起着吸收能量（涡流损耗）、反射能量（电磁波在屏蔽体上的界面反射）和抵消能量（电磁感应在屏蔽层上产生反向电磁场，可抵消部分干扰电磁波）的作用，所以屏蔽体具有减弱干扰的功能。屏蔽通常包括两种：一种是电场屏蔽，主要用于防止静电场和恒定磁场的影响；另一种是电磁屏蔽，主要用于防止交变电场、交变磁场以及交变电磁场的影响。抑制电动汽车无线电能传输电磁干扰的屏蔽方式可分为被动屏蔽与主动屏蔽两类。

（1）被动屏蔽 被动屏蔽主要是通过铁磁性材料为磁通提供一个可替代路径或者利用低磁导率金属导体材料产生一个与漏磁相反的磁场。利用铁磁性材料可改善磁耦合线圈的自感系数和互感系数，在增强耦合性能的基础上进一步优化磁场空间分布约束，磁路损耗较小，但屏蔽效果有限。金属屏蔽广泛应用于射频场合中，可抑制高频磁场电磁干扰。利用低磁导率金属导体来降低电磁干扰，该方案优点为设计简单、易于操作，但其局限性在于无法将发射线圈与接收线圈全部覆盖，导电材料在地面上的暴露磨损及存在的涡流损耗直接影响系统的性能。

（2）主动屏蔽 主动屏蔽主要通过在耦合机构附近放置一个有源或无源主动屏蔽线圈，用以产生抵消磁场，相比于金属屏蔽，所占空间更小。目前，一种基于双线圈和相位调节的谐振式无源主动屏蔽方案，是将屏蔽线圈放置在耦合机构的一侧，通过漏磁场产生感应电流，生成一个与原磁场相反的抵消磁场，实现磁屏蔽功能。然而由于受到控制因素制约，要产生一个与原磁场相位相反、幅度完全相同的抵消磁场难度较大，且引入的屏蔽线圈带来的系统整体效率的降低成为不可忽视的短板。

目前，电磁兼容是电动汽车实现无线充电需要解决的技术瓶颈之一，也是电动汽车无线充电技术中的重要环节，关系着电动汽车无线充电系统在实际应用中的效率，也影响着电能传输的质量。电动汽车无线充电系统在实际应用中，若电磁兼容效果不佳可能会对电网产生干扰，同时电磁兼容问题也与人们的身体健康有着一定的关系。为此，在实际中必须要解决其存有的兼容问题才能使电动汽车无线充电系统高效、稳定地运行，保证电动汽车在无线充电过程中具有较高的可靠性。目前对于其电磁兼容效果不佳的问题，主要研究方向为如何通过有效的技术手段来使电磁兼容所产生的影响在最小的范围内，进而保证系统整体的安全性及可靠性。

4.3 感应耦合充电标准及功率变换器拓扑

4.3.1 感应耦合充电标准及对充电功率变换器的要求

4.3.1.1 感应耦合充电标准

为实现电动汽车市场化，美国汽车工程协会根据系统要求，制定了相应的标准。其中，针对电动汽车的充电器，制定了 SAE J1772 和 SAE J1773 两种充电标准，分别对应于接触式充电方式和感应耦合充电方式。电动汽车充电器制造商在设计研制及生产电动汽车充电器时，必须符合这些标准。

SAE J1773 标准给出了对美国境内电动汽车感应充电耦合器最小实际尺寸及电气性能的要求。充电耦合器由两部分组成：耦合器和汽车插座。其组合相当于工作在 80～300kHz 频率之间的原副边分离的变压器。

SAE J1773 推荐采用的三种充电模式见表 4-1。对于不同的充电方式，充电器的设计也会相应地不同。其中，最常用的方式是家用充电方式，充电器功率为 6.6kW，更高功率级的充电器一般用于充电站等场合。根据 SAE J1773 标准，感应耦合器可以用图 4-19 所示的等效电路模型来表示，对应的元件值列于表 4-2 中。

表 4-1　SAE J1773 推荐采用的三种充电模式

充电模式	充电方式	功率等级	电网输入
模式 1	应急充电	1.5kW	AC120V,15A,单相
模式 2	家用充电	6.6kW	AC230V,40A,单相
模式 3	充电站充电	25～160kW	AC208～600V,三相

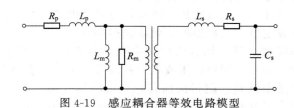

图 4-19　感应耦合器等效电路模型

表 4-2　充电用感应耦合器等效电路模型元件值

项目	f_{min}(100kHz)	f_{max}(350kHz)	项目	f_{min}(100kHz)	f_{max}(350kHz)
$R_{P_{max}}$/mΩ	20	40	匝比	4 : 4	4 : 4
$L_p \pm 10\%/\mu H$	0.8	0.5	每匝电压/V	100	100
$R_{s_{max}}$/kΩ	1.6	1.3	耦合效率/%	≥99.5	≥99.5
$L_s \pm 10\%/\mu H$	45	55	绝缘电阻/MΩ	100	100
$R_{m_{min}}$/mΩ	20	40	最大充电电流/A	400	400
$L_m \pm 10\%/\mu H$	0.8	0.5	最大充电电压/V	474	474
C_s/μF	0.02	0.02			

变压器的原副边分离，具有较大的气隙，属于松耦合，磁化电感相对较小，在设计功率变换器时，必须充分考虑这一较小磁化电感对电路设计的影响。

在设计中须考虑功率传输电缆，虽然 SAE J1773 标准中没有列入这一项，但在实际设计中必须考虑功率传输电缆的体积、重量和等效电路。由于传输电缆的尺寸主要与传输电流的等级有关，因而，减小充电电流可以相应地减小电缆尺寸。为了使电缆功率损耗最小，可以采用同轴电缆，在工作频率段进行优化。此外，电缆会引入附加阻抗，增大变压器的等效漏感，在功率级的设计中，必须考虑其影响。对于 5m 长的同轴电缆，典型的电阻和电感值为：$R_{cable} = 30$mΩ；$L_{cable} = 0.5 \sim 1\mu H$。

4.3.1.2　对感应耦合充电功率变换器的要求

根据 SAE J1773 标准给出的感应耦合器等效电路，连接电缆和动力电池负载的特性，感应耦合充电功率变换器应当满足以下设计标准。

(1) 电流源高频链 感应耦合充电功率变换器的副边滤波电路安装在电动汽车上,因而,滤波环节采用容性滤波电路将简化车载电路,从而减轻整个电动汽车的质量。对于容性滤波环节,功率变换器应当为高频电流源特性。此外,这种电流源型电路对功率变换器工作频率变化和功率等级变化的敏感程度相对较小,因而,比较容易同时考虑三种充电模式进行电路设计。而且,副边采用容性滤波电路,副边二极管无需采用过压钳位措施。

(2) 主开关器件的软开关 感应耦合充电功率变换器的高频化可以减小感应耦合器及车载滤波元件的体积及质量,实现电源系统的小型化。但随着频率的不断增高,采用硬开关工作方式的功率变换器,其开关损耗将大大增高,降低了功率变换器效率。因而,为了实现更高频率、更高功率级的充电,必须保证主开关器件的软开关,以减小开关损耗。

(3) 恒频或窄频率变化的工作范围 感应耦合充电功率变换器工作于恒频或窄频率变化范围内,有利于磁性元件及滤波电容的优化设计,同时,必须避免工作在无线电带宽,严格控制这个区域的电磁干扰。对于变频工作,轻载对应高频工作,重载对应低频工作,有利于不同负载情况下的效率一致。

(4) 宽负载的工作范围 感应耦合充电功率变换器应当能够在宽负载范围内安全工作,包括开路和短路的极限情况。此外,功率变换器也应能工作在涓流充电或均衡充电等模式下。在这些模式下,功率变换器都应当能保证较高的效率。

(5) 感应耦合器的匝比 原副边匝比大可以使得原边电流小,从而可采用更细线径的功率传输电缆,更低电流额定值的功率器件,效率获得提升。

(6) 输入单位功率因数 感应耦合充电功率变换器工作在高频,会对电网造成谐波污染。必须采取有效措施,如功率因数校正或无功补偿等技术,限制由电动汽车感应耦合充电功率变换器进入电网的总谐波量。就目前而言,充电功率变换器必须满足 IEEE 519—1992 标准或类似的标准。要满足这些标准,加大了感应耦合充电功率变换器输入部分及整机的复杂程度,增加了成本。而且,根据不同充电等级要求,感应耦合充电功率变换器可以选择两级结构(前级为 PFC,后级为充电器电路)或 PFC 功能与充电功能一体化的单级电路。

4.3.2 感应耦合器充电功率变换器拓扑

根据 SAE J1773 给出的感应耦合器等效电路元件值,及上述的设计考虑,电动汽车车载部分包括感应耦合器的插孔部分、AC/DC 整流及容性滤波电路。对直接连接电容滤波的整流电路应采用的整流方式有半波整流、中心抽头全波整流及全桥整流。其中,半波整流对变压器的利用率低;中心抽头全波整流需要副边为中心抽头连接的两个绕组,增加了车载电路的重量和体积;全桥整流对变压器利用率高,比较适合用于这种场合。

图 4-20 给出基于以上考虑的感应耦合充电功率变换器原理框图,在图中,输出整流采用全桥整流电路,输出滤波器采用电容滤波,输入端采用 PFC 电路以限制进入电网的总谐

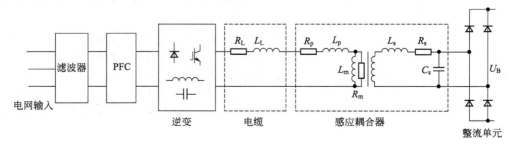

图 4-20 感应耦合充电变换器原理框图

波量不会超标，这里采用的是单独设计的 PFC 级。低功率时，PFC 也可与主充电功率变换器合为带 PFC 功能的一体化充电电路。

在充电器设计中，很重要的一个考虑是感应耦合器匝比的合理选取。为使设计标准化，按 3 种充电模式设计的感应耦合充电功率变换器都必须能够采用相同的电动汽车插座。典型的耦合器设计其副边匝数为 4 匝。对于低充电等级，一般采用 1∶1 的匝比，对于高充电等级，一般采用 2∶1 的匝比。

对于 30kW•h 以内的储能能力，随充电状态不同，电动汽车动力电池电压在 DC200～450V 范围内变化，功率变换器拓扑应当能够在这一动力电池电压变化范围内提供所需的充电电流。

4.3.2.1　充电模式 1

充电模式 1 是电动汽车的一种应急充电模式，充电较慢。按这种模式设计的充电器通常随电动汽车携带，在没有标准充电器的情况下使用，从而必须体积小，重量轻，并且成本低。根据这些要求，可采用单级高功率因数功率变换器，降低整机体积、重量和成本，获得较高的整机效率。两个开关管的隔离式 Boost 功率变换器如图 4-21 所示，在不采用辅助开关时，单级 Boost 级电路提供 PFC 功能并调节输出电压。当输入电压为 AC120V 时，输入电压峰值为 170V，由于变压器副边匝数为 4 匝，输出电压的调节范围为 DC200～400V，因而变压器可以采用 1∶1 的匝比，原边绕组均采用 4 匝线圈。

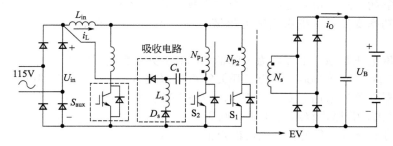

图 4-21　两个开关管的隔离式 Boost 变换器

当原边开关管 S_1 及 S_2 均开通时，能量储存在输入滤波电感中，同时输出整流管处于关断态。当开关管 S_1 及 S_2 中任一个开关管关断时，储存能量通过原边绕组传输到副边。由于功率变换器对称工作，变压器磁通得以复位平衡。为使输入电感伏秒积平衡，必须满足式(4-2)。

$$U_{im_{max}} \leqslant \frac{N_1}{N_2} U_B (1 - D_{min}) \tag{4-2}$$

假定变压器匝比为 1∶1，最大输入电压为 170V，则输出电压为 DC200V 时占空比为 0.15，输出电压为 DC475V 时占空比为 0.5，主开关管上的电压应力为 $2U_B$。当输出电压为 DC400V 时，开关管电压应力是 DC800V，这一电压应力相当高。而且，由于传输电缆和感应耦合器的漏感，器件电压应力可能会更高。为了限制器件最大电压应力，可以采用图 4-21 所示的无损吸收电路。但无论是在哪种情况下，都必须采用 1200V 电压额定值的器件。因高耐压的 MOSFET 的导通电阻较高，导通损耗就会很大。因而，要考虑采用低导通压降的高压 IGBT。但 IGBT 器件开关损耗也限制了开关频率的提高。开关管的平均电流为

$$I_{S_{avg}} = \frac{I_{L_{avg}}}{2} \tag{4-3}$$

对于 1.5kW 功率等级，输入电流有效值为 15A，平均开关电流是 13A，峰值电流为

22A，需要电流额定值至少为 30A 的开关器件。尽管这个方案提供了比较简单的单级功率变换，但也存在一些缺陷，如半导体器件承受的电压应力较高、输出电压调节性能差，输出电流纹波大。

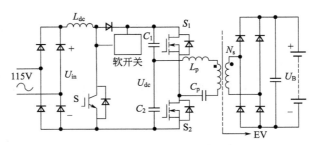

图 4-22　充电模式 1 采用的两级功率变换电路结构

为了降低器件的开关损耗，可以采用图 4-22 所示的软开关电路。给 MOSFET 设计的关断延时，确保了 IGBT 的 ZVS 关断。在电流上升模式中，MOSFET 分担了输出滤波电流，其电压应力为 IGBT 的一半。从而，可以采用 600V 的器件。同时，因关断损耗的降低，开关频率得以提高。

另一个降低器件电压额定值的方案是采用两级变换结构，前级 PFC 校正环节可以采用带有软开关功能的 Boost 功率变换器，允许高频工作。后级 DC/DC 功率变换级，可以采用半桥串联谐振功率变换器，提供高频电流链，图 4-22 给出了充电模式 1 采用的两级功率变换电路结构。

若输入电网电压是 AC115V，为了降低 DC/DC 功率变换器的电流额定值，输出电压可以提升到 DC450V。这样 Boost 级功率开关管可以采用 500～600V 的 MOSFET，半桥功率变换器的开关器件可以采用 300～400V 的 MOSFET。由于采用半桥工作，感应耦合器可以采用 1∶2 的匝比。若原边绕组为 4 匝，则副边绕组为 8 匝。Boost 开关管的电流额定值是 30A，而半桥功率变换器开关管的电流额定值是 20A。

4.3.2.2　充电模式 2

充电模式 2 是电动汽车的一种正常充电模式，充电过程一般在家庭和公共场所进行。充电模式 2 的充电功率等级是 6.6kW，230V/30A 规格的标准电网电源足以给这种负载供电，其典型的充电时间为 5～8h。

与充电模式 1 中充电功率变换器相类似，充电模式 2 也可采用单级 AC/DC 功率变换器。但由于带 PFC 功能的单级功率变换器，开关管的峰值电流很高，因而最好采用两级功率变换器。其中，PFC 级可采用传统的 Boost 升压型电路，开关管采用软开关或硬开关均可。但为了提高效率，更倾向于选择软开关 Boost 功率变换器。图 4-23 给出两种采用无损吸收电路的软开管 Boost 功率变换器主电路。图 4-24 给出两种采用有源开关辅助电路的软

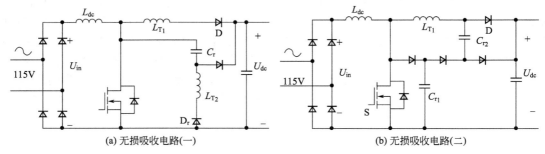

　　(a) 无损吸收电路(一)　　　　　　　　　　　(b) 无损吸收电路(二)

图 4-23　两种采用无损吸收电路的软开管 Boost 功率变换器主电路

开管 Boost 功率变换器主电路。

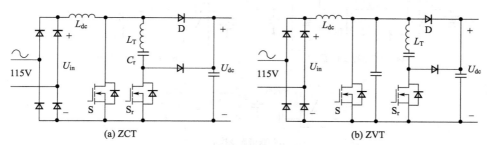

图 4-24　两种采用有源开关辅助电路的软开管 Boost 功率变换器主电路

若电网输入电压为 230V，则输出电压可以调节到 400V 以上。这使得后级功率变换器的设计变得容易，感应耦合器可以取 1∶1 的匝比。因此，如果动力电池最高电压为 400V，则前级输出电压可以采用 DC450V。

与采用带附加有源开关辅助电路的软开管 Boost 功率变换器主电路相比，无损吸收软开管 Boost 功率变换器主电路因无需有源器件，因而更具优势。在图 4-23(b) 所示电路中，因其开关管的关断 dU/dt 得到了控制，为零电压开通，且主开关管上的电压应力为输出电压，因而整机性能得到大大改进。

对于 6.6kW 的功率额定值，450V 的输出电压，需要采用 600V/60A 的 MOSFET。可根据应用场合需要，整机设计可选择单模块或多模块并联方案。

对于后级 DC/DC 功率变换器，由于输入和输出均为容性滤波器，因此，只有具有电流源特性的高频功率变换器适用，大电感与变压器原边相串联的全桥型功率变换器如图 4-25 所示。

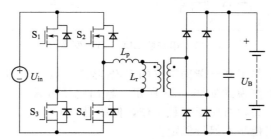

图 4-25　大电感与变压器原边相串联的全桥型功率变换器

原边电路中采用串联电感，从而感应耦合器的漏感被有效利用起来，磁化电感也可用来扩大功率变换器 ZVS 的工作范围。对于 450V 的输入总线电压，可以采用 1∶1 的匝比，也即原边绕组和副边绕组均采用 4 匝线圈。

桥式结构的功率变换器拓扑的缺点之一是峰值电流较高，特别在低压输入时峰值特别高。此外对应轻载时，功率变换器进入断续工作状态，主开关管的开通损耗增加，调节特性变差。因而，通常要保证一个最小负载电流，确保 ZVS。

另一类具有高频电流源特性的功率变换器拓扑是谐振功率变换器，这些功率变换器拓扑，可分为电流型和电压型。在电流型功率变换器中，功率变换器由电流源供电，其电流得到有效控制，但其缺陷是开关管上承受的电压未得到有效控制。在电压源型功率变换器中，开关器件的电压得到很好的限制，这些功率变换器通常被分为串联、并联和串并联谐振 3 种类型，如图 4-26 所示。

在串联谐振功率变换器中，谐振电感与变压器原边串联，而在其他类型功率变换器中，

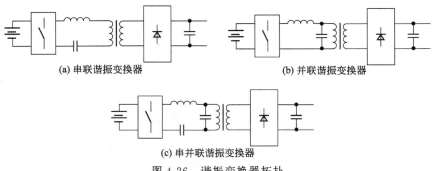

(a) 串联谐振变换器   (b) 并联谐振变换器

(c) 串并联谐振变换器

图 4-26   谐振变换器拓扑

电容与变压器串联。只有串联谐振功率变换器是硬电流源特性，而其他类型功率变换器是硬电压源型。

为了有效利用感应耦合器磁化电感和匝间电容，可以采用不同的串联谐振功率变换器。串并联 LLCC 谐振变换器如图 4-27 所示，其匝间电容、磁化电感和漏感均得到了充分利用，功率变换器和感应耦合器也得到了很好的匹配。

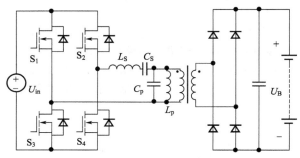

图 4-27   串并联 LLCC 谐振变换器

该功率变换器可以工作于高于谐振频率的 ZVS 状态，或低于谐振频率的 ZCS 状态，串并联谐振的两种软开关工作模式如图 4-28 所示。输出电压可采用变频控制，为了优化感应耦合器性能，一般设计为高频对应于轻载工作，低频对应于重载工作，从而在频率变化范围内，功率变换器的开关损耗基本保持恒定。

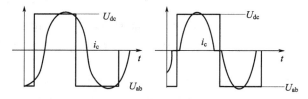

图 4-28   串并联谐振的两种软开关工作模式

由于并联谐振电路的升压特性，使得功率变换器电压增益稍大于 1。对于输入电压 450V，输出电压 400V，可用 1：1 的匝比。这种功率变换器轻载工作时输出电压控制特性比较差，需要采用其他的一些控制技术，可采用输入 Boost 级调节输出电压和 PWM 或移相控制。

4.3.2.3   充电模式 3

充电模式 3 是一种快速充电模式，主要是为长距离行驶的电动汽车进行快速充电。充电器对应高功率特性（＞100kW），主要用于一些固定的充电站。对于 100kW 的功率等级，充电时间约为 15min。为提高功率因数，降低输入电网谐波，功率变换器输入端一般需要采用有源整流电路，如图 4-29 所示。可以采用不同的控制方案，包括矢量控制、六阶梯波控制、数字控制技术等。

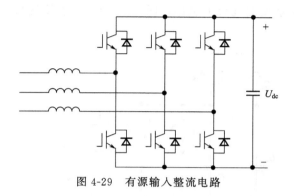

图 4-29　有源输入整流电路

为了进一步提高变换效率，允许高频工作，可以采用如图 4-30 所示的 ZVT 三相 Boost 整流输入电路。图 4-30 所示电路利用辅助电路实现了主开关器件的 ZVT，主开关仍为 PWM 控制。

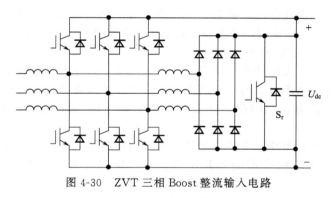

图 4-30　ZVT 三相 Boost 整流输入电路

因高功率充电模式通常只在充电站使用，而充电站可能会装有多个充电器，每个充电器均采用单独的整流级，必然会使系统体积庞大，成本大大增加。为简化系统设计，可为整个充电站配备一个专门的 PFC 或谐波补偿功率变换器，充电主电路都连接在同一个有源输入整流电路上，如图 4-31 所示。

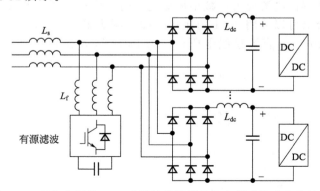

图 4-31　配备专门的 PFC 或谐波补偿器的充电器系统主电路结构

有源滤波器功率为充电站额定功率的 20%，在整流端一般采用直流侧电感来提高整流器的功率因数，可以选用串联或并联方式的有源滤波方案。

有源滤波器可以采用传统硬开关 PWM 逆变器电路，或采用软开关逆变器，以使开关频率更高，并可提高控制带宽，对更高阶的谐波进行补偿。谐振直流环节功率变换器比较适合于在较宽的中功率范围逆变器场合下工作，图 4-32 给出了有源钳位谐振直流环节逆变器功率电路。

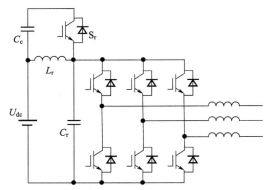

图 4-32 有源钳位谐振直流环节逆变器功率电路

与传统 PWM 功率变换器不同的是，谐振直流环节逆变器采用离散脉冲调节（Discrete Pulse Modulation，DPM）控制，开关频率较高，所需的滤波器尺寸较小。此外，由于 dU/dt 得以控制，所产生的 EMI 较小。

与充电模式 2 类似，充电功率变换器可以直接采用全桥或带谐振的全桥功率变换器。但是，由于充电模式 3 的功率级更高，与谐振式全桥功率变换器相比，一般的全桥功率变换器必然会对应很高的峰值电流。因此，应当考虑采用 ZVS 或 ZCS 谐振全桥拓扑来有效降低损耗。

选用串并联全桥谐振型功率变换器拓扑，可满足感应耦合充电功率变换器的所有设计考虑，并且完全利用了感应耦合器的等效电路元件。根据功率器件性能差异，可分别选择 ZVS 或 ZCS 方案。

对于高功率等级和高频场合，具有相对较小导通损耗和高频能力的 IGBT 具有较大的吸引力。由于感应耦合器优化设计的频率范围为 $70\sim300\mathrm{kHz}$，因此，需要软开关技术来优化 IGBT 的性能。在 ZVS 情况下，IGBT 关断损耗仍然较大，管芯温度较高；而 ZCS 可使得 IGBT 在 ZCS 情况下关断，减小了关断损耗，使 IGBT 能够更好地用于高开关频率下。

为了进一步降低器件电流应力，减小传输电缆的尺寸和重量，可以采用较高电平的总线电压。此时感应耦合器可以采用 2∶1 的匝比，即当副边采用 4 匝时，原边要采用 8 匝。对于 400V 的动力电池电压，直流总线电压至少为 DC800V，此时必须采用额定值为 1200V/400A 的 IGBT。

第 **5** 章

电动汽车充电设施规划设计

5.1 电动汽车充电设施规划原则及运行模式

5.1.1 电动汽车充电设施规划原则

电动汽车的发展包括电动汽车以及能源供给系统的研究和开发，其中能源供给系统是指充电基础设施，供电、充电和动力电池系统及能源供给模式。电动汽车充电技术作为一个新的科技领域，世界各国都置身于充电技术的研究，并拟制定充电技术标准，为未来企业发展占据先机。充电设施为电动汽车运行提供能量补给，是电动汽车的重要基础支撑系统，也是电动汽车商业化、产业化过程中的重要环节。在电动汽车充电设施中，充电站的建设需要根据电动汽车的充电需求，结合电动汽车充电模式进行相应的规划和设计。

电动汽车充电站作为电动汽车运行的能量补给站，是发展电动汽车商业化所必备的重要配套基础设施，充电站的建设将直接影响电动汽车产业的发展。要推动电动汽车市场的发展，充电站的建设速度必须与电动汽车推广相匹配。

电动汽车充电设施的建设是促进支撑电动汽车发展的重要一环。电动汽车与其充电设施是"发展"与"保障"的关系，电动汽车的发展，将带动充电设施的跟进；充电设施的建设，将有力保障电动汽车的发展。电动汽车的发展是充电设施建设的核心动力，充电设施建设是电动汽车发展的有力保障。这种相辅相成的互为依赖的关系，有效指引了充电设施的发展方向——紧紧围绕电动汽车的发展，并适度超前建设，引导电动汽车发展。

充电基础设施的建设，首先是容量预测，即统计电动汽车的数量及进行预测，其次就是充电站布局规划。电动汽车充电站布局包括"需求"和"可能性"两个因素，衡量充电站需求的主要指标是交通量与服务半径两个要素，决定可能性与否的关键在于交通、环保及区域配电能力等外部环境条件与该地区的建设规划和路网规划。

5.1.1.1 充电站分布与电动汽车交通密度和充电需求的分布尽可能一致

① 交通密度是指在单位长度车道上，某一瞬间所存在的车辆数，一般用"辆车道"表示。根据定义，密度基本上是在一段道路上测得的瞬时值，它不仅随时间的变化而变动，也随测定区间的长度而变化。为此，常将瞬时密度用某总计时间的平均值表示。该区域的电动汽车交通密度越多，说明在区域内运行的电动汽车数量越多，从而对充电站点的需求也会越大。

② 充电需求是指一定数量的电动汽车在特定时间和特定地点对充电的需求，充电需求

和交通密度密切相关，但又受到电动汽车的运行方式的制约。例如，对于电动公交车来说，其起（终）点站为其充电需求区域，会增加其运营线路上的电动汽车交通密度。企业班车以企业所在地为其充电需求区域，会增加其行驶线路上的电动汽车交通密度。充电站网点数量的控制应考虑与充电需求的分布尽可能保持一致，应与各区域的电动汽车交通密度成正比。

5.1.1.2 充电站的布局应符合充电站服务半径要求

电动汽车充电站的分布可以参考建设部《城市道路交通规划设计规范》（1995年）中的加油站服务半径规定，结合电动汽车自身的运行特点以及各区域的计算服务半径按实际需要设定。由于各交通区域的交通密度不一样，反映充电站网点密度的服务半径也各不相同。

电动汽车动力电池的续驶能力是影响充电站服务半径的另一大因素。目前，电动汽车动力电池的理论单次充电行驶里程为150~200km，实际上，考虑动力电池的寿命老化、交通拥堵等现实因素，从保证电动汽车使用者连续行驶角度出发，充电站的服务半径应以电动汽车单次充电行驶里程100km（甚至更短）计算，只有这样才能有效保障电动汽车的持续行驶能力。

5.1.1.3 充电站的布局应满足城市总体规划和路网规划要求

充电站布局是对不同区域的充电站需求条件分析后得出的结果，但是充电站具体选址还须考虑其实施的可能条件。充电站的选址应结合地区建设规划和路网规划，以网点总体布局规划为宏观控制依据，经过对布局网点及其周围地区规划选址方案的比较，确定充电站的用地。

从长远考虑，充电站的布局应有与城市规划和路网规划相匹配的统筹规划。政府应对充电站的建设采取市场准入制度，根据城市发展规划及电动汽车推广应用情况，对充电站布局建设做出科学规划安排，防止出现一窝蜂地重复投资现象，减少投资浪费。

5.1.1.4 充电站的布局应充分考虑本区域的输配电网现状

电动汽车充电站运营时需要高功率的电力供应，在进行充电站布局规划时，应与电力供应部门协调，将充电站建设规划纳入城市电网规划中。城市电网规划是城市电网发展和改造的总体计划。将充电站布局规划纳入到城市电网规划中，可以提高充电站电能供应的安全性和稳定性，为充电站运营提供可靠的电力供应保障。

另外，由于电动汽车充电设备是一种非线性负荷，工作时产生的谐波电流很高，谐波注入电网会造成电能质量降低等负面影响。在充电站快速短时充电时，由于负荷变化太快，冲击电压也可能对电网造成影响，这些都需要在建设充电站时予以考虑。

未来的电力配送体系和充电站基础设施建设应能支撑电动汽车巨大的电能需求，同时，电动汽车充电量的需求也将影响着供电系统中充电方式及导线、开关电器和变压器等设施的选择，以保证供电系统安全运行。

5.1.1.5 充电规划应充分考虑电动汽车未来发展趋势

随着国家强力推动，电动汽车行业将会出现长足发展。在进行电动汽车充电站布局规划时应充分考虑到电动汽车的推广应用对充电站建设的推动作用，规划应具有前瞻性和全局性，应留有潜力，能够适应未来数年内电动汽车的发展要求。

以充电机整流模块（PUM）设计为例，目前该模块的安装尚无相关标准，从技术上看，既可以安装在电动汽车内，也可集成于地面充电机内。作为充电设施供应商，从经济角度来说，当然希望将PUM安装在电动汽车内，这样可以简化充电机设计，并且降低生产成本。但在电动汽车内安装PUM将占用车辆空间，降低车辆的有效载荷，同时，这部分成本将转嫁到电动汽车使用者一方，提高了消费者购车成本，不利于电动汽车的推广应用。

5.1.1.6 电动汽车充电设施规划布局的推荐原则

① 加强充电基础设施发展的顶层设计，从全局统筹规划，建立政府有关部门与相关企业各司其职、各尽所能、群策群力、合作共赢的推进机制，按照桩站先行、适度超前建设的策略，推进充电基础设施科学发展。结合新能源汽车推广应用的实际，以充电为主、适时考

虑换电为辅,以满足不同类型电动汽车的充电需求。

② 以公交车、公用车(出租车、环卫车、园林绿化等作业车、执法车、巡逻车、邮政车等)、公务车等公共服务领域为重点推广应用电动汽车的原则,加快专用充电站、公用充电设施及公用充电桩等电动汽车充电基础设施建设,满足重点推广的公共服务领域电动汽车的充电需求。同时根据私人电动汽车的发展推进私人专用充电设施建设。以充电站建设为主,以分布的交流充电桩为补充,结合电动汽车保有车型与充电需求,合理确定充电站与充电桩的配置比例。分散式充电桩可结合住宅小区、办公场所的固定停车位进行布点。

③ 结合充电站和换电站两大方式的布置,使电动汽车的能源补给更加科学合理,满足不同需求。实现与电动汽车、电网的良好互动,同时向电力营销网点、动力电池配送、汽车销售等增值服务延伸发展的功能,以达到资源整合效益最大化的目的。充分考虑电动汽车动力电池的特性,综合各种约束因素,尽快形成局部充电服务网络,科学优化站址布点。电动汽车充电设施的选址应充分考虑用户分布情况,科学合理规划服务半径,促进良性竞争,提高服务效率。

④ 主要围绕重要交通网络进行充电设施的优化布置,构造以主要交通路网为核心的电动汽车充电网络,打造安全、便利、有效的充电体系。同时避免对城市交通、景观造成负面干扰和影响。电动汽车充电设施运营需要可靠的电力供应作为支撑,规划布局时充分考虑充电设施运行特点,利用好充电设施的负荷控制和削峰填谷效应的时效性。充分考虑现有和规划中的高速公路、国道、省道、县乡公路里程,以及城市主要道路电动汽车日平均交通流量,充电设施布局与交通密度及充电需求相匹配。

⑤ 合理规划电动汽车配套充电基础设施的规模,倡导节约用地,集约发展的理念,结合城市交通路网、住宅及建设用地规划情况,按照合建为主、单建为辅的原则布局充电基础设施。自用及专用充电设施原则上结合停车位布置,公用充电设施结合建筑配套停车位配建,并在部分重点区域适当发展充(换)电站,对社会车辆进行集中充电服务。

⑥ 匹配社会新能源车辆发展规模,充分考虑本区域的配电网现状,与电网规划相衔接。按照国家电网公司"统一标准、统一建设、统一标识、统一运营"的原则推进电动汽车充电基础设施建设与运营。通过推动充电设施信息平台建设、企业之间的互联互通、商业模式创新等措施加强对充电设施的使用管理,提高充电设施的利用率,避免造成充电设施空置。

⑦ 电动汽车充电设施的布局应与城市规划充分协调,并应符合环境保护和防火安全的要求,对进出线走廊、给排水设施、防排洪设施、站内外道路等进行合理布局、统筹安排,充分利用就近的交通、消防、给排水及防排洪等公用设施。

与燃料汽车不同,电动汽车在前期无市场需求的前提下,需要通过充电设施建设,促进需求的增加,因此随着充电设施的推进,电动汽车市场的变化等影响因素,在时间与空间两个维度采取有针对性且有弹性的布局原则。

① 时序上近远统一。近期以需求为导向,满足缺口地区充电设施需求,并主动引导电动汽车发展。远期依据市场反馈情况,做出互动选择。

② 空间上科学合理。电动汽车充电设施为电动汽车运行提供能量补给,是重要配套基础设施,所以充电设施建设应形成网络,保证电动汽车在行驶范围内驾驶人能及时快速找到充电站对其进行充电。

充电设施的规划在满足运营商的自身建设利益的同时,必须服从城市主要相关规划的安排,应与用地、交通、电力等主要规划相协调。充电设施的规划符合环境保护和防火安全的要求,充电设施不应靠近有爆炸或火灾等潜在危险的地方,也要避开地势低洼和可能积水的场所。

5.1.1.7　电动汽车充电设施规划技术路线及充电站整体解决方案

以科学指导电动汽车充电设施的规划布局为主线,通过对形势、政策、概念、案例、现状、规划等诸多要素的分析与解读,确保规划的"目标-策略-布局-实施"等关键环节的科学合理性,指导规划顺利实施。电动汽车充电站整体解决方案如图 5-1 所示。

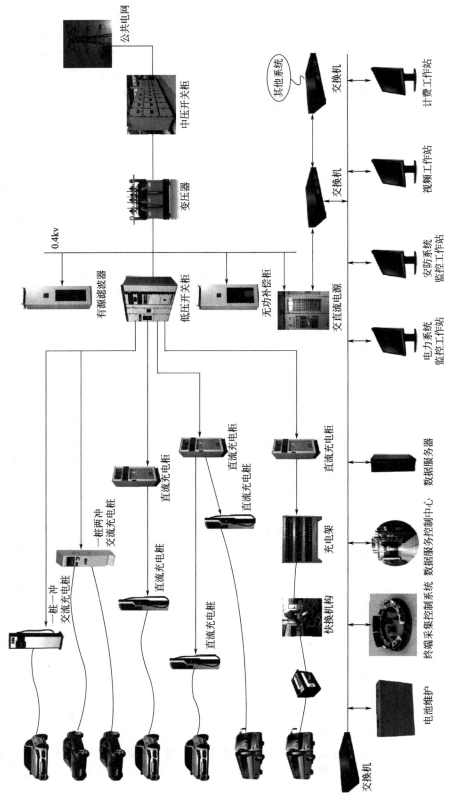

图 5-1 电动汽车充电站整体解决方案

5.1.2　电动汽车运行特点及运行模式

5.1.2.1　电动汽车运行特点

① 储存电能多，充电功率大。一辆普通电动轿车的储存电能约为 40kW·h（度），约相当于普通家庭半个月的用电量。为能够在短时间内将电动汽车的动力电池充满，需要充电机的充电功率较大，一般车载充电机（慢充）的充电功率为 2～3kW，专用直流充电设施的充电功率在 10～100kW。用 20kW 的直流充电设施为电动汽车充电需要 1～2h。

电动公交车的储存电能为 250～300kW·h，车载充电机的充电功率为 5～20kW，专用直流充电设施的充电功率为 20～200kW。用 40kW 的直流充电设施为电动公交车充电需要 4～6h。电动汽车的充电时间越短，对充电设施的输出功率要求则越大。

② 运行距离近。一般电动汽车最大行驶里程约为 300km，考虑到路况、空调、安全系数、动力电池衰减等因素，实际单程运行为 150～200km。如果没有充电站（桩）的支持，其活动半径不超过 75～100km。

5.1.2.2　不同用途的电动汽车运行特点

（1）公交车　公交车用来满足公共交通的需要，由专职司机驾驶、维护，由城市公交公司或企业投资运营，且行驶路线固定，一般在首末站都建有大型停车场，夜间停运。因公交车停运造成的负面影响较大，要求一次充电至少应满足单程运行里程，紧急情况下应能实现电能的快速补充，公交车可利用停运时段充电。

（2）特殊园区用车　特殊园区用车指用于风景名胜、旅游景点、城市水源保护区等服务、观光等车辆。特殊园区用车服务目标明确，车辆相对集中，使用频繁，一次充电难以满足每日运行要求，内部建有集中停车场，特殊园区用车可利用停运时段充电。

（3）城市环卫、市区快递送收车辆　城市环卫、市区快递送收车辆是为了满足城市环境卫生、邮件送收需求而运营的车辆，如街道清扫车、垃圾清运车、道路清障车、冲洗车、洒水车、市区快递送收车等，此类车辆的运行线路固定，在所属单位或企业内都有自己的停车场，有停运时段。统计数据表明，此类车辆平均每车每日运行距离约为 100km，一次充电基本满足单程运行里程，可利用停运时段可充电。

（4）工程车　市政工程抢险车、建筑运输车等用于满足市政建设、抢险维修需要，所属单位或企业内有停车场，车辆用于为特定区域提供服务，要求随时待命、随时出动。一次充电基本满足往返运行里程，可利用停运时段进行充电。

（5）政府公务车、企业商务车、其他社会车辆　满足公务、商务出行需要，所属单位或企业内有停车场，一般夜间停运。车辆的行驶线路、里程一般能预估，特殊情况用车时线路和里程多变。一次充电基本满足往返运行里程，可利用夜间停运进行充电，同时应在其相应的出行范围内提供必要的快速补充电能设施。

（6）出租车　出租车运行线路和区域具有不确定性，具有很大的随机性，据统计，目前省会城市出租车每车每日的平均运行里程约为 300km。一次充电续驶里程难以满足当日运行要求，且用电量变化大，根据其一次充电后的续驶里程，应在其相应的出行范围内提供必要的充电设施。出租车停运时间短，对充电时间要求高。

（7）私家车　满足个人出行需要，线路、里程一般能预先估计，车辆停放在家庭车库或小区停车场。夜间基本停运，可充分利用低谷时段充电。

5.1.2.3　电动汽车运行模式

在不同的运行模式下，电动汽车对其续驶能力和充电时间要求也不同，直接影响充电站的建设方式和功率需求。

（1）公交运行模式　由于电动公交车通常都有专门的停车场所，因此可在公交首末站停车场所建设充电站，可利用夜间低谷时段进行常规充电。电动公交车一次充电续驶里程至少应满足单程运行里程，紧急情况下应能实现电能的快速补充。

（2）出租车运行模式 根据其一次充电后的续驶里程，应在其相应的出行范围内提供必要的充电设施。在营运时段，应能通过快速充电或动力电池组快速更换完成电能补充。

（3）公务车或社会车辆运行模式 电动汽车由单位、部门的驾驶员或社会大众驾驶，应在公务车集中的区域或居民小区建设相应的充电设施。

此外，对于充电站而言，车辆进入充电站的运行机制也会影响充电站功率需求。车辆进入充电队列时间越集中，充电站电力负荷将越大，充电站功率需求也将越大。

5.2 电动汽车充电设施建设及商业模式

5.2.1 电动汽车充电设施建设

5.2.1.1 充电站外部接入方式的影响因素

充电站的外部接入方式受以下因素的影响。

（1）供电可靠性 供电可靠性是指供电系统持续供电的能力，是考核供电系统电能质量的重要指标，反映了电力工业对国民经济电能需求的满足程度，已经成为衡量一个国家经济发达程度的标准之一。充电站的外部接入在电力安全方面应满足供电可靠性要求。

（2）建设规模 电动汽车充电站的建设规模是指充电站的占地面积、电力负荷容量、电压等级、站内充电机的型号和数量等，这些因素直接影响到外部接入的电力设备选型。充电站建设规模越大，对外部接入的要求也越高。

（3）建设成本 电动汽车充电站的建设成本是指充电站在投入使用前的所有建设费用和投入的总和。其中，电力外部接入建设费用占有一定的比例。在保障供电运行可靠性和灵活性要求的基础之上，充电站的外部接入应选择建设成本低、经济性好的电气接线方式及配电设备。

5.2.1.2 充电站的经济困境与技术突破

① 电网型快速充电站投入巨大。从纯投资项目而言，基本没有回报，引不起投资者的兴趣，也不可能全部由财政部门出资建设。因而建设充电站的呼声很高，市场规模和前景巨大，但进展并不理想。基本上都是财政部门在投资建站，电网企业和社会资金并没有大规模进入。

② 储能方案虽较电网直充方案节省大部分电网接入资金，但储能蓄电池的寿命短的问题一直没有很好解决，每2年就需更换的蓄电池（折旧费用也十分巨大），基本上消耗了充电站的全部经营利润。致使储能充电站后期运营成本居高不下，投资回报率较低，因而制约了储能充电站的大规模建设。

③ 再生蓄电池技术出现，可彻底解决上述问题，既解决了电网直充站投资过大的问题（投资减少数十倍），又大大降低了储能充电站后期高额的维护费用（投资方不用再更换动力电池）。投资回报率大大提高，超过发电、高速公路等传统高回报基础设施行业。同时，又没有前两者的行业壁垒，是国家鼓励的并可能获得国家财政补贴的新能源基础行业。

5.2.1.3 各类充电站的外部接入方式

（1）独立设施 独立设施是指拥有数目较多且位置相对集中的充电终端，由专人专营的充电服务中心，类似目前的汽车加油站。因充电终端数目多，其停电影响比较大，可考虑由两回路电源供电，供电变压器也应有两台（两台变压器不一定在同一变电所）。从供电、用电安全可靠性及充电站投资成本两方面综合考虑，可采取双路进线（10kV）、单母线分段接线方式。

（2）独立设备　独立设备是指充电终端位置相对分散，兼作泊车用途的充电服务点，如居民小区停车场、社会停车场等处安装的充电设备。其供电可靠性要求要低于独立充电设施，并且从实际情况考虑，往往不具备条件新建专门的供电变压器等，只能利用原有的供电配套设施进行改造。必须根据充电设备安装点现有的负荷容量来考虑，包括谷电的负荷。具体方案应根据实际的供电设施、小区的建筑环境来确定。

5.2.1.4　充电站电力配套资金的投入

（1）常规充电

① 典型常规充电站的规模。根据目前电动汽车常规充电的数据资料，一般以 20～40 辆电动汽车来配置一个充电站，这种配置是考虑充分利用晚间谷电进行充电，缺点是充电设备利用率低。在高峰时也考虑充电，则可以 60～80 辆电动汽车来配制一个充电站，缺点是充电成本上升，增加高峰负荷。

② 充电站电力配套的典型配置（前提是充电柜具有谐波等处理功能）如下。

方案一：建造的变电站设计 2 路 10kV 电缆进线，2 台 500kV·A 变压器，24 路 380V 出线。其中 2 路为快速充电专用出线，2 路为机械充电或备用出线，其余为常规充电出线。

方案二：设计 2 路 10kV 电缆线，设置 2 台 500kV·A 用户式变电站，每台箱式变电站配有 4 路 380V 出线，每路出线设置 1 台 4 回路电缆分支箱向充电柜供电。

（2）快速充电

① 典型快速充电站的规模。根据目前电动汽车快速充电的数据资料，一般以同时向 8 辆电动汽车充电来配置 1 个充电站。

② 充电站电力配套的典型配置如下。

方案一：建造的变电站设计 2 路 10kV 电缆进线，2 台 500kV·A 变压器，10 路 380V 出线，供给充电站。

方案二：设计 2 路 10kV 电缆线，设置 2 台 500kV·A 用户箱式变电站，每台箱式变电站配有 4 路 380V 出线，供给充电站。

（3）机械充电

① 机械充电站的规模。小型机械充电站可以与充电站建设同时考虑，可以根据需要选择更大容量的变压器。大型机械充电站一般以 80～100 组动力电池同时充电配置一个大型机械充电站，主要适用于出租车行业或动力电池租赁行业，一天不间断可以完成对 400 组动力电池的充电。

② 充电站电力配套的典型配置（大型机械充电站）。变电站为 2 路 10kV 电缆进线，2 台 1600kV·A 变压器，10 路 380V 出线。

（4）便携式充电

① 别墅。具备三相四线计量表，独立的停车库，可以利用已有的住宅供电设施，从住宅配电箱专门敷设一路 10mm^2 或 16mm^2 的线路至车库的专用插座，来提供便携式充电电源。

② 一般住宅。具有固定的集中停车库，一般要求地下停车库（充电安全考虑），可以利用小区原有的供电配套设施进行改造，必须根据小区已有的负荷容量来考虑，包括谷电的负荷。具体方案应根据小区的供电设施、方案以及小区的建筑环境具体来确定。

5.2.2　电动汽车充电设施商业模式

目前国内外电动汽车充电设施的建设、运营主要有三种商业模式：公用充电站模式，停车场（或路边）充电桩模式，动力电池更换站模式。

5.2.2.1　公用充电站模式

（1）主要特征　公用充电站类似于加油站，通常建在城市道路或高速公路两旁。充电站由多台充电设施组成，可以采取快充、慢充和快速更换动力电池等多种方式为各种电动汽车提供电能。规模较小的充电站一般可供 10 辆汽车同时充电，规模较大的充电站可供 40 辆汽车同时充电。

（2）优点　充电站可以为社会上的电动汽车提供多种服务，既可以快充，也可以慢充，有些充电站还可以提供快速更换动力电池服务。采用快充方式，一般可在几十分钟内将动力电池基本充满。由于充电站具有公用性质，因此设备利用率高于停车场的充电设施。

（3）缺点　充电站占地面积大，规模较大的充电站占地超过一般加油站，甚至可与停车场相比。由于需要配备多种充电设备，因此建设难度较大，一次性投入多，国家电网公司新建一座充电站投资平均在 300 万元左右。

（4）主要障碍　由于占地面积大，在城市土地日益紧缺的情况下，充电站在大城市布点数量受限，网点密度低；公用充电站最大的优势在于快充，但目前快充技术还有待完善，以期进一步缩短充电时间，减小对动力电池寿命的损害。

（5）发展前景　充电站建设在技术上不存在问题，设备投资成本也不高，但其占用过多的土地资源，征地成本不可低估。从短期看，在其他充电设施建设刚刚起步、完备的充电网络还没有形成的情况下，迅速建设一批公用充电站是必要的，可以产生良好的示范效应和广告效应，推动电动汽车的尽快普及。但是从长期看，公用充电站不可能成为电动汽车充电的终极解决方案，也不应作为主要的充电方式。公用充电站应该定位于主要满足各种社会上电动汽车的应急充电需求，以提供快充服务为主，这样可以有效减少充电站的占地面积，提高设备利用率。

5.2.2.2　停车场（或路边）充电桩模式

（1）主要特征　充电桩通常建在公用停车场、住宅小区停车场、商场停车场内，或建在公路边，也可以建在私人车库中。充电桩具有功率较小、布点灵活的特点，以慢充方式为主，具备人机操作界面和自助功能。

（2）优点　充电桩建在停车场或路边，占地面积小，建在车库和住宅小区内的充电桩完全不占公共用地；建设难度小，一次性投资少，单个充电桩的建设成本在 2 万～3 万元。

（3）缺点　充电桩采用慢充方式，充电速度慢，充电时间要 5～10h。由于充电时间长，且部分充电桩具有专用性质，充电桩的设备利用率要低于充电站，不能满足电动汽车应急、长距离行驶的充电需求。

（4）主要障碍　虽然建设单个充电桩很容易，但充电桩要形成网络才能满足电动汽车普及的需要，完善整个充电网络需要较长时间。

（5）发展前景　在国外，居家充电是使用频率最高的电动汽车充电方式。在家门之外，才需依靠公用充电桩。目前从以色列特拉维夫和日本东京地区的使用经验来看，停车场和社区的充电桩使用频率更高，而充电站并未成为大多数电动汽车使用者的优先选择。从使用便利性和节约资源角度考虑，汽车大部分时间都处在停车状态，建在停车场和路边的充电桩基本可以满足电动汽车常规充电的需要；并且以数量庞大的充电桩替代充电站，还可以节约宝贵的土地资源。因此，长期来看，在我国占据主导地位的常规充电方式应为慢充，停车场和路边的充电桩将成为占主导地位的充电设施。在所有能够停车的地方建上充电桩，每增加一辆电动汽车即新建一个充电桩，充电桩数量将与电动汽车数量相当。

5.2.2.3　动力电池更换站模式

（1）主要特征　用户从动力电池租赁公司租用动力电池，动力电池更换站为用户提供快速更换动力电池和动力电池维护等服务，动力电池在充电中心集中充电。由于动力电池重量较大，更换动力电池的专业化要求较高，需配备专业人员借助专业机械来快速完成动力电池的更换、充电和维护。

（2）优点　对动力电池更换站的门店要求很低，只需要 2～3 个停车位，占地面积较充电站小；动力电池更换站的主要设备是动力电池拆卸及安装设备，电气设备少，建设难度小，一次性投资也比充电站要少；更换动力电池速度快，一般为 5～10min，未来随着技术的进步，更换动力电池所需的时间将少于快充；动力电池更换站模式对网络门店要求低，易于在城市大面积布点。

（3）缺点　须建设专业的动力电池配送体系。

（4）主要障碍　要求国家建立统一的动力电池标准，电动汽车安装的动力电池必须可拆卸、可更换，对汽车工业标准化体系要求非常高。我国目前电动汽车标准体系还很不健全，各汽车生产厂家和动力电池生产厂家基本上各自为战，动力电池规格差别很大。更换动力电池模式涉及动力电池租赁、充电、配送、计量等多个环节，由多家企业分工完成，运作复杂。

（5）发展前景　从商业运营的角度看，动力电池更换站模式属于能源新物流模式。动力电池更换站模式有利于动力电池生产企业的规模化、标准化生产，有利于能源供给企业的规模化采购与集约化管理，将显著降低总运营成本。能源供给企业作为一个相对独立的中间运营商，有利于政府施行更具针对性的扶持和优惠政策，如电价政策、购买动力电池补贴政策等，易于建立清晰的财务盈利模式，比单纯提供充电服务可获得更高的投资回报，具有更广阔的发展空间。除此以外，这种模式对电网安全、经济运行也十分有利，集中充电便于统一调度、管理和监控，能够最大限度地发挥削峰填谷作用，提高电力系统负荷率，最大限度减少谐波污染等对电网的不利影响，有利于电网的安全稳定运行和电力资源的优化利用。

动力电池更换站模式在理论上是一种较为理想的商业模式，国内有个别城市已开展了试点运营，但在短期内大规模推广这种模式存在一些困难，主要体现在以下三方面。

① 管理方面。我国处于电动汽车产业发展初期，动力电池技术尚未成熟，各种动力电池的性能、质量差距很大，统一动力电池标准难度非常大，这不仅仅是动力电池标准化的问题，还涉及电动汽车的标准化，是一个庞大的系统工程，涉及汽车厂、动力电池制造商、更换站经营者等各方面的利益。

② 技术方面。为了保证动力电池可更换，所有动力电池须具有良好的一致性。不仅要统一动力电池接口标准，还要统一动力电池的尺寸、规格、容量、性能等，在目前国内动力电池生产厂家各自为战的情形下，统一所有动力电池厂家生产动力电池的一致性问题，在短期内很难实现。

③ 动力电池流通方面。动力电池更换过程中会存在新旧程度、残留能量的差异，将带来动力电池更换时如何计量、计费的难题。

总之，动力电池更换站模式要成为一种成熟的商业模式，还有很长的路要走。只有在我国电动汽车工业发展到较为成熟的阶段，才可能成为充电产业主流的商业模式。

以上三种模式不是非此即彼、互相排斥的关系，而是既互相竞争又互为补充的关系。未来应由充电站、充电桩和更换站共同组成一个完整的充电网络体系，为电动汽车用户提供便捷、高效的服务。

从短期看，在电动汽车发展的初级阶段，建设一批功能完备的充电站是十分必要的，可以产生良好的示范效应和广告效应，推动电动汽车的尽快普及。但是，如果电动汽车大规模普及，仅靠充电站是无法解决充电问题的，还会耗用过多的土地资源。公用充电站应定位于主要满足社会上电动汽车的应急充电需求，以提供快充服务为主。

从使用便利性和节约资源角度考虑，未来在我国占据主导地位的常规充电方式应为慢充，停车场和路边的充电设施将成为占主导地位的充电设施。随着电动汽车数量迅速增长，应形成以"充电桩为主、充电站为辅"的充电网络，充电桩用于常规慢充，充电站满足应急快充的需求。因此，我国目前应加强对充电设施规划、建设、运营等有关问题的研究，加快充电设施的布点和建设。

5.2.2.4　充电设施配置方案

根据不同类型电动汽车行驶、泊车规律以及充电需求，充电设施配置方案如下。

（1）公交充电站配置方案　电动公交车运行路线和行驶里程相对固定，大中城市的公交车日均行驶里程为 200～250km，停靠地点为首末站停车场及保养车间，主要通过公交充电站进行电能补充。考虑结合公交枢纽站、保养车间、首末站配套建设公交充电站，公交车专用充电桩均考虑采用大功率直流快充桩。

（2）电动出租车充电设施配置方案　电动出租车行驶时间一般远大于停泊时间，日均行驶里程受城市规模、运营时间和服务半径影响较大，大中城市出租车日均行驶里程为 350～500km。电动出租车主要考虑通过公共充电设施补充电能，可考虑结合公交车站场中的出租车营业站、服务站配套建设出租车专用充电设施。出租车专用充电桩均考虑采用中等功率直流充电桩，与公交车专用充电设施统筹考虑。当换电模式成熟后，可在电动出租车行业进行换电模式试点。

（3）电动环卫、物流等作业车充电站配置方案　电动环卫、物流等作业车辆的泊车规律较为固定，除执行任务外均停泊于固定停车场所，日均行驶里程为 50～150km，主要通过专用车充电站进行电能补充。考虑结合环卫车停车场、垃圾处理场、物流中心、物流园区等配套建设电动环卫、物流等作业车充电站，其专用充电桩均考虑采用大功率直流快充桩。

（4）公共充电设施配置方案　公共充电设施主要服务对象为电动私家车、电动公务车、电动出租车等小型乘用车辆。电动公交车、环卫车、物流车等大型车辆均考虑在其专用充电站进行充电。可选取一些位置较好、车位较多（50 个及以上停车位）的大型社会公共停车场以及 P＋R（换乘）停车场建设集中式公共充电站。为了节约场地资源，大型社会公共停车场充电站、P＋R 停车场充电站建议以慢充为主、快充为辅，快充桩建议采用中等功率直流充电桩，慢充桩建议采用小功率交流充电桩，按快慢桩之比 1：4 的比例进行配置。分散式公共充电桩可结合中小规模社会公共停车场、加油加气站点配套建设，加油加气站点充电场所由于有快速补电需要，建议全部采用中等功率直流充电桩，其他充电场所分散桩建议按快慢桩之比 1：4 的比例进行配置。

（5）用户专用充电设施配置方案　电动公务与私人乘用车日均停泊时间远大于行驶时间，日均行驶里程小于 50km，可通过用户专用充电设施结合公共充电设施进行电能补充。

用户专用充电设施均采用小功率交流充电桩，根据适度超前、车桩相随的原则，结合住宅小区自有产权停车位、长期租赁停车位、办公场所公共停车位等配套建设充电桩。用户专用充电桩与电动乘用车按照约 1：1 的比例进行配置（先期预留充电桩建设安装条件，按实际需求逐步建设），鼓励有条件的用户的专用充电设施实行分时共享或对外开放。

5.2.3　充电站选址及充电桩设置

5.2.3.1　充电站选址及布置

（1）充电站选址　充电站的选址应结合城市电动汽车发展规划统筹考虑，并与配电网现状和近远期规划相密切结合，以满足充电站对供电可靠性的要求，及电网对充电站电能质量控制的要求为原则。在充电站选址时应考虑的事项如下。

① 充电站应便于供电电源的取得，宜接近供电电源端，并便于供电电源线路的进出。

② 公共充电站应选择在进出车便利的场所。宜选择在城市次干道路旁，不宜选择在支

路和交叉道路路口附近。充电站进出口宜与城市次干道路相连。

③ 当电动电力工程抢修车、电动供电营销车数量较多时，宜设置专用充电站，专用充电站宜设置在供电部门维修基地等附近。

④ 新建充电站应充分利用临近的道路、交通、给排水、消防等市政公用设施。

⑤ 充电站应满足环境保护和消防安全的要求，与其他建筑物、构筑物之间的防火间距应满足 GB 50229—2006《火力发电厂与变电站设计防火规范》、GB 50016—2014《建筑设计防火规范》的有关要求。

⑥ 充电站不应设在有爆炸危险环境场所的正上方或正下方，当与有爆炸危险的建筑物毗邻时，应满足 GB 50058—2014《爆炸危险环境电力装置设计规范》的要求。

⑦ 充电站不应设在有剧烈振动或高温的场所，不宜设在多尘、水雾或有腐蚀性气体的场所，当无法远离时，不应设在污染源风向的下风侧。

⑧ 充电站不应设在浴室或其他经常积水场所的正下方，安装电气设备的功能性用房不应与上述场所贴邻。

⑨ 充电站不应设在室外地势低洼、易积水的场所和易发生次生灾害的地点。

⑩ 充电站宜预留一定的备用场地。

（2）充电站布置

① 总体布置。

a.充电站的总体布置应满足便于电动汽车的出入及停放，保障站内人员和设施的安全。

b.充电区的入口和出口至少应有两条车道与站外道路连接，充电站应设置缓冲距离或缓冲地带，附设电动汽车等候充电的停车道，便于电动汽车进出。

c.充电区单车道宽度不应小于 3.5m，双车道宽度不应小于 6m。转弯半径按照电动汽车类型确定，且不宜小于 9m；道路坡度不应大于 6%，且坡向站外。

d.充电机应靠近充电区设置，电动汽车在停车位充电时不应妨碍站内其他车辆的充电与通行。

e.充电区应考虑安装防雨、雪设施，以保护站内充电设施，给进站充电的电动汽车驾乘人员带来方便。

② 电气布置。

a.充电站电气设备的布置应遵循安全、可靠、适用的原则，并便于安装、操作、搬运、检修、调试。电气设备的布置应符合 GB 50053—2013《20kV 及以下变电所设计规范》和 GB 50054—2011《低压配电设计规范》的规定。

b.高压开关柜、变压器、低压开关柜、充电机、监控装置等，宜安装在各自的功能性房间内，且宜设在建筑物的首层，便于运输和安装。

c.低压开关柜与充电机之间、充电机与充电区停车位之间应尽量靠近。

d.当受到建设场地限制时，低压开关柜与充电机可安装在同一房间。或变压器与低压开关柜设置在同一房间，变压器应选用干式，且外壳防护等级不低于 IP20。

e.当受到建设场地限制时，变配电设施与充电机可设置在户外组合式成套配电站中，其基础应适当抬高，以利于通风和防水。

f.变压器室不宜与控制中心贴邻布置或位于正下方，不能满足时应采取防止电磁干扰措施。

5.2.3.2　充电桩设置

交流充电桩为车载充电机提供交流电能，直流充电桩为电动汽车动力电池组提供小容量直流电能。充电桩宜设在停车场内，根据当地电动汽车发展规划，按照停车位设置一定比例的充电桩。宜优先在供电营业场所停车场设置充电桩。充电桩宜设置在停车位旁，并靠近配电站。安装在室外的充电桩外壳防护等级不低于 IP54，其桩体外壳应选用绝缘材料。

5.3 电动汽车充电设施对电网的需求及供配电系统

5.3.1 电动汽车充电设施主要用电负荷及对电网的需求

5.3.1.1 主要用电负荷

充电站主要用电负荷包括充电机、监控装置、通风装置、站内其他动力设备及照明等，根据 GB 50052—2016 和《关于加强重要电力用户供电电源及自备应急电源配置监督管理的意见》（电监安全［2008］23 号）中对电力用户性质划分的有关规定，按照充电站在经济社会中占有的重要程度，划分为下列两类电力用户。

① 中断供电将对社会公共交通产生较大影响，在一定范围内造成社会公共秩序严重混乱、造成企事业单位较大经济损失的充电站属二级电力用户。

② 不属于二级电力用户的其他充电站为三级电力用户。

5.3.1.2 供电电源要求

属于二级电力用户的充电站宜由两回路中压供电电源供电，两回路中压供电电源宜引自不同变电站，也可引自同一变电站的不同母线段。每回供电线路都应能满足 100％用电负荷的供电要求。属于三级电力用户的充电站由单回路中压供电电源供电。

（1）电网直充站对电网的要求　电网直充站是指将电网电能直接对电动汽车进行充电，电网输入功率略大于充电站输出功率。一般每路 100kW，一座具有 12 个充电枪的大型充电站需要 2000kW 的高压专线输入。具有 4 个充电枪的小型充电站需要 500kV·A 的专用变压器。即使安装 1 路 100kW 输出的快速充电设施，一般的企事业单位的配电系统也是难以承受的（路边单位多数为中小企事业和机关单位，富裕电功率不多）。此方案的特点如下。

① 电网专线功率较大，投资较高，电网及充电站设备资源利用率较低，尤其是在前期电动汽车较少的情况下，绝大部分时间都在闲置，充电站投资难以收回。对电动汽车进行快速充电的功率是间歇的，充电时为全功率 100kW 输出，不充电时又一点不用，充电时间也不确定，但从电能、高压线、变压器、充电站内设备和场地等众多资源都要时刻准备着，设备和功率资源浪费严重。

② 用电高峰重叠，不能消峰平谷。

（2）储能缓冲站对电网的要求　储能缓冲站是指平时将电网电能储存在储能蓄电池中，为电动汽车充电时，主要由蓄电池提供电能。储能充电站可以使用较小的输入功率，平时可以连续使用这些小功率电能进行蓄电，需要时由储能蓄电池为主向电动汽车提供快速充电功率，电动汽车较少时可以利用夜间低谷电能，电动汽车较多时，随用随充，这样电网的利用率非常高，电网电能输出小而连续。此方案的特点如下。

① 电网输入功率远小于充电站输出功率，即通过储能蓄电池的缓冲放大，充电站输出功率比电网输入功率大 5～10 倍以上。原计划 2000kW 专线的直充站只需 500kW 变压器即可，基本不用架设专用充电专线，节省了大量电网投资。或原计划 2000kW 的专网将来可以扩展满足 10000～20000kW 的充电需要而不必做任何改动。

② 可以夜电昼用，既能消峰平谷，又增加经济效益。

小型的储能充电站前期仅需要 30～100kW 的普通三相电，即可输出 500kW 功率，满足同时为 4 辆电动汽车快速充电的需要，完全不用架设专线，部分地段甚至不用增加变压器，利用现有变压器即可。由于不需要专用电网和建设用地，建站成本大为降低，具有经济投资价值，因而可以大量在城区、郊县和高速公路设置。

　　小型的储能充电站夜间使用 100kW 低谷电力充电，电动汽车较少时可完全使用动力电池电能，电动汽车较多时，在白天可适当补充 20~50kW 的充电电力。小型储能充电站可以设计成厢式结构，便于移动；也可以设计成移动充电车，提供应急充电服务。

5.3.2　电动汽车充电设施供配电系统

5.3.2.1　充电设施对电网的影响

　　充电服务网络的建设对原有配电网的供电能力提出了更高的要求，电动汽车的发展推动了充电设施和充电服务网络的建设，随着电动汽车保有量的逐步增加，势必对电网的供电容量和能力又提出更高、更进一步的要求。人口、车辆集中的地方，充电设施建设密度大，用电负荷也大，如市中心或老城区等，而这些地区一般变电站建设比较早，供电容量有限，设备老化，在这类地区大量增加电动汽车充电设施，需要对配电网进行扩容改造。同时，在老居民小区内增设大量的充电桩，同样也会增大小区原有配电网的供电压力，影响居民用电的可靠性，尤其在小区用电高峰期大量电动汽车又同时充电的情况下，增加的充电负荷将可能大大超过小区电网已有的供电能力。

　　随着电动汽车大量投入使用，电动汽车充电也会给电网负荷的调节管理带来挑战。城市用电峰时在白天，晚上是用电低谷，如果对电动汽车充电不加以统筹管理，任由大量电动汽车在白天进行充电，将进一步增大电网的峰时负荷，从而增大电网峰谷调节压力。若采取一定调节措施，使大部分电动汽车采用白天行驶、夜间充电的运行方式，将有利于电网的削峰填谷，改善电网负荷特性，减少为维持电网低负荷运转而引起的调峰费用。

　　另外，充电机是一种非线性设备，对电动汽车充电时产生的谐波电流很高，大量充电机的使用会对供电系统产生谐波污染，对供电系统的电能质量带来不利影响，影响用户用电，要对大规模充电设施负荷接入配电网后的影响进行评估。

5.3.2.2　供电系统标准

　　充电设施只是充电站电气系统的一部分，完整的充电站电气系统包括供电系统、充电设施、监控系统三大部分。充电站供电系统主要为充电设备提供电源，主要由一次设备（开关、变压器、线路等）和二次设备（包括检测、保护、控制装置等）组成，专门配备有源滤波装置消除谐波，稳定电网。

　　（1）充电设施电网接入方案　《电动汽车充电站及充电桩设计规范》中关于充电设施供电电源的要求如下。

　　① 二级电力用户的充电站宜由两回路高压供电电源供电，两回路高压供电电源宜引自不同的变电站，也可引自同一变电站的不同母线段。每回供电线路应能满足 100% 负荷的供电能力。

　　② 三级电力用户的充电站由单回路供电电源供电。

　　③ 用电设备容量在 100kW 以上的充电站应采用 10kV（20kV）电压等级供电。用电设备容量在 100kW 及以下的充电站，可采用 380V 电压等级供电。

　　④ 交流充电桩应采用 380V/220V 电压等级供电。

　　⑤ 直流充电桩应采用 380V 电压等级供电。

　　（2）电能质量要求

　　① 供电电源电压偏差应符合 10kV（20kV）及以下三相供电的电压偏差不得超过标称电压的 ±7%。220V 单相供电的电压偏差不得超过标称电压的 +7%、−10%。

　　② 频率偏差不得超过 ±0.2Hz。

　　③ 公共电网谐波电压的限值要求 10kV（20kV）三相电压总谐波畸变率小于 5%、380V 三相电压总谐波畸变率小于 4%。

④ 保证最大负荷运行时变压器 10kV（20kV）侧功率因数不低于 0.95。

（3）电气计量要求　需要测量和计量能效的部分包括变压器高低压侧进线、充电机回路、充电设施供电回路，计量准确度应符合 GB/T 50063—2008 和 DL/T 5137—2008 中的规定。

5.3.2.3　电动汽车充电站配电方案

大型电动汽车充电站主要由配电站、充电工作区及营业厅等组成，总建筑面积一般超过 $1500m^2$，主要配备大型直流充电设施、中型直流充电设施、小型直流充电设施及交流充电桩，可同时按快充或慢充方式，为多台电动公共汽车、电动大客车、电动小客车等提供充电服务。大型电动汽车充电站配电方案如图 5-2 所示。

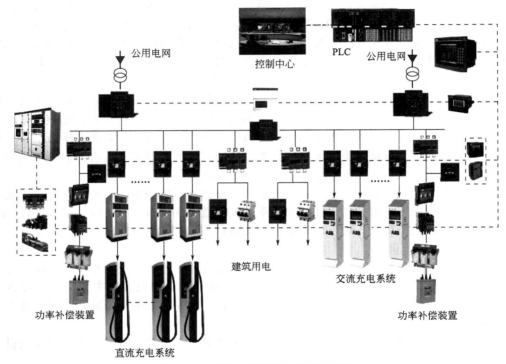

图 5-2　大型电动汽车充电站配电方案

针对大型电动汽车充电站，配电系统的安全可靠非常重要，一般采用双路常供、单母线分段接线的供电方式。同时，通过软件优化设计，使低压整体配电方案优化，在各级变配电之间实现选择性保护和后备保护，确保电动汽车充电站供电连续性的同时，提升配电系统的安全性和极限分断能力。

在大型电动汽车充电站中，由于直流充电机等非线性负载众多，功率因数低，所以对无功补偿的需求较大。采用无功补偿手段不仅提高供电系统的稳定性，同时也为企业带来一定的经济效益。选用无功补偿装置，可按不同工况下非线性负荷的比例，为用户提供不同的整体低压无功补偿方案，高品质的电能质量治理，满足电动汽车充电站设备对电能质量的需求。

5.3.2.4　电动汽车充电站智能配电监控方案

电动汽车充电站智能配电监控系统作为充电站监控系统的子系统之一，需满足配电系统的保护、控制、监测、通信等要求，实现对整个充电站电力的监控和管理，包括配电监控、充电机监控、烟雾监控等，可对整个充电站设备的运行参数和设备状态进行实时监测及控制，并实现数据的采集、统计和打印，以及历史记录的查询和报警。电动汽车充电站智能配电监控方案如图 5-3 所示。

管理层：
在后台建立数据库，存储历史数据，同时通过后台主机完成全系统监控和各种管理功能(权限、报警、打印、趋势)，并可实现与其他智能系统的通信。

通信层：
完成现场监视和控制，并实现通信转换和故障诊断功能
■ HMI人机界面
■ AC500可编程控制器
■ 前端串口服务器

设备层：
现场的遥信量、遥控量、控制、保护动作等信息均通过现场带通信功能的电力仪表实时采集，同时设置越限、报警和脱扣等功能保护，并以数字信息上传至通信层和后台主机
■ PMC916
■ EM智能电量仪表
■ RTU检测与控制装置
■ LNS电流互感器

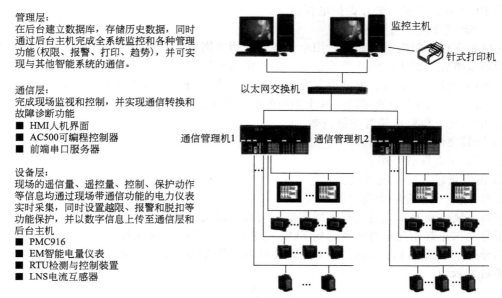

图 5-3　电动汽车充电站智能配电监控方案

5.3.2.5　电动汽车充电站配电无功补偿方案

在电动汽车充电站中，无功功率补偿器 RC/RCR 被广泛采用，电动汽车充电站配电无功功率补偿器 RC/RCR 方案如图 5-4 所示。RC/RCR 无功补偿方案具有以下特点。

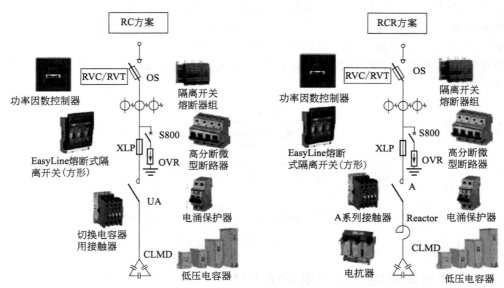

图 5-4　电动汽车充电站配电无功功率补偿器 RC/RCR 方案

① 7％电抗率。主要用于三相非线性负载的无功补偿，抑制 5 次及以上谐波。
② 14％电抗率。主要用于单相非线性负载的无功补偿，抑制最低 3 次谐波。
③ 易于选型。标准步长及容量：15kvar～30kvar～45kvar。
④ 多种优势元件。功率因数控制器、熔断器、接触器、电抗器、电容器等，构筑完美

电网质量，安全可靠。

　　⑤ 投切以基波为准，不受谐波影响。

　　⑥ RCR 方案具有消谐和保护电容功能。

5.3.2.6　电网谐波限值要求

　　充电站在设计时应重视非线性用电设备对公用电网电能质量产生的影响，并应采取积极有效的防范措施，减小或消除谐波分量。如不能达到国家有关标准规定的谐波控制要求，应采取有效的谐波治理措施。电动汽车充电机产生的谐波分量，应满足 GB 17625.1—2003 和 GB/Z 17625.6—2003 中的规定。减小谐波的常用技术措施如下。

　　① 增加充电机整流装置的脉波数。

　　② 加装交流滤波装置。

　　③ 三相用电设备平衡。

　　④ 由容量较大的系统供电。

5.3.2.7　电动汽车充电负荷计算

　　将每一辆电动汽车充电负荷曲线累加，可得到总充电负荷曲线。充电负荷计算的难点在于分析电动汽车起始充电时间和起始 SOC 的随机性。充电负荷计算以天为单位，时间间隔精确到分钟，全天共 1440min。第 i 分钟总充电负荷为所有车辆在此时充电负荷之和，总充电功率可表示为

$$L_i = \sum_{n=1}^{N} P_{n.i} \tag{5-1}$$

　　式中，L_i 为第 i 分钟总充电功率，$i=1,2\cdots$；N 为电动汽车总量；$P_{n.i}$ 为第 n 辆车在第 i 分钟的充电功率。

　　按充电需求将第 n 辆电动汽车的第 j 种充电行为定义为 $S_{n.j}^{NC}$ 或者 $S_{n.j}^{C}$。第 1 类充电行为 $S_{n.j}^{NC}$，无充电时长约束，充电过程持续到动力电池充满；第 2 类充电行为 $S_{n.j}^{C}$，有充电时长约束，在充电时段结束时无论是否充满均停止充电。以私家车为例，单位停车场和居民停车场充电有较长的充电时间，电动汽车能够充满电，为第 1 类充电行为；商场超市停车场充电有充电时长的限制，为第 2 类充电行为。私家车充电地点及充电类型如图 5-5 所示。

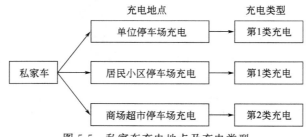

图 5-5　私家车充电地点及充电类型

5.3.3　电动汽车充电站供配电系统设计

　　在充电站的基础设施方面，需配备电力输入设备（接口与缆线）、快速充电机、电能输出设备线路（接口与缆线）、动力源性能检测与诊断仪器、专用灭火器材以及电动汽车零配件等。此外，还应与电动汽车动力电池供应商通力合作，为有更换需要的电动汽车提供备用动力电池。

　　在电动汽车充电站配电系统设计时，必须正确选择供电系统中导线、开关电器及变

压器等设施，以保证供电系统的安全运行。应准确分析电动汽车的电能需求，这对未来不同区域的电力配送、负荷预测具有重要意义。因此，在设计充电器机台数时，应以电动汽车动力电池充电功率需求为基础。同时，充电站建设必须考虑每台充电机所需的功率，按照电动汽车充电运行机制及每台车功率需求变化曲线进行分析，最终根据市场上电动汽车的类别与运行规律，规划充电站的建设和对应的充电模式。此外，借助先进的计算机与网络技术，进行充电站通信网络的设计与建设，实现充电站运行与管理的智能化，也是一项有意义的工作。

　　配电系统为充电站的运行提供电源，它不仅提供充电所需电能，也是整个充电站正常运行的基础。电动汽车充电站的电力负荷级别确定为 2 级，采用双路 10kV 供电，不配置后备电源。配电电压：380V/220V。动力（充电机）采用三相四线制、380V 供电，照明采用单相 220V 供电。电动汽车充电站变电与配电设备推荐如下。

　　① 1000kV·A 及以下容量可采用箱式变电站，单母线供电。

　　② 1000kV·A 以上容量采用普通变电室，环网供电。

　　③ 10kV 变压器可采用环保型蒸发冷却整流变压器。

　　④ 可采用十二脉冲整流变压器＋整站谐波处理的方式，也可采用带有源功率因数校正的充电机，以达到谐波抑制的目的。

　　⑤ 10kV 侧配置配电监控装置，监视电压、电流、电量及谐波。

5.3.3.1　配电变压器选择

　　变压器可分为干式变压器和油浸式变压器，充电站变压器类型可根据工程实际情况选定。应采用节能环保型变压器，在满足消防条件下，宜优先选用油浸式变压器。单台变压器的额定容量不宜大于 1600kV·A，装有两台及以上变压器的二级电力用户充电站，当其中任意一台变压器退出运行后，剩余的变压器容量应能满足全部二级用电负荷的用电。

　　在不满足消防条件下，推荐电动汽车充电站选用环氧树脂干式变压器。环氧树脂干式变压器具有良好的电气和力学性能、较高的耐热等级，并且是一种可靠、安全性的环保、节能型新产品，能适应多种恶劣环境。

　　变压器台数的选择应满足负荷对供电可靠性的要求，若采用集中式充电，然后在小区设立动力电池经营店（运营模式类似于水站送饮用水），则有必要选用 2 台变压器保证充电站的高可靠性。若电动汽车充电站像加油站一样较为普遍，则只需 1 台变压器即可，充电站的可靠性的降低由充电站的数量来弥补。若在小区建充电站，可考虑利用小区配电变压器而不另设变压器，以减少投资。

　　根据《供配电系统设计规范》第 7.0.7 条，在低压电网中，推荐采用 Dyrm 接线组别的配电变压器。条文解释中说明 Dyn11 接线有利于抑制高次谐波。充电站采用 TT 接地型式，因此变压器采用 Dyn11 接线。

　　变压器绕组结线宜采用 Dd0yn11，也可采用 Yd11yn0。在经技术经济比较合理时，可采用移相式变压器。属于三级电力用户的充电站，可选用两台绕组结线分别为 Dyn11 和 Yyn0 的配电变压器，以减小谐波对公用电网的影响。

5.3.3.2　配电室位置选择

　　配电室的位置选择原则：考虑电源的进线方向，偏向电源侧；进出线方便；不应妨碍充电站的发展，要考虑扩建的可能性；设备运输方便；尽量避开有腐蚀性气体和污秽的地段；室外配电装置与其他建筑物、构筑物之间的防火间距符合规定。

5.3.3.3　配电容量计算

　　配电系统的容量应包括动力用电、监控和办公等用电。只装一台变压器时，变压器的容量 S_N 应能满足全部用电设备的计算负荷 S_C，并留有一定的容量裕度。车辆数量、动力电池容量以及运营方式决定了充电站的容量。

(1) 动力电池数量　充电站设计有两种运营模式：整车充电模式和更换动力电池模式。前者需要为每车配备一组动力电池，后者需要根据运营方式确定后备动力电池的数量。

(2) 充电机数量　车辆类型、行驶里程和运营模式决定了充电机的配置，充电机的选择包括确定充电机的输出功率和需配备的台数。

(3) 配电容量　采用单进线单变压器时，整个充电站需要的配电容量即全部用电设备的用电量：$S_C = S_1 + S_2$，其中 S_1 为动力用电量，S_2 为照明及办公用。

5.3.3.4　配电运行方式要求及设备

(1) 配电运行方式要求　10kV 进线 2 路，单线进线容量不小于充电站所需容量。正常工作时，高低压侧母线分段断路器均断开，两路电源通过 2 台独立变压器输出，各承担50%的工作；当任一母线失去电源时，通过合闸分段断路器从另一供电线路取得电源；配电室设有照明消防电源；每路低压母线都应配置相应的谐波抑制与无功补偿装置；配电系统继电保护及自动装置应满足电力行业标准和规定的要求。

10kV (20kV) 宜采用单母线接线或单母线分段接线；380V 宜采用单母线或单母线分段接线。向同一台充电机供电的两回低压线路应分别接入变压器两个低压移相绕组。其他三相用电设尽量均衡分配在低压侧两个绕组中，照明等单相用电设备应接于星形结线的绕组侧，各单相负荷应尽量平衡设置。接于变压器星形绕组的低压配电系统采用 TN-S 接地系统，接于整流变压器三角形绕组的低压配电系统采用 IT 接地系统。

两台及以上变压器低压进线和联络断路器之间应设置机械闭锁及电气联锁装置。低压进线断路器宜具有短路瞬时、短路短延时、长延时三段保护功能，并具有接地保护功能。低压进线断路器宜设置分励脱扣装置，不宜设置失（低）压脱扣装置。充电站内容量较大或重要的用电设备，宜采用放射式供电。

(2) 主要设备　对于电动汽车充电站，配电室有 2 路 10kV 电源进线，通过变压器等设备供给充电机，并满足照明、控制设备的用电。在高压侧装设高压计量柜，低压侧采用中性点直接接地的三相四线制系统，还应提供独立的接地回路；10kV 母线、0.4kV 母线均采用单母线分段的主接线形式，通过分段断路器实现互备用；在变压器低压侧装设谐波抑制与无功补偿装置；配电室必须配备相关消防设施。

主要设备有：谐波抑制及无功补偿装置各 2 套；主变 10kV/0.4kV 干式变压器 2 台；10kV 高压开关柜（高压配电装置宜采用组合电器开关柜）/0.4kV 低压开关柜（低压开关柜宜采用金属封闭抽出式，含断路器和隔离开关）。开关柜宜选用小型化、无油化、紧凑式、免维修或少维护的电气设备。

当单台油浸式变压器额定容量为 630kV·A 及以下、干式变压器额定容量为 800kV·A 及以下时，变压器回路宜采用负荷开关-熔断器型式。当单台油浸式变压器额定容量为 630kV·A 以上、干式变压器额定容量为 800kV·A 以上时，变压器回路应选用带保护功能的断路器单元。

5.3.3.5　配电主接线设计

对充电站配电主接线有下列基本要求。

① 安全，应符合国家标准有关技术规范的要求，能充分保证人身和设备的安全。

② 可靠，应符合电力负荷特别是二级负荷对供电可靠性的要求。

③ 灵活，能适应各种不同的运行方式，便于切换操作和检修，且适应负荷的发展。

④ 经济，在满足上列要求的前提下，尽量使主接线简单，投资少，运行费用低，并节约电能和有色金属消耗量。

当任一主变压器或任一电源线停电检修或发生故障时，通过备用自投装置自动闭合母线分段开关，即可迅速恢复对整个充电站的供电。根据实际要求和条件也可简化主接线，例如采用桥式接线。

上述配电设计方案适用于大负载功率的充电站，其安全系数高、可靠性好。在实际工程中应该对充电站服务对象进行具体分析、设计，如下所示。

① 示范区车辆。结合示范区的电网建设，考虑在变电站附近建设充电站。

② 集团车队。可在停车场建立用户配电室，按照内部车辆类型提供各类电源。

③ 社会车辆。根据车辆的不同特点，或建设可靠性高的社会运营的大功率充电站，或充分利用现有的配电资源，就近建设充电站。

④ 微型车辆。利用现有的低层电网资源，在自行车停车场、社区服务中心、公共场所、配电间（站）等附近为用户提供交流 220V 的普通插座（插头）。

5.3.3.6　配电线路及敷设

① 配电线路和控制线路宜采用铜芯导体。

② 高压电缆宜选用交联聚乙烯绝缘类型，低压电缆宜选用交联聚乙烯绝缘类型，照明及插座宜选用聚氯乙烯绝缘护套电线。

③ 移动式电气设备等经常弯移或有较高柔软性要求的回路，应使用橡胶绝缘等电缆。

④ 低压接地系统为 TN-S 时，宜选用五芯电缆，电缆中性线截面应与相线截面相同；低压接地系统为 IT 时，可选用带 PE 保护线的四芯电缆。

⑤ 用于三相用电设备的电力电缆，其外护套宜采用钢带铠装类；用于单相负荷及直流负荷的单芯电缆，其外护套不应采用导磁性材料铠装。

⑥ 低压电缆截面应满足最大电流工作时，导体载流量的要求，并应校验线路允许电压降，以满足电气装置的正常工作。

⑦ 为便于低压供电线路引入、引出充电设施，低压线路的截面不宜大于 120mm^2。

⑧ 向成组布置的交流充电桩供电的低压电缆总长度应保证电缆线路正常泄漏电流不使剩余电流保护装置发生误动作。

⑨ 单芯电缆不宜单根穿钢管敷设，当需要单根穿管时，应采用非导磁管材，也可采用经过磁路分隔处理的钢管。

5.3.4　充电机容量选择及充电桩供电

5.3.4.1　充电机选择容量

充电站内的充电机宜选用室内型，以改善充电机的工作条件，减小外部环境对充电机的影响，便于运行维护。充电机应采用"一机一车"充电方式，即一台充电机在同一时间内，仅对同一辆电动汽车进行充电。不应采用主从充电模式。

充电机应采用电缆下进线方式，室外充电设施应采用电缆下进线方式。室内充电设施应根据现场的情况，选用落地式或壁挂式。落地式充电桩宜采用电缆下进线方式。壁挂式充电桩可采用下进线方式，也可采用侧进线方式。充电机容量的计算如下。

单台充电机输出容量为

$$P = U_n I \tag{5-2}$$

单台充电机输入容量为

$$S = \frac{P}{\eta \cos \phi} \tag{5-3}$$

式中，P 为单台充电机的输出功率；S 为单台充电机的输入容量；$\cos\phi$ 为充电机的功率因数，取 0.9；η 为充电机效率，取 0.9。

充电站内充电机输入总容量为

$$\sum S = K(S_1 + S_2 + \cdots + S_n) = K\left(\frac{P_1}{\eta_1 \cos\phi_1} + \frac{P_2}{\eta_2 \cos\phi_2} + \cdots + \frac{P_n}{\eta_n \cos\phi_n}\right) \tag{5-4}$$

式中，P_1，$P_2 \cdots P_n$ 为各台充电机的输出功率；$\sum S$ 为充电机的输入总容量；$\cos\phi_1$，$\cos\phi_2 \cdots \cos\phi_n$ 为各台充电机的功率因数，取 0.9；η_1，$\eta_2 \cdots \eta_n$ 为各台充电机的效率，取 0.9；K 为充电机同时工作系数，取 0.8。

5.3.4.2 充电桩供电

① 充电桩的接地系统应采用 TN-S。

② 向充电桩供电的低压断路器应具有短路保护和剩余电流保护功能，其剩余电流保护额定动作电流为 30mA，动作时间不大于 0.1s。

③ 向充电桩供电的低压断路器宜带有分励脱扣器附件。

④ 成组布置的交流充电桩宜采用链式供电。

⑤ 交流充电桩的配电系统应尽量做到三相负荷平衡、各相负荷矩相等。

⑥ 直流充电桩宜采用放射式，也可采用链式供电。

⑦ 在新建停车场设置充电桩时，充电桩的计算负荷应纳入变压器总容量中。

⑧ 在已建成停车场设置的充电桩时，应对配电站现有变压器进行容量校验，对配电装置进行校核。

当不能满足以上要求时，应采取相应的技术改造措施。直流充电桩解决方案如图 5-6 所示。交流充电桩解决方案如图 5-7 所示。

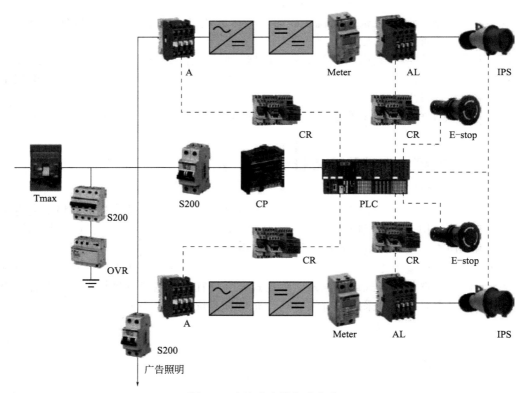

图 5-6　直流充电桩解决方案

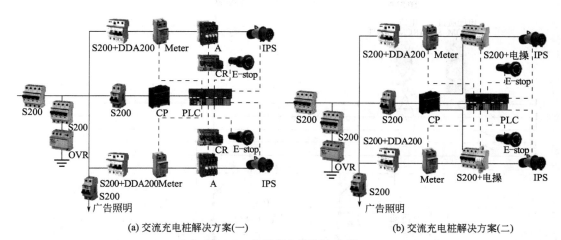

(a) 交流充电桩解决方案(一) 　　　　(b) 交流充电桩解决方案(二)

图 5-7　交流充电桩解决方案

5.3.5　充电设施计量及监控解决方案

5.3.5.1　交流充电桩

　　交流充电桩一般功率为 7kW 左右，总进线回路配置电能质量分析仪，对整个充电桩供电回路电能质量进行监测。进线回路同时设置电气火灾监控装置和充电管理控制器，负责充电计费控制；单相导轨式交流电能表，用于充电电能计量，电能数据由充电管理控制器通过 RS485 通信口读取；进线侧配置带漏电保护断路器；充电侧配置带电操微型断路器等。交流充电桩计量及监控解决方案的产品选型见表 5-1，交流充电桩计量及监控解决方案如图 5-8 所示。

表 5-1　交流充电桩计量及监控解决方案的产品选型

设备名称	图片	型号	主要功能
电能质量检测装置		APQM-S 或 ACR330ELH	单三相回路输入，稳态、暂态数据监测，统计功能，指标越限及记录，设置功能，通信功能，开入和开出
电气火灾监控装置		ARCM-300J1	单回路剩余电流监测，3 路温度检测、1 路继电器输出、LCD 显示、RS485/Modbus 协议
单相导轨电能表		DDSD1352-C	电流规格 10A(60A)、可编程、复费率电能统计、电能脉冲输出、RS485 通信接口、Modbus 协议或 DL/T645 规约

5.3.5.2　小型轿车直流充电桩

　　小型直流充电桩一般功率在 12kW 左右，总进线回路配置电能质量分析仪，对整个充电桩供电回路电能质量进行监测。进线回路同时设置电气火灾监控装置，接入火灾监控后台系统。充电回路采用三相供电，其进线配置带漏电保护的微型断路器。充电管理控制器负责外

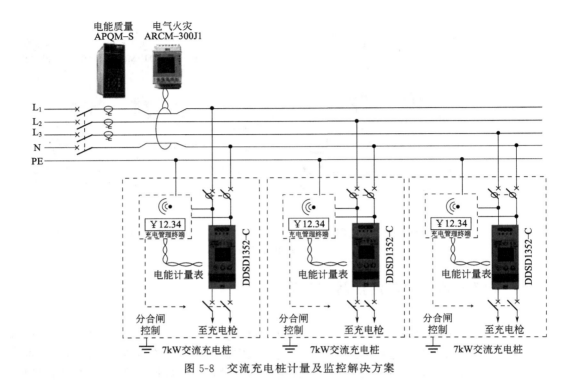

图 5-8　交流充电桩计量及监控解决方案

部人机接口，充电控制、读取直流电能表的电能数据，控制直流充电输出断路器的分合闸等。嵌入式直流电能计量表配合外置霍尔传感器或分流器实现对充电电能的计量，采用的霍尔器为非接触测量，与分流器相比具有更高的安装便利性和电气安全性能。小型轿车直流充电桩计量及监控解决方案的产品选型见表 5-2，小型轿车直流充电桩计量及监控解决方案如图 5-9 所示。

表 5-2　小型轿车直流充电桩计量及监控解决方案的产品选型

设备名称	图片	型号	主要功能
电能质量检测装置		APQM-S	单三相回路输入，0～31 次谐波检测，间谐波，故障录波，稳态、暂态数据监测，统计功能，指标越限及记录，以太网通信功能
电气火灾监控装置		ARCM-300J1	单回路剩余电流监测、3 路温度检测、1 路继电器输出、LCD 显示、RS485/Modbus 协议
嵌入式安装电能表		PZ72L-DE/VC	直流(U、I、kW、kW·h)，LCD 显示，DC12V 供电输出口，RS485/Modbus 协议
霍尔电流传感器		AHKC-BS(30A)	孔径：20.5×10.5，输入 30A，输出 5V，工作电源 12V

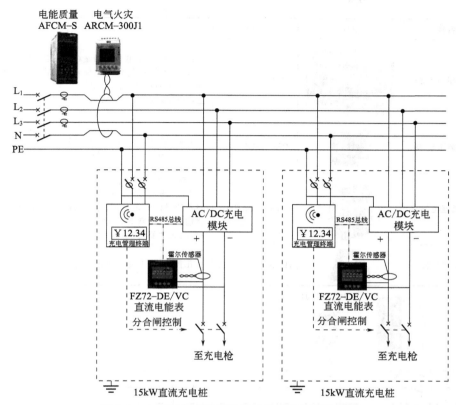

图 5-9　小型轿车直流充电桩计量及监控解决方案

5.3.5.3　电动公交车充电设施

　　大型电动公交车直流充电桩功率较大，在 200kW 左右，总进线回路配置电能质量分析仪，对整个充电桩供电回路电能质量进行监测。同时设置电气火灾监控装置，充电回路采用三相供电，其进线采用交流塑壳断路器。三相主回路配置剩余电流继电器，提供间接接触的触电保护。由于电动公交车充电桩功率大，故在其三相交流回路配置导轨式电能表用于计量总电能，配合直流电能表对整个充电桩的运行效率进行监控。充电管理控制器负责外部人机接口，充电控制、读取直流电能表的电能数据，控制直流充电输出断路器的分合闸等。电动公交车充电桩计量及监控解决方案如图 5-10 所示，电动公交车充电设施计量及监控解决方案的产品选型见表 5-3。

表 5-3　电动公交车充电设施计量及监控解决方案的产品选型

设备名称	图片	型号	主要功能
电能质量监测装置		APQM-S	单三相回路输入，0～31 次谐波检测，间谐波，故障录波，稳态、暂态数据监测，统计功能，指标越限及记录，以太网通信功能
电气火灾监控装置		ARCM-300J1	单回路剩余电流监测、3 路温度检测、1 路继电器输出、LCD 显示、RS485/Modbus 协议

续表

设备名称	图片	型号	主要功能
导轨式三相电能表		DTSD1352-C	LCD 显示、全电参量测量(U、I、P、Q、PF、F、S);四象限电能计量、复费率电能统计、最大需量统计;电流规格 1.5A(6A)、5A(20A)、10A(40A)、20A(80A)可选、RS485 通信接口、Modbus 协议或 DL/T 645 规约
嵌入式安装电能表		PZ72L-DE/VC	直流(U、I、kW、kW·h)、LCD 显示、DC12V 供电输出口、RS485/Modbus 协议
剩余电流继电器		ASJ10-LD1A	1 路 A 型剩余电流测量;30%,50%,70%,TRIP 棒状 LED 指示;十种额定剩余动作电流可设定;十种极限不驱动时间可设定;互感器断线报警指示;两组继电器输出(一组常开,一组转换,均可设定);具有就地远程"测试""复位"功能
霍尔电流传感器		AHKC-LT(300A)	孔径:ϕ32.5,输入 300A,输出 5V,工作电源 12V

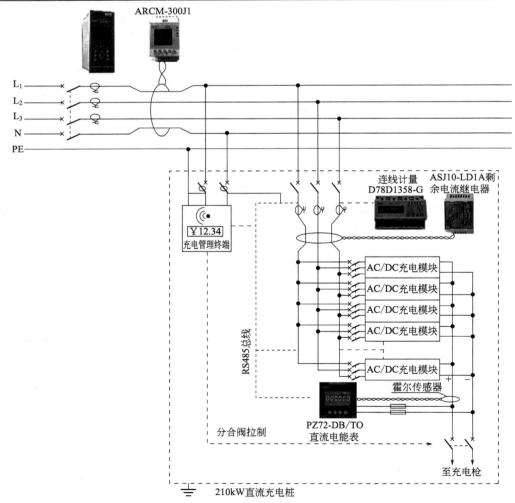

图 5-10 电动公交车充电桩计量及监控解决方案

5.4　电动汽车充电站设计方案

5.4.1　大中型电动汽车充电站设计方案

为了适应城市和城市间的电动汽车的推广应用，建立多个大、中、小型充电站是解决电动汽车续行里程的必然措施。充电站的设计和布局，必须体现"节能、环保、安全、方便和有利于电网供用电"的原则。假如建设一次可为 12 辆或 8 辆大型电动公交车（大型公交车、豪华公交车）同时充电，加上附设的中、小型充电机，则这个充电站主要有以下设备。

5.4.1.1　充电机

选用 12 台大功率充电机，每台充电机最高充电电压 700V（相当于 165 个最高充电电压 4.2V 左右的锂动力电池单体串联电压），最大充电电流 350A（相当于 700A·h 动力电池容量的 0.5C 充电率），最大输出功率 245kW，输出功率可在 20～245kW 范围内调节。

12 台大功率充电机平常按单机充电方式充电，在快速充电时，可用 6 台充电机并联充电，最大输出功率 1470kW，最大充电电流 2100A（相当于 700A·h 动力电池的 3CA 充电率）；或用 8 台充电机平时为 8 辆电动汽车充电，每台输出最高充电电压 700V，最大充电电流 500A（相当于 700A·h 动力电池用量 0.7CA 的充电率）；4 台并联时最高充电电压 700V，最大充电电流 2000A（相当于 700A·h 动力电池用量的 3CA 充电率）。

1～3CA 的快速充电模式，仍在探讨应用中，在确保动力电池的安全和使用寿命的前提下进行。未来会有应用新材料、新技术生产的动力电池能适合大电流快速充电模式。

节能型高频开关充电机，无论单机或并联充电，均能按被充动力电池的实际要求设置最高充电电压和电流，在充电中能根据动力电池的变化，自动调整投入功率，使充电机效率始终保持最高状态。所以，虽然充电机功率大，富裕量大，能适应各种用量的动力电池组充电，又不会浪费能源。

上述大功率节能型高频电源充电机，能支持 1～3CA 的快速充电实验。另外，充电站可以附加配置 20kW 以下至 500W 左右的中、小型充电机若干台，总功率在 100kW 左右。

5.4.1.2　电力变压器

按照上述大功率充电机和中、小型充电机的最大功率配置，加上充电站内的车辆检修、洗车、照明、空调等方面的用电，电力变压器有效总功率约为 3300kW。可选用 2 台 1600kV·A 变压器，工作时按实际需要投入功率，以减少变压器的空载损耗。

对为大型公交电动汽车、军警用电动汽车、电力抢修电动汽车等充电的较重要的充电站，宜采用两回线路供电方案，以确保充电站供电的可靠性。

5.4.1.3　BMS 和智能化充电计费系统

上述大功率节能型高频开关充电机单台工作时都和 BMS 有互动信号接口，并联工作时，充电状态的调节与监控均应受主控充电机的指挥。智能化充电计费系统是一台充电机为一套，均能自动计费、开具，也可与充电站"收银台"计算机联网。几台充电机并联工作时，计费量为并联充电机各台计费量的总和。

5.4.1.4　配电、充电间

配电、充电间是充电站的核心土建设施，面积一般应≥160m²（8m×20m），内部净高度不宜低于 4m。充电的大型电动汽车，可排列在充电间墙外两侧。

5.4.1.5　配套设施

一个大、中型充电站应有较完整的配套设施：停车场、门卫、收银台、控制中心、办公室、配件部、检修车间、动力电池储存更换车间、洗车房、驾驶员休息室、厕所等。充电站平面图（供参考）如图 5-11 所示。

图 5-11　充电站平面图

5.4.1.6　占地面积

按以上布局，一个大、中型充电站占地面积约在 5 亩（1 亩≈666.67m²）左右。城市内或公交公司内的充电站，配套设施可以减少，占地面积也可以小。

5.4.2　箱式电动汽车快速充电站

快速充电站的形式目前有两种，一种是电网直充站，由于需要占用大量场地和需要专用电网，投资巨大且难以收回成本，因而除政府样板行为外，很难进行商业推广，而电动汽车普及的前提是先拥有充电站网络；第二种快速充电站是采用储能装置的箱式电动汽车快速充电站。

5.4.2.1　充电站基本结构

使用普通电网的箱式电动汽车充电站外形如图 5-12 所示，无电网区采用风光互补方式

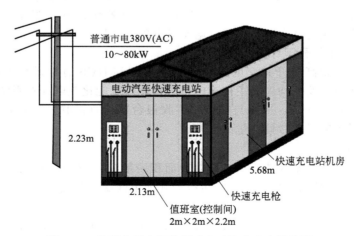

图 5-12　使用普通电网的箱式电动汽车充电站外形

的箱式电动汽车充电站外形如图 5-13 所示。箱式电动汽车快速充电站由初级一次侧充电机（为再生储能蓄电池充电）、储能蓄电池、次级二次侧快速充电机（为电动汽车充电）、再生动力电池检修机、计费控制系统、线缆配电系统、机房组成。

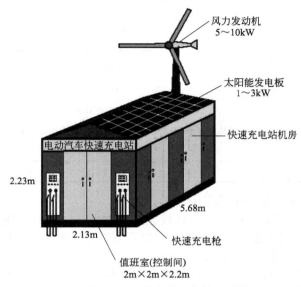

图 5-13　无电网区采用风光互补方式的箱式电动汽车充电站外形

　　箱式电动汽车快速充电站的机房采用密封和恒温设计，机房内设有值班办公间，方便风雨和恶劣天气使用。充电费用按实际充电量计算，非常方便。箱内设备采用模块式设计，配有再生蓄电池专用维修设备。充电站采用第一次现场拼装，之后像集装箱一样可以根据需要进行整体移动。偏远公路和用电无保障地域可采用太阳能和风能等形式，原理相同。

5.4.2.2　工作原理

　　箱式电动汽车充电站的原理方框图如图 5-14 所示，平时（夜间优先）电网电力通过初级一次侧充电机向再生蓄电池进行储能充电，由于储能充电时没有时间要求，因而可用小电流慢速充电，充电电流可根据蓄电池电量自动安排充电时间，最大限度地使用夜间低谷电力。当需要为电动汽车充电时，根据电动汽车的允许最大充电电流和电压，通过次级二次侧快速充电机向电动汽车进行快速充电，由于充电过程是从储能蓄电池向电动汽车"倒电"，

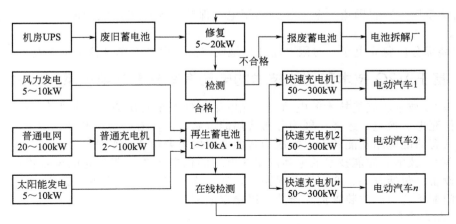

图 5-14　箱式电动汽车充电站的原理方框图

而不是直接取自电网，因而对电网没有任何干扰（如果直接从电网高功率取电，会严重干扰电网，不仅影响其他用户，而且威胁电网设备）。箱式电动汽车快速充电站参数见表5-4。

表 5-4　箱式电动汽车快速充电站参数

项目	参数
输入电压	三相四线，380V AC/DC
输入功率	10～60kW 或 5～10kW 风力、太阳能电站
输出电压 1	200～400V DC(可扩展到 600V DC)
输出电压 2	30～60V DC(可扩展到 250V DC)
输出电流	10～600A(恒流可调)
适用动力电池	铅酸动力电池、锂离子动力电池、镍氢动力电池和超级电容器等蓄能装置
计费方法	kW·h/元计量收费
输入输出隔离电压	大于 2500V AC

5.4.2.3　箱式电动汽车快速充电站应用场所

① 公共停车场。停车场是社会充电站最佳的地方之一，交通方便、出入方便。可在停车场租用一个车位，甚至是边角位置即可，可以留有 2 个充电车位（由于是短时充电，不用专用充电车位，按充电车数交一定费用即可）。

② 大型购物中心。此地设置充电站必然会受到购物中心欢迎，充电的人会顺便购买商品（在哪里买都是买，正好利用充电的 10～20min 购物），这样，可与购物中心实现双赢。

③ 可停车的路边地。城市中停车越来越难，许多非主干道，都被允许用来临时停车，由于箱式电动汽车快速充电站占用的地方非常小（小于 20m²），可供箱式电动汽车快速充电站放置的位置非常多，并且可根据需要进行随时移动。

④ 高速路服务区。在高速路服务区设置几座箱式电动汽车快速充电站，就可连接周边城市。数量不多，但意义很大，它将大大增加电动汽车用户的信心。

⑤ 居住小区。这是最贴近用户的地方，虽然小区内可以设置许多慢速充电设施，但有急事需要外出是几乎每个人都可能遇到的事情，慢速充电站必须与快速充电站结合起来才能发挥作用。

⑥ 单位、写字楼等。一般单位与写字楼都有停车场地，单位购置充电站不仅可为本单位的电动汽车服务，也可为本单位员工电动汽车服务，当然也可允许社会车辆进行快速充电。

⑦ 特殊景区、重要国道、偏远公路和用电无保障地域可采用太阳能及风能等能源形式储能充电。

⑧ 改装部分应急充电车，对因电能耗尽抛锚路边的电动汽车进行应急充电。

5.4.3　基于 V2G 技术和储能技术的电动汽车充电站电气系统解决方案

基于 V2G 技术和储能技术的电动汽车充电站电气系统解决方案，不但能为电动汽车动力电池提供充电、换电，还能扩展为分布式储能电站，其具有开放、互动、智能的充放电管理，将使具有储能电站功能的充电站成为智能电网的重要组成能部分。

基于 V2G 技术和储能技术的电动汽车充电站的供电系统主要为充电设备提供电源，主要由一次设备（包括开关、变压器及线路等）和二次设备（包括检测、保护、控制装置等）组成，专门配备有源滤波装置消除谐波，以稳定电网。

5.4.3.1　V2G 技术

V2G（Vehicle to Grid）描述了这样的一个系统：当混合电动汽车或纯电动汽车不运行

的时候，通过连接到电网的电动机将能量输给电网；反过来，当电动汽车的动力电池需要充电时，由电网提供电能给动力电池充电。V2G 的核心思想在于电动汽车和电网的互动，利用大量电动汽车的动力电池作为电网和可再生能源的缓冲。

当电网负荷过高时，由电动汽车动力电池向电网馈电；而当电网负荷低时，用来存储电网过剩的发电量，避免造成浪费。通过这种方式，电动汽车用户可以在电价低时，从电网买电，电网电价高时向电网售电，从而获得一定的收益。

当电动汽车作为负荷时，可以通过技术手段和经济手段合理安排充电时间，实现有序充电管理，达到移峰填谷的效果，提高系统运行效率，减少对电网安全的影响。另外，当动力电池作为储能装置时，可以将其作为系统的备用容量，或者峰荷时向电网提供能量，优化电网运行。在这种背景下，V2G 的概念应运而生。

V2G 可以应用于任何可网络化的车辆，如插电电动汽车（比如动力电池驱动电动汽车）或者插电混合动力车。因为大部分电动汽车平均有 95％ 的时间都是停泊着，它们的动力电池可以将电能流向电网，这样每辆车每年大约可以创造 4000 美元的价值。

在美国，一个引人瞩目的 V2G 项目正在进行一系列的研究。他们的目标就是进行 V2G 项目环境和商业的教育，还有扩大产品市场。其他的投资商包括 Pacific Gasand Electric Company，Xcel Energy，the National Renewable Energy Laboratory。在英国，还有 University of Warwick。在我国这项技术还不成熟，为此，我国和美国签了关于这项技术的合作协议。因此，这项技术提高到了国际合作的战略高度。我国由科技部牵头实施了"十城千辆"计划，其目的就是推动电动汽车以及相关技术在我国的使用和发展。

V2G 技术是智能电网技术的重要组成部分，V2G 技术的发展将极大地影响未来电动汽车商业运行模式。研究表明，与智能车辆和智能电网同步进展，插电式混合动力汽车（PHEV）和纯电动汽车（EV）将在 20 年之内成为配电系统本身不可分割的一部分，提供储能，平衡需求，提高紧急供电和电网的稳定性。据研究显示，90％ 以上的乘用车辆每天平均行驶时间 1h 左右，95％ 的时间处于闲置状态。将处于停驶状态的电动汽车接入电网，并且数量足够多时，电动汽车就可以作为可移动的分布式储能装置，在满足电动汽车用户行驶需求的前提下，将剩余电能可控回馈到电网。

在大规模应用 V2G 技术和智能电网技术之后，电动汽车动力电池的充放电将被统一化。根据既定的充放电策略，电动汽车用户、电网企业和汽车企业将在利益上获得共赢。V2G 技术的一个特点是，能够将动力电池的充放电进行统一部署，利用"在用电波谷时段充电，波峰时段售电"这一高效的充放电策略，使电动汽车用户、电网企业以及汽车企业共享利益。

① 对电动汽车用户而言，在实行浮动电价的前提下，选择在低电价时给车载动力电池充电，高电价时将储存在车载动力电池中的电能出售给智能电网，利用其中的差价来获得补贴，降低电动汽车的使用成本。

② 对于电网公司而言，电动汽车可作为可移动储能装置和调峰系统，在电力供应富余时充电，提高电力的利用效率，在用电紧张时放电，缓解用电压力，延缓电网建设投资，提高电网运行效率和可靠性。

③ 对于汽车企业而言，目前面临着电动汽车短时间内不能大量普及的困境，一个重要原因就是电动汽车的成本过高，V2G 技术的运用则能使电动汽车的使用成本有效降低，降低电动汽车用户的负担，反过来必然会推动电动汽车的大力发展，汽车企业也将会迎来新的发展契机。

V2G 作为一种构建电动汽车与智能电网之间互动关系的技术，具有重要的战略意义。

① 电动汽车使用的规模化，能够直接降低汽车使用周期的 CO_2 排放。

② 通过 V2G 技术，能够整合可再生能源，平衡电网峰谷负荷，从而提高能源的使用效率。

③ V2G 技术还能够让电动汽车通过调峰来获取可观的经济效益。

通过 V2G 技术，可用电动汽车的车载动力电池存储风能和太阳能发出的电能，再稳定地送入电网。而且，如果这些车辆能够相互通信，并且做到能源智能化分享，那就能避免用电高峰给电网造成的压力。

5.4.3.2　X-DR 型非车载充电机

X-DR 型非车载充电机采用 V2G 技术，选用高频 IGBT 整流逆变模块，不仅能对动力电池进行安全、快速的充电，而且依靠控制器与后台系统的通信，能将动力电池的能量回馈到电网，完成电网与动力电池之间的双向能量交换。X-DR 型非车载充电机采用高速 CAN 总线，保证通信连接的快速、可靠。X-DR 型非车载充电机原理图、实物图如图 5-15 所示。为 X-DR 型非车载充电机配置的交流充电桩主要提供车辆慢充功能，输出为交流电，连接车载充电机。交流充电桩原理图、实物图如图 5-16 所示。

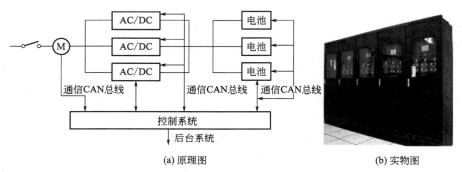

(a) 原理图　　　　　　　　　　(b) 实物图

图 5-15　X-DR 型非车载充电机原理图、实物图

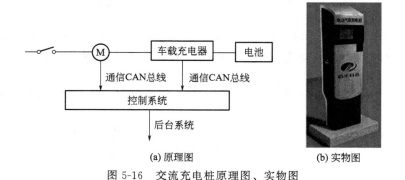

(a) 原理图　　　　　　　　　　(b) 实物图

图 5-16　交流充电桩原理图、实物图

X-DR 型非车载充电机的充电监控系统由一台或多台工作站或服务器组成，可以包括监控工作站、数据服务器等，这些计算机通过网络联结。充电监控系统结构如图 5-17 所示。监控工作站提供充电监控人机交互界面，实现充电机监控和数据收集、查询等工作；数据服务器存储整个充电设施的原始数据和统计分析数据等，提供数据服务及其他应用服务。基于 V2G 技术和储能技术的电动汽车充电站电气系统解决方案的主要技术优势如下。

① 安全、高效、智能、互动的充放电管理系统，将使充电站真正成为强智能电网的重要组成部分。

② 成熟的输配电技术和优化的电能质量控制技术保证充电站安全、可靠的并网运行。

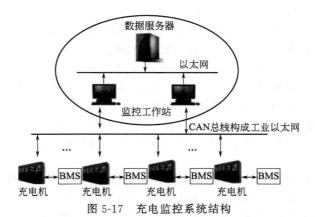

图 5-17　充电监控系统结构

③ 基于先进的 V2G 技术、电力电子技术和对动力电池的长期研究，既保证动力电池高效的充电效率，也充分考虑电网的高效稳定运行。

5.5　电动汽车充电设施防雷解决方案

5.5.1　电动汽车充电设施防雷设计标准及供电系统防雷设计

5.5.1.1　防雷设计标准

电动汽车充电设施防雷设计标准如下。

①《建筑物防雷设计规范》（GB 50057—2010）。

②《建筑物信息通信系统防雷技术规范》（GB 50343—2012）。

③《建筑物防雷——防雷装置保护、级别的选择》（IEC 61024-1-1）。

④《质量管理体系认证》（ISO 9001：2000）。

⑤《民用建筑电气设计规》（JGJ/T 16—1992）。

当防雷器安装于最终系统时，必须执行标准 GB 4943（EN 60950，IEC 60950）的所有要求。

5.5.1.2　充电设施供电系统防雷设计

根据《建筑物信息通信系统防雷技术规范》（GB 50343—2004）中有关防雷分区的划分，针对重要系统的防雷应分为三个区，分别加以考虑。只做单级防雷可能会带来因雷电流过大而导致的泄流后残压过大，破坏设备或者保护能力不足而引起设备损坏。电源系统采用多级保护，可防范从直击雷到工业浪涌的各级过电压的侵袭。

电源防雷系统主要是为了防止雷电波通过电源线路而对用电设备造成的危害，为避免高电压经过避雷器对地泄放后的残压过高，或因更大的雷电流在击毁避雷器后继续毁坏后续设备，以及防止线缆遭受二次感应，应采取分级保护、逐级泄流原则。一是在建筑物的电源总进线处安装放电电流较大的首级电源避雷器；二是在建筑物的重要楼层或重要设备的电源进线处加装次级或末级电源避雷器。

为了确保电源系统在遭受雷击时，高电压首先经过首级电源避雷器，然后再经过次级或末级电源避雷器，首级电源避雷器和次级电源避雷器之间的距离要大于 5～15m，如果两者间距不够，可采用带线圈（退耦）的防雷箱，这样可以避免次级或末级电源避雷器首先遭受雷击而损坏。

（1）第一级电源防雷设计　根据国家关于低压防雷的有关规定，外接金属线路进入建筑物之前应埋地穿金属管槽 15m 以上的距离再进入建筑物，且要在建筑物的线路进入端加装低压防雷器。必须做到在电源总进入端安装低压端的总电源防雷器，将由外部线路可能引入的雷击高电压引至大地泄放，以确保后接用电设备的安全。

对于三相电源 B 级防雷器，三相进线的每条线路都应有 60kA 以上的通流容量，可将数万甚至数十万伏的过电压限制到几千伏以内，防雷器并联安装在总配电室进线端处，做直击雷和传导雷的保护。可选用箱式三相电源防雷器，型号为 YF-X380B120（或选用模块式三相电源防雷器，型号为 YF-M380/120），此级防雷器并联安装，标称通流容量为 60kA（8/20μs），对后接用电设备的功率不限，可以对通过线路传输的直击雷和高强度感应雷实施泄放保护。

（2）第二级电源防雷设计　虽然已经在总电源进线端安装了第一级防雷器，但是当较大雷电流进入时，第一级防雷器可将绝大部分雷电流由地线泄放，而剩余的雷电残压还是相当高的，因此第一级防雷器的安装，可以减少大面积的雷击破坏事故，但是并不能确保后接设备的万无一失；假设由配电室总电源至建筑物的电源线路全部为三相配线，也存在感应雷电流和雷电波的二次入侵的可能，需要在分配电柜上安装电源第二级防雷器。

第二级防雷器作为次级防雷器，可将几千伏的过电压进一步限制到 2kV 以内，雷电多发地带建筑物需要具有 40kA 的通流容量，将第一级防雷器泄放后出现的雷电残压以及电源线路中感应的雷电流给予再次泄放。三相线路选用 YF-X380B80 箱式三相电源防雷器，标称通流容量为 40kA；单相线路可选用 YF-X220B80 箱式单相电源防雷器，标称通流容量40kA。此级防雷器并联安装，对后接设备的功率不限。

（3）第三级电源防雷设计　这也是系统防雷中最容易被忽视的地方，现代的电子设备都使用很多集成电路和精密的元件，这些器件的击穿电压往往只是几十伏，最大允许工作电流仅是毫安级，若不做第三级的防雷，经过一、二级防雷而进入设备的雷击残压仍将有千伏之上，这将对后接设备造成很大的冲击，并导致设备损坏。作为第三级的防雷器，三相线路选用 YF-X380B40 箱式三相电源防雷器，标称通流容量 20kA，此级防雷器并联安装，对后接设备的功率不限。单相的用电设备，可以选用 YF-X220B40 箱式单相电源防雷器，标称通流容量 20kA，作为第三级电源雷电防护。

（4）末级电源防雷设计　针对一些较贵重的弱电设备，虽然前面已做好三级防雷，但仍有一些雷击残压进入设备，为防止设备因雷电流的冲击而损坏，应采用防雷插座，型号为 YF-CZ/6，最大通流容量 10kA。

（5）供电系统防雷设计注意事项　电源线路防雷与接地应符合以下规定。

① 进、出信息通信系统机房的电源线路不宜采用架空线路。

② 信息通信系统设备由 TN 交流配电系统供电时，配电线路必须采用 TN-S 系统的接地方式。

③ 配电线路设备的耐冲击过电压额定值应符合相关规定。

④ 在直击雷非防护区（LPZOA）或直击雷防护区（LPZOB）与第一防护区（LPZ1）交界处应安装通过Ⅰ级分类试验的浪涌保护器或限压型浪涌保护器作为第一级保护；第一防扩区之间的各分区（含 LPZ1 区）交界处应安装限压型浪涌保护器。使用直流电源的信息设备，视其工作电压要求，宜安装适配的直流电源浪涌保护器。

⑤ 浪涌保护器连接导线应平直，其长度不宜大于 0.5m。当电压开关型浪涌保护器到限压型浪涌保护器之间的线路长度小于 10m、限压型浪涌保护器之间的线路长度小于 5m 时，在两级浪涌保护器之间应加装退耦装置。当浪涌保护器具有能量自动配合功能时，浪涌保护器之间的线路长度不受限制。浪涌保护器应有过电流保护装置，并宜有劣化显示功能。

⑥ 浪涌保护器安装的数量，应根据被保护设备的抗扰度和雷电防护分级确定。

⑦ 用于电源线路的浪涌保护器标称放电电流参数值宜符相关规定。

（6）电源系统防雷器选型安装方案　电源系统防雷器选型安装方案如图 5-18 所示，在电源防雷器选型时应注意以下事项。

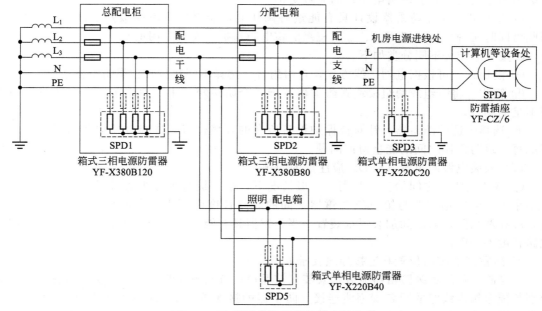

图 5-18　电源系统防雷器选型安装方案

① 应收集相关必要的信息。收集的信息包括该地区雷暴强度 N_g 以及最大放电电流发生的概率 P；被保护设备耐受冲击水平；被保护设备价值（应根据国家经济水平而定）；被保护设备的重要性。

② 确定不同保护电压 U_p 和放电电流的电源防雷器。

③ 供、配电情况及其配电系统接地形式，供电线路进入建筑物的方式。

④ 了解电源防雷器关键参数含义。

a. 最大放电电流 I_{max}。使用 $8/20\mu s$ 波冲击防雷器一次，能承受的最大放电电流。可根据当地的雷暴强度 N_g（或年均雷暴日 T_d）以及环境因素做适当选择。

b. 最大持续耐压 $U_{c(rms)}$。指防雷器在此电压值下能连续工作而不影响其作为防雷器的参数。U_c 与保护电压 U_p 成非线性正比。

c. 残压 U_r 和保护电压 U_p。U_r 指在额定放电电流 I_n 下的残压值。U_p 与 U_c 和 U_r 有关，$U_r < U_p$，保护电压的选择与被保护设备的耐压值有关。根据氧化锌压敏电阻特性，当选用的压敏电阻的 U_c 值高时，其 U_p 和 U_r 也会相应提高，如在放电电流为 10kA（$8/20\mu s$）时

$$U_c = 275V \times U_r(10kA, 8/20\mu s) \leqslant 1200V$$

$$U_c = 385V \times U_r(10kA, 8/20\mu s) \leqslant 1600V$$

$$U_c = 440V \times U_r(10kA, 8/20\mu s) \leqslant 1800V$$

⑤ 了解电源防雷器的分类。

a. 电源防雷器按放电电流不同分类如下。

ⓐ 耐受 $10/350\mu s$ 形波产品。$10/350\mu s$ 波形是模拟直击雷波形，波形能量大，目前有空气间隙型和压敏电阻型产品。

ⓑ 耐受 $8/20\mu s$ 形波产品。$8/20\mu s$ 波形是模拟感应雷波形，是目前使用较多的波形。常

见放电电流参数有 100kA、80kA、60kA、40kA、20kA 等，使用氧化锌压敏电阻。

b. 按保护级别不同分类如下。

ⓐ 单级式。根据雷电防护级别，此种防雷器仅实现单级保护功能，每一级均需安装相应级别防雷器后，才实现雷电防护的完整防护。

ⓑ 复合式。由于防雷器设计具有能量协调功能，能够协调不同级别之间的能量配合，因此可同时实现一、二级或一、二、三级的雷电防雷护，而无需用退耦器。

c. 按外形结构不同分类如下。

ⓐ 模块式。可根据电网接线方式，自由组合，选择不同数量和种类防雷器。

ⓑ 箱式。将一组或两组模块式防雷器置于一个防雷箱体中，适用于配电箱或设备柜空间不足的场合。

⑥ 选择合适的防雷器。针对被保护设备所在的环境位置，选择合适的防雷器，同时应考虑每一级防雷器之间的能量协调问题。

(7) 安装电源防雷器（SPD）应注意的问题

① 各级防雷器之间的安装距离。一般情况下，第一级与第二级防雷器之间的线路长度应不小于 10m，第二级与第三级防雷器之间的线路长度应不小于 5m。当达不到以上要求时，应在两级防雷器之间加装退耦装置。当防雷器具有能量自动配合功能时，防雷器之间的线路长度不受限制。

② 防雷器安装的位置和连接导线要求如下。

a. 电源线路的各级防雷器应分别安装在被保护设备电源线路的前端，防雷器各接线端应分别与配电箱内线路的同名端相线连接。防雷器的接地端与配电箱的保护接地线（PE）接地端子板连接，配电箱接地端子板应与所处防雷区的等电位接地端子板连接。各级电源防雷器连接导线应平直，其长度不宜超过 0.5m。

b. 带有接线端子的电源防雷器应采用压接；带有接线柱的防雷器宜采用线鼻子与接线柱连接。

c. 电源防雷器（SPD）的连接导线最小截面积应符合表 5-5 的规定。

表 5-5　电源防雷器（SPD）的连接导线最小截面积

防护级别	SPD 的类型	导线截面积/mm²	
		SPD 连接相线铜导线	SPD 接地端连接铜导线
第一级	开关型或限压型	16	25
第二级	限压型	10	16
第三级	限压型	6	10
第四级	限压型	4	6

注：组合型 SPD 参照相应保护级别的截面积选择。

③ 选用和使用 SPD 时应注意以下事项。

a. 应根据不同的用途选用不同性能的 SPD。在选用 SPD 时要考虑供电系统制式、额定电压等因素。

b. SPD 保护必须是多级的，例如对电子设备电源部分雷电保护而言，至少需要泄流型 SPD 与限压型 SPD 前后两级进行保护。

c. 为各级 SPD 之间做到有效配合，当两级 SPD 之间电源线或通信线距离未达规范时，应在两级 SPD 之间采用适当退耦措施。

d. 在城市、郊区、山区的电源条件下，在选用过压型 SPD 时应考虑网点供电电源不稳定因素，选用合适工作电压的 SPD。

e. SPD 应严格依据厂方的要求进行安装，只有正确安装 SPD 才能达到预期的效果。

5.5.2　电动汽车充电设施信息通信系统防雷设计

由于信息通信系统的电磁兼容能力低下，抗雷电电磁脉冲过电压的能力十分脆弱，在闪电环境下易损性较高，因此，雷电已成为信息技术应用中的一大公害。为了消除这一公害，在部分工程设计中虽然采用了各种防雷保护措施，但是其结果是有的取得了预期的防雷效果，保证了信息通信系统的安全，而有的则反遭雷击，损失更大。其原因是对于信息通信系统的雷电防护工程，由于保护对象、保护重点、保护措施和方法都与常规雷电防护截然不同，如不能正确应用各种防雷保护措施，必然会造成不良的后果。

5.5.2.1　信息通信系统的防雷特点

电子信息设备不同于一般的电气设备，因为电气设备具有较高的抗感应脉冲过电压的能力，而电子信息设备则截然不同，其原因如下。

① 电子信息设备抗感应脉冲过电压的能力低下，易受感应脉冲过电压的袭击；电子信息设备是集计算机技术与集成微电子技术于一身的产品，随着集成微电子技术的发展，芯片的尺寸越来越小，系统的信号电压也越来越低，现已降到 10V 以下，有的已降到 5V 以下，这种产品的电磁兼容能力很差，很容易受感应脉冲过电压的袭击。

② 电子信息设备受雷击的概率较高。一般电气设备主要是受直击雷的危害，直击雷的概率相对较低。而电子信息设备不但要受直击的危害，而且还要受感应雷的危害，而感应雷的概率要比直击雷高得多。因为感应雷除由直击雷产生外，还包括远处放电的电磁脉冲感应，而且直击雷所产生的感应雷的作用达数百米之远，所以电子信息设备受闪电危害的概率较高。

③ 信息通信系统是由信息采集、加工处理、传输、检索等众多环节组成的。由于系统环节多、接口多、线路长等原因，给雷电的耦合提供了条件。例如，一个信息系统不但有电源进线接口，还有信号输入输出接口、天线馈接口等。这些接口的线路较长，正符合闪电耦合的条件，是感应脉冲过电压容易入侵的原因，也是感应脉冲过电压波侵入的主要通道，所以信息通信系统的致命弱点是电磁兼容能力差，易受闪电的危害。

5.5.2.2　前端设备的防雷

由于雷电波在线路上感应出较高的瞬时冲击能量，因此要求网络通信设备能够承受较高能量的瞬时冲击，而目前大部分通信设备由于电子元器件的高度集成化而导致耐过压、耐过流水平下降，通信设备在雷电波冲击下遭受过电压而损坏的现象越来越多，其后果是可能造成整个通信系统的运行中断、系统失灵等。

① 前端设备有室外和室内安装两种情况，安装在室内的设备一般不会遭受直击雷击，但需考虑防止雷电过电压对设备的侵害，而室外的设备则同时需考虑防止直击雷击。

② 前端设备如充电站内的监控摄像头，应置于接闪器（避雷针或其他接闪导体）有效保护范围之内，当摄像机独立架设时，避雷针最好距摄像机 3～4m 的距离。若达不到要求的距离，避雷针也可以架设在摄像机的支撑杆上，引下线可直接利用金属杆本身或选用 φ8 的镀锌圆钢。为防止电磁感应，沿安装支架杆引上摄像机的电源线和信号线应穿金属管屏蔽。

③ 为防止雷电波沿线路侵入前端设备，应在设备前的每条线路上加装合适的避雷器，如电源线（220V 或 DC12V）、视频线、信号线和云台控制线。

④ 摄像机的电源一般使用 AC220V 或 DC12V。摄像机若由直流变压器供电，单相电源避雷器应串联或并联在直流变压器前端，如直流电源传输距离大于 15m，则摄像机端还应串接低压直流避雷器。

⑤ 信号线传输距离长，耐压水平低，极易感应雷电流而损坏设备，为了将雷电流从信号传输线传导入地，信号过电压保护器须快速响应，在选用信号传输线过电压保护器时必须考虑信号的传输速率、信号电平、启动电压以及雷电通量等参数。

⑥ 室外的前端设备应有良好的接地，接地电阻小于 4Ω，高土壤电阻率地区可放宽至＜10Ω。

5.5.2.3　传输线路的防雷

① 监控系统主要是传输信号线和电源线，室外摄像机的电源可从终端设备处引入，也可从监视点附近的电源引入。

② 控制信号传输线和报警信号传输线一般选用屏蔽软线缆，架设（或敷设）在前端与终端之间。

③ GB 50198 规定，传输部分的线路在城市郊区、乡村敷设时，可采用直埋敷设方式。当条件不允许时，可采用通信管道或架空方式，并规定了传输线缆与其他线路的最小间距和与其他线路共杆架设的最小垂直间距。

④ 传输线缆采用直埋敷设方式防雷效果最佳，架空线最容易遭受雷击，并且破坏性大，波及范围广，为避免首尾端设备损坏，架空传输线时应在每一个电杆上做接地处理，架空线缆的吊线和架空线缆线路中的金属管道均应接地，中间放大器输入端的信号源和电源均应分别接入合适的避雷器。

⑤ 传输线埋地敷设并不能阻止雷击设备的发生，大量的事实显示，雷击造成埋地线缆故障，大约占总故障的 30% 左右，即使雷击比较远的地方，也仍然会有部分雷电流流入电缆。所以采用带屏蔽层的线缆或线缆穿钢管埋地敷设，保持钢管的电气连通，对防护电磁干扰和电磁感应非常有效，这主要是由于金属管的屏蔽作用和雷电流的集肤效应。如电缆全程穿金属管有困难时，可在电缆进入终端和前端设备前穿金属管埋地引入，但埋地长度不得小于 15m，在入户端将电缆金属外皮、钢管同防雷接地装置相连。

5.5.2.4　终端设备的防雷

① 在充电设施控制系统中，控制中心的防雷最为重要，应从直击雷防护、雷电波侵入、等电位连接和浪涌保护多方面进行。

② 控制中心所在建筑物应有防直击雷的避雷针、避雷带或避雷网。其防直击雷措施应符合 GB 50057—2010 中有关直击雷保护的规定。

③ 进入控制中心的各种金属管线都应接到防感应雷的接地装置上，架空电缆线直接引入时，在入户处应加装避雷器，并将线缆金属外护层及自承钢索接到接地装置上。

④ 控制中心内应设置等电位连接母线（或金属板），该等电位连接母线应与建筑物防雷接地、PE 线、设备保护地、防静电地等连接到一起，防止危险的电位差。各种浪涌保护器（避雷器）的接地线应以最直和最短的距离与等电位连接母排进行电气连接。

⑤ 由于有 80% 雷击高电位是从电源线侵入的，为保证设备安全，一般电源上应设置三级避雷保护。在视频传输线、信号控制线、报警信号线进入前端设备之前或进入中心控制室前应加装相应的避雷保护器。

⑥ 良好的接地是防雷中至关重要的一环，接地电阻值越小，过电压值越低。控制中心采用专用接地装置时，其接地电阻不得大于 4Ω。采用综合接地网时，其接地电阻不得大于 1Ω。

5.5.2.5　防雷器配置

① 摄像机。在带云台摄像机的前端配置防雷器，每个摄像机配置电源、视频、控制线路三合一的组合式防雷器 1 套。在不带云台摄像机的前端配置防雷器，每个摄像机配置电源、视频线路二合一组合式防雷器 1 套。

② 控制中心机房。在控制中心机房的电源总配电柜的进线端，安装通流容量 100kA 电源防雷器 1 套，作为控制中心机房设备电源的第一级防护。在控制中心机房的分配电箱的电源进线端，安装通流容量 40kA 电源防雷器 1 套，三相线路推荐型号是 PPS-Ⅱ/3-40M 防雷箱；单相线路推荐型号是 PPS-Ⅰ/1-40M 防雷箱，作为控制中心机房设备电源第二级防护。在控制中心机房各终端设备的前端，安装通流容量 10kA 电源防雷器，推荐使用型号是 LTA6-420NS（一拖四式）插座式防雷器，作为控制中心机房内各终端设备电源第三级的防雷防护。

在矩阵主机、视频分割器的视频线路接入端，安装视频信号防雷器套，推荐型号是 CoaxB-TV/16S 防雷器，作为控制中心机房内视频连接端口的防雷保护。在矩阵主机、视频分割器的控制线路接入端，安装控制信号防雷器，推荐型号是 SR-E24V/4S 防雷器，作为控制中心机房内控制连接端口的防雷保护。

③ 网络系统过电压保护必须运用电磁兼容原理，将网络通信系统局部的防护归结到系统全局的雷电过电压保护范围内。

a. 在每路 ISDN 进线进入路由器之前安装 YF-XH/ISDN 数据专线信号防雷器，作为数据专线的防护。

b. 机房内的网络交换机应分别在其前端安装机架式网络防雷器，作为网络交换机的防护，型号为 YF-24RJ45E/4，对每个端口进行保护。产品特点：标准机架式一体化，100M，串联，适用计算机局域网、网络交换机、集成器、终端用户雷电防护，$I_n(8/20\mu s) = 5kA$。

c. 网络间传输使用的光纤无需进行防护，但是光缆的金属加强筋需要做接地。

对通信系统进行防雷保护，选取适当保护装置非常重要，应充分考虑防雷产品与通信系统匹配。选用通信接口避雷器考虑的主要因素如下。

① 线路上可能感应的浪涌形式（例如波形、时间参数和最大峰值）。

② 接口电路模拟雷电冲击击穿电压临界指标。

③ 保护对象在正常工作状态下的数据信号电平。

④ 保护装置在模拟雷电冲击下的残压参数指标。

⑤ 保护装置的耐冲击能力。

⑥ 系统的工作频率。

⑦ 保护对象的接口方式。

⑧ 工作电压。

由于信号电平不断趋向低压化，易受到过电压的侵害。同时电子化产品种类繁多，在选用防雷器时，应充分考虑防雷产品与设备相匹配，才能保证信号稳定传输，通常应考虑保护信号设备的类型和相关参数。

① 了解保护信号的种类。高频（微波/无线通信）；计算机局域网、广域网络；工业自动化控制信号；现代办公通信网络（数据专线等）；视频系统（CATV/CCTV）。

② 了解保护设备的相关参数。数字量/模拟量；工作电压；工作频率；传输速率；接口形式；使用场合。

③ 选择合适的信号防雷器。

a. 根据保护设备信号的类型，选择相应的信号防雷器，如计算机网络 SPD、视频信号 SPD、控制信号 SPD、天馈信号 SPD 等。

b. 根据设备工作电压，选择合适保护电压的防雷器，如控制信号 SPD 工作电压通常有 5V、12V 和 24V。

c. 根据设备对于防雷器插入损耗的要求，选择不同频宽的防雷器。

d. 根据设备接口种类、公制、英制的要求，选择不同接口的防雷器，如视频信号 SPD

接口类型有 BNC：JJ/JK、通信线路 SPD 接口类型有 RJ11 或接线端子等。

总之，对充电设施的通信系统进行防雷保护设计，选取适当保护装置非常重要，应充分考虑防雷产品与通信设备匹配。

5.5.2.6   汽车充电设施整体防雷方案

汽车充电设施整体防雷方案如图 5-19 所示，在充电设施的数据采集、监控系统中，有视频、信号、电源等多种线路，在相应线路上必须选用匹配的防雷保护产品。充电设施的数据采集，由控制中心的网络交换机进行汇集，应在网络交换机输入端安装 AS05J-24 型串联电源防雷箱。对于 485 控制线的防雷，可选用 AS12Y 控制信号防雷器。

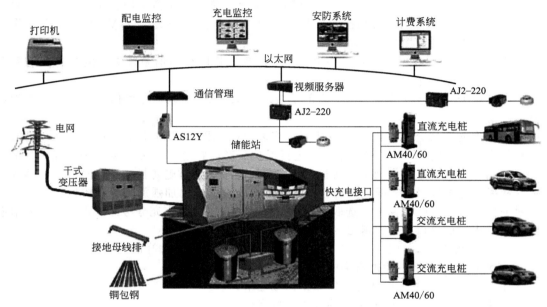

图 5-19   汽车充电设施整体防雷方案

附 录

电动汽车充电站名词术语

1. 电动汽车（Electric Vehicle，EV）： 在道路上行驶，由电动机驱动的汽车，电动机的动力电源源于可充电蓄电池或其他易携带能量存储的设备。不包括室内电动车、有轨电车、无轨电车和工业载重电动车等车辆。

2. 充电（Charge）： 从外部电源供给蓄电池直流电，将电能以化学能的方式储存的过程。

3. 电动汽车充电站（Electric Vehicle Charging Station）： 具有特定控制功能和通信功能的，将电能量传送到电动汽车动力蓄电池的设施总称。

4. 配电站（Distribution Station）： 在中低压配电网中用于接受并分配电力、将 10kV（20kV）变换为 380V 电压的供配电设施。

5. 车载充电机（On-Board Charger）： 固定安装在电动汽车上的充电机。

6. 非车载充电机（Off-Board Charger）： 固定安装在电动汽车外、与交流电网连接，为电动汽车动力蓄电池提供直流电能的充电机。

7. 直流充电桩（DC Charging Point）： 固定安装在电动汽车外、与交流电网连接，为电动汽车动力蓄电池提供小功率直流电源的供电装置。

8. 交流充电桩（AC Charging Point）： 固定安装在电动汽车外、与交流电网连接，为电动汽车车载充电机提供交流电源的供电装置。

9. 充电桩（Charging Point）： 直流充电桩与交流充电桩的统称。

10. 充电机效率（Charging Efficiency）： 充电机的直流输出功率与交流输入有功功率之比，按以下公式计算。

$$\eta = \frac{W_D}{W_A} \times 100\%$$

式中，η 表示效率；W_D 表示直流输出功率；W_A 表示交流输入有功功率。

11. 充电区（Charging Area）： 在充电站内为电动汽车进行充电的停车区域。

12. 谐波（Harmonic）： 电力系统的电流和电压中非正弦周期分量所含的频率为基波频率整数倍的正弦周期分量。

13. TN 系统（TN System）： 电源系统有一点直接接地，负载设备的外露导电部分通过保护导体连接到此接地点的系统。

14. IT 系统（IT System）： 电源系统的带电部分不接地或通过阻抗接地，电气设备的外露导电部分接地的系统。

15. 脉波数（Pulse Number）： 在一个基波周期内，换流器的换相次数。

16. 谐波含有率（Harmonic Ratio，HR）：周期性交流量中含有的第 n 次谐波分量方均根值与基波分量方均根值之比（用百分数表示）。

17. 总谐波畸变率（Total Harmonic Ratio，THD）：周期性交流量中谐波分量方均根值与其基波分量方均根值之比（用百分数表示）。

18. 单体蓄电池（Cell）：构成蓄电池的最小单元，一般由正极、负极及电解质等组成，其标称电压为电化学偶的标称电压。

19. 蓄电池模块（BatteryModule）：一组相连的单体蓄电池的组合。

20. 蓄电池组（Battery Pack）：由一个或多个蓄电池模块组成的单一机械组成。

21. 传导式充电（Conductive Charging）：利用电传导给蓄电池进行充电的方式。

22. 恒流充电（Constant Current Charging）：充电电流在充电电压范围内，维持在恒定值的充电方式。

23. 恒压充电（Constant Voltage Charging）：充电电压在充电电流范围内，维持在恒定值的充电方式。

24. 恒流限压充电（Constant-current Limit Voltage Charging）：先以恒流方式进行充电，当蓄电池组端电压上升到限压值时，充电机自动转换为恒压充电，直到充电完毕。

25. 稳流精度（Stabilized Current Precision）：充电机在充电（稳流）状态下，交流输入电压在 $323\sim437V$ 范围内变化，输出电压在充电电压调节范围内变化，输出电流在其额定值 $20\%\sim100\%$ 范围内任一数值上保持稳定时，其输出电流稳定程度，按以下公式计算。

$$\delta_I = \frac{I_M - I_Z}{I_Z} \times 100\%$$

式中，δ_I 表示稳流精度；I_M 表示输出电流波动极限值；I_Z 表示输出电流整定值。

26. 稳压精度（Stabilized Voltage Precision）：充电机在浮充电（稳压）状态下，交流输入电压在 $323\sim437V$ 范围内变化，输出电流在其额定值的 $0\sim100\%$ 范围内变化，输出电压在其浮充电电压调节范围内任一数值上保持稳定时，其输出电压稳定程度，按以下公式计算。

$$\delta_U = \frac{U_M - U_Z}{U_Z} \times 100\%$$

式中，δ_U 表示稳压精度；U_M 表示输出电压波动极限值；U_Z 表示输出电压整定值。

27. 纹波系数（Ripple Factor）：充电机在浮充电（稳压）状态下，交流输入电压在 $323\sim437V$ 范围内变化，输出电流在其额定值的 $0\sim100\%$ 范围内变化，输出电压在其浮充电电压调节范围内任一数值上，测得电阻性负载两端脉动量峰值与谷值之差的一半，与直流输出电压平均值之比，按以下公式计算。

$$\delta = \frac{U_f - U_g}{2U_p} \times 100\%$$

式中，δ 表示纹波系数；U_f 表示直流电压中脉动峰值；U_g 表示直流电压中脉动谷值；U_p 表示直流电压平均值。

28. 均流及均流不平衡度（Equalizing Current and Unbalance）：采用同型号、同参数的高频开关电源模块，为使每一个模块都能均匀地承担总的负荷电流，称为均流。模块间负荷电流的差异，称为均流不平衡度，在总输出（$30\%\sim100\%$）额定电流条件下，按以下公式计算。

$$\beta = \frac{I - I_P}{I_N} \times 100\%$$

式中，β 表示均流不平衡度；I 表示实测模块输出电流的极限值；I_P 表示 N 个工作模块输出电流的平均值；I_N 表示模块的额定电流值。

29. 输出电压和电流误差（Output Voltage and Current Error）：实际输出电压及电流的有效值与规格定义设定值的偏差。

30. 周期偏差（Periodic Deviation）：周期性出现的瞬态偏差（Ripple）。

31. 随机偏差（Random Deviation）：偶然随机出现的瞬态偏差（Noise）。

32. 稳压稳流特性（Characteristic of Steady Voltage and Current）：工作状态在限流或限压模式中，当负载发生变化时，限流或限压值应有一定的稳定性。不适用于限功率模式，或负载变化导致工作状态发生转变的情况。

33. 插头与插座（Plug and Socket-outlet）：把活动电缆和固定的电线连接起来的一种装置，它由插头和插座两部分构成。

34. 锁紧装置（Retaining Device）：防止插头或连接器从正确的连接位置意外脱落的设备。

35. 充电站监控管理系统（Charging Station Supervisormanagement System）：指将充电站的充电机、充电车辆、配电设备、视频监视、火灾自动报警及站内其他设备的状态信息、参数配置信息、充电过程实时信息等进行集成，应用微机及网络通信技术，构成完整、集中的管理系统，实现站内设备的监视、保护、控制、数据记录、安全管理和事故情况下的紧急处理。

36. 城市充电网络运营管理中心（Operation Management Center of City Charge Network）：将城市中的充电站站内数据信息通过网络技术集成形成城市范围的充电设施管理中心，实现对城市充电设施的全局调度、管理、决策和资源的综合组织体系。

37. 分层式（Hierarchical）：一种将元素按不同级别组织起来的方式。其中，较上级的元素对较下级的元素具有控制关系。

38. 分布式（Distributed）：指充电站监控管理系统的构成在资源逻辑或拓扑结构上的分布，主要强调从系统结构的角度来研究处理和功能上的分布问题。

39. 网元层（Network Cell Level）：由分布在站内的配电监控单元、视频监视及处理单元、火灾自动报警等监控装置、网元层功能设备以及站级监控层网络的接口设备构成，完成面向单元设备的监测控制功能。

40. 站级监控层（Station Management Level）：由数据采集、计量收费、配电监控、火灾报警、视频监视、数据管理等功能组件构成，是面向充电站进行运行管理的中心控制层，实现对充电站内业务、设备、蓄电池等数据的监控和管理，提供站内运营的保障。

41. 网络管理层（Network Management Level）：由城市或区域中各充电站的远程数据交互、运营管理、数据维护、安全保障组件联合构成，实现城市或区域充电站网络运营管理功能，管理维护区域内充电站运营数据和综合资源，达到实现运营商管理功能。

42. VPN（Virtual Private Network）：虚拟专用网（VPN）为通过一个公用网络（通常是互联网）建立一个临时的、安全的连接，是一条穿过混乱的公用网络的安全、稳定的隧道。

43. 充电接口（Vehicle Coupler）：连接活动电缆和电动汽车的设备，它由车辆连接器和车辆插孔两部分组成。

44. 车辆连接器（Charging Connector）：集成或连接在活动电缆上的接头。

45. 车辆插孔（Vehicle Inlet）：车辆耦合器安装在电动汽车上的那一部分。

46. 停帧（Freeze Frame）：诊断故障码发生时截取的一部分运行参数。

47. 帧（Frame）：组成一个完整消息的一系列数据位。

48. CAN 数据帧（CAN Data Frame）：组成传输数据的 CAN 协议所必需的有序位域，以帧起始（SOF）开始，帧结束（EOF）结尾。

49. 报文（Messages）：一个或多个具有相同参数组编号的"CAN 数据帧"。

50. 标识符（Identifier）：CAN 仲裁域的标识部分。

51. 标准帧（Standard Frame）：《CAN 总线 2.0B 版本》中定义的使用 11 位标识符的 CAN 数据帧。

52. 扩展帧（Extended Frame）：《CAN 总线 2.0B 版本》中定义的使用 29 位标识符的 CAN 数据帧。

53. 优先权（Priority）：在标识符中一个 3 位的域，设置传输过程的仲裁优先级，最高优先级为 0 级，最低优先级为 7 级。

54. 参数组（Parameter Group，PG）：在一个报文中传送参数的集合，参数组包括命令、数据、请求、应答和否定应答等。

55. 参数组编号（Parameter Group Number，PGN）：用于唯一标识一个参数组的一个 24 位值，参数组标号包括保留位、数据页位、PDU 格式域（8 位）、组扩展域（8 位）。

56. 可疑参数编号（Suspect Parameter Number，SPN）：应用层通过参数描述信号，给每个参数分配的一个 19 位值。

57. 协议数据单元（Protocol Data Unit，PDU）：一种特定的 CAN 数据帧格式。

58. 传输协议（Transport Protocol）：数据链路层的一部分，为传送数据在 9 字节或以上的 PGN 提供的一种机制。

59. 诊断故障码（Diagnostic Trouble Code，DTC）：一种用于识别故障类型、相关故障模式以及发生次数的 4 字节数值。

60. 间隔层（Bay Level）：由监控装置、继电保护装置、间隔层网络设备以及站控层网络的接口设备等构成，面向单元设备的就地监测控制层。

61. 站控层（Station Level）：由主机或操作员站、远动装置及其他功能站构成，面向充电站进行运行管理的中心控制层。

参 考 文 献

[1] 杨帆，孔方方.国内外新能源汽车动力电池发展及供求现状.上海汽车，2014（9）.
[2] 卢军.电动汽车电池发展现状及前景，https://wenku.baidu.com/view/20d05c9c49649b6648d747a7.html，2014.5.17.
[3] 程夕明，孙逢春.电动汽车能量存储技术概况.电源技术，2001，25（1）.
[4] 王兴娟，王坤勋，刘庆.燃料电池的研究进展及应用前景.炼油与化工，2011，22（1）.
[5] 宋永华，阳岳希，胡泽春.电动汽车电池的现状及发展趋势.电网技术，2011，35（4）.
[6] 李保成，李杏元.电动汽车充电方式的探讨.电池技术，2009，11.
[7] 殷树刚，龚桃荣.基于云平台的电动汽车智能充电系统设计与应用.供用电，2015，7.
[8] 深圳市金宏威技术股份有限公司.应用创新开启电动汽车充电站/桩运营管理新模式，http://news.bjx.com.cn/html/20140508/509250.shtml，2014，5.8.
[9] 徐凡，俞国勤.电动汽车充电站布局规划浅析.华东电力，2009，10.
[10] 任百峰.基于V2G技术的电动汽车充电站与电网接入技术研究［学位论文］.秦皇岛：燕山大学，2014.
[11] 滕乐天.电动汽车充电机（站）设计.北京：中国电力出版社，2009.
[12] 胡勇，刘奇峰.基于WebGIS的分布式电动汽车充电桩运营管理系统设计与实现.电力建设，2014（1）.
[13] 周志敏，纪爱华.电动汽车充电站（桩）工程设计.北京：电子工业出版社，2017.
[14] 周志敏，纪爱华.电动汽车充电桩（站）设计与施工.北京：中国电力出版社，2016.